Centenary Elite of Peking University

北大百年讲堂精华

北大国学课

精讲

文思　主编

一流学府的文化精髓　受益一生的大师智慧

精选了章太炎、梁启超、刘师培、鲁迅、王国维等学者的作品，
让你随时随地聆听大师的谆谆教诲。

CLASSICAL
CHINESE STUDIES

中华工商联合出版社

图书在版编目（CIP）数据

北大国学课 / 文思主编 . -- 北京：中华工商联合出版社，2016.12（2021.6 重印）

ISBN 978-7-5158-1826-9

Ⅰ . ①北…　Ⅱ . ①文…　Ⅲ . ①国学—通俗读物　Ⅳ . ① Z126-49

中国版本图书馆 CIP 数据核字（2016）第 256936 号

北大国学课

主　　编：文　思
责任编辑：李　瑛　袁一鸣
装帧设计：北京东方视点数据技术有限公司
责任审读：李　征
责任印制：迈致红
出版发行：中华工商联合出版社有限责任公司
印　　刷：唐山富达印务有限公司
版　　次：2017 年 1 月第 1 版
印　　次：2021 年 6 月第 2 次印刷
开　　本：710mm × 1020mm　1/16
字　　数：280 千字
印　　张：20
书　　号：ISBN 978-7-5158-1826-9
定　　价：78.00 元

服务热线： 010-58301130
销售热线： 010-58302813
地址邮编： 北京市西城区西环广场 A 座 19-20 层，100044
http: //www.chgslcbs.cn
E-mail: cicap1202@sina.com（营销中心）
E-mail: gslzbs@sina.com（总编室）

前言

“国学”是西学东渐之后，针对西方学术而提出的名词，最早见于近代思想家章太炎先生的《国故论衡》，后又被称为“中国学”、“汉学”、“国故”、“国故学”。顾名思义，“国学”就是中国之学，是中华民族在数千年历史中创造的文化。

作为中国历史和文化的基础，国学构成了中华民族精神生活的客观环境和民族精神文化的重要组成部分，对中国政治、经济、军事、文化、思想、意识、伦理、道德和行为等各方面都影响极大，对于传承文明，增强民族凝聚力，以及中华民族的复兴都起着重要作用。

国学堪称中国人的性命之学，不仅是中国悠久传统文化的明证，是中华文化的学术基础、固本之学，也是每一个中国人的立身处世之本，更是我们不可或缺的精神力量。学习国学，不仅可以帮助我们了解中华民族的优秀文化传统，更能从中学会为人处世的道理。在走向世界的今天，每一个中国人都应该有良好的国学素养。然而在生活当中，许多人往往缺少足够的国学知识，有些人即使知道一些，也是一知半解，这不仅给日常学习、工作带来诸多的不便，生活中也可能处处遭遇尴尬。

北大的国学课质量之高在中国首屈一指，与世界上任何著名的大学比都毫不逊色。但是，如果大师们的智慧闪光仅仅局限于北大讲堂，对于社会将是一件憾事。因此，本书精选了章太炎、刘师培、鲁迅、梁启超等学者的作品或演讲录，让你可以随时随地聆听大师的谆谆教诲，让你在智慧之光的引导下，拥有愈加圆满的人生。入选的这些学者或者是曾在北大学习、任教，或者作为老北大精神的传承者，或者其著作对北大的学术研究有着不可忽视的作用，在国学方面都有自己独到的见解。他们学识渊博却不为学识所累，拥有卓越的理念和伟大的思想；他们淡泊名利，保持着自己独立的人格和道德操守；他们秉天地之气而来，将智慧播撒于人间。他们的经典著作，不仅在文化学术界享有盛誉，也在广大读者中间有着较高的知名度。

虽然，不是每一个充满梦想的人都能有幸到北大聆听大师们充满智慧的教诲，但是却可以通过本书感受到他们的知识和智慧、博大的胸襟和伟大的人格魅力，品味到北大浓郁的人文气息，学会深刻地理解和把握人生，在未来的人生旅途中，创造出属于自己的辉煌。

这是一本全面而又渊博的书，它带领你穿越时间的阻隔，走入中国传统文化的深处，领略优美而深厚的人文风光；它带领你跨越地域的障碍，随时随地都能走入北大国学课堂，聆听国学大师们充满智慧的声音。

值得一提的是，书中所选作品原版本很多为繁体文本，在其流布过程中，难免出现版本差异、文字错讹等现象，为方便读者阅读，我们做了如下整理工作：在版本的选择上，一律以原始版本为底本，保留大师著作的原貌，但对其中误写、错排的个别文字，都进行了修正。繁体字改为通行的简体字，但对简化后易引起歧义的字词，带有时代特色的用语，与现在不太一致的专名、译名等，未作改动。例如，“的”、“地”、“得”三字，在当时通用为“的”等，尊重原作者用字习惯，均未改动。常见的异体字、通假字，原则上保持原貌。标点符号的用法依从作者习惯，除个别明显排印有误外，也未作改动。

希望经过我们的努力，能够呈给读者一本内容充实、文字完善、富有特色的国学大师经典读本，使读者能够以本书为阶梯，学习国学，了解国学，汲取先人的智慧，继承和发扬传统文化的精华，让中华文明在创新中绵延不绝，并走向世界。

目录

国学概论

章太炎

第一节

概　论

我在东京曾讲演过一次国学，在北京也讲演过一次，今天是第三次了。国学很不容易讲，有的也实在不能讲，必须自己用心去读去看。即如历史，本是不能讲的，古人已说“一部十七史从何处说起”，现在更有二十四史，不止十七史了。即《通鉴》等书似乎稍简要一点，但还是不能讲。如果只像说大书那般铺排些事实，或讲些事实夹些论断，也没甚意义。所以这些书都靠自己用心去看，我讲国学，只能指示些门径和矫正些近人易犯的毛病。今天先把“国学概论”分做两部研究：

甲　国学之本体

一、经史非神话

二、经典诸子非宗教

三、历史非小说传奇

乙　治国学之方法

一、辨书籍的真伪

二、通小学

三、明地理

四、知古今人情的变迁

五、辨文学应用

甲　国学之本体

一、经史非神话

在古代书籍中，原有些记载是神话，若《山海经》、《淮南子》中所载，我们看了，觉得是怪诞极了。但此类神话，在王充《论衡》里已有不少被他看破，没有存在的余地了。而且正经正史中本没有那些话，如盘古开天辟地、天皇、地皇、人皇等，正史都不载。又如“女娲炼石补天”，“后羿射日”那种神话，正史里也都没有。经史所载，虽在极小部分中还含神秘的意味，大体并没神奇怪离的论调，并且，这极小部分的神秘记载，也许使我们得有理的解释。

《诗经》记后稷的诞生，颇似可怪。因据《尔雅》所释“履帝武敏”，说是他的母亲，足蹈了上帝的拇指得孕的。但经毛公注释，训帝为皇帝，就等于平常的事实了。

《史记·高帝本纪》，说高祖之父太公，雷雨中至大泽，见神龙附高祖母之身，遂生高祖。这不知是太公捏造这话来骗人，还是高祖自造。即使太公真正看见如此，我想其中也可假托。记得湖北曾有一件奸杀案：“一个奸夫和奸妇密议，得一巧法，在雷雨当中，奸夫装成雷公怪形，从屋脊而下，活活地把本夫打杀。”高祖的事，也许是如此。他母亲和人私通，奸夫饰做龙怪的样儿，太公自然不敢进去了。

从前有人常疑古代圣帝贤王都属假托，即如《尧典》所说“钦明文思安安，克明俊德……”等等的话，有人很怀疑，以为那个时候的社会，哪得有像这样的完人。我想，古代史家叙太古的事，不能详叙事实，往往只用几句极混统的话做“考语”，这种考语原最容易言过其实。譬如今人做行述，遇着没有事迹可记的人，每只用几句极好的考语。《尧典》中所载，也不过是一种“考语”，事实虽不全如此，也未必全不如此。

《禹贡》记大禹治水，八年告成。日本有一博士，他说：“后世凿小小的运河，尚须数十年或数百年才告成功，他治这么大的水，哪得如此快？”因此，也疑禹贡只是一种奇迹。我却以为大禹治水，他不过督其成，自有各部分工去做；如果要亲身去，就游历一周也不能，何况凿成！在那时人民同受水患，都有切身的苦痛，免不得合力去做，所以“经之营之，不日成之”了。《禹贡》记各地土地腴瘠情形，也不过依报告录出，并不必由大禹亲自调查的。

太史公作《五帝本纪》，择其言尤雅驯者，可见他述的确实。我们再翻看经史中，却也没载盘古、三皇的事，所以经史并非神话。

其他经史以外的书，若《竹书纪年》、《穆天子传》，确有可疑者在。但《竹书纪年》今存者为明代伪托本，可存而不论，《穆天子传》也不在正经正史之例，不能以此混彼。后世人往往以古书稍有疑点，遂全目以为伪，这是错了！

二、经典诸子非宗教

经典诸子中有说及道德的，有说及哲学的，却没曾说及宗教。近代人因为佛经及耶教的《圣经》都是宗教，就把国学里的“经”，也混为一解，实是大误。“佛经”、“圣经”的那个“经”字，是后人翻译时随意引用，并不和“经”字原意相符。经字原意只是一经一纬的经，即是一根线，所谓经书只是一种线装书罢了。明代有线装书的名目，即别于那种一页一页散着的八股文墨卷，因为墨卷没有保存的价值，别的就称作线装书了。古代记事书于简。不及百名者书于方，事多一简不能尽，遂连数简以记之。这连各简的线，就是“经”。可见“经”不过是当代记述较多而常要翻阅的几部书罢了。非但没含宗教的意味，就是汉时训“经”为“常道”，也非本意。后世疑经是经天纬地之经，其实只言经而不言天，便已不是经天的意义了。

中国自古即薄于宗教思想，此因中国人都重视政治。周时诸学者已好谈政治，差不多在任何书上都见他们政治的主张。这也是环境的关系：

中国土地辽广，统治的方法，急待研究，比不得欧西地小国多，没感着困难。印度土地也大，但内部实分着许多小邦，所以他们的宗教易于发达。中国人多以全力着眼政治，所以对宗教很冷淡。

老子很反对宗教，他说："以道莅天下，其鬼不神。"孔子对于宗教，也反对。他虽于祭祀等事很注意，但我们味"祭神如神在"的"如"字的意思，他已明白告诉我们是没有神的。《礼记》一书很考究祭祀，这书却又出自汉代，未必是可靠。

祀天地社稷，古代人君确是遵行，然自天子以下，就没有与祭的身分。须知宗教是须普及于一般人的，耶稣教的上帝，是给一般人膜拜的；中国古时所谓天，所谓上帝，非人君不能拜，根本上已非宗教了。

九流十家中，墨家讲天、鬼，阴阳家说阴阳生克，确含宗教的臭味，但墨子所谓天，阴阳家所谓"龙"、"虎"，却也和宗教相去很远。

就上讨论，我们可以断定经典诸子非宗教。

三、历史非小说传奇

后世的历史，因为辞采不丰美，描写不入神，大家以为是记实的。对于古史，若《史记》、《汉书》，以其叙述和描写的关系，引起许多人的怀疑：

《刺客列传》记荆轲刺秦王事，《项羽本纪》记项羽垓下之败，真是活龙活现。大家看了，以为事实上未必如此，太史公并未眼见，也不过如《水浒传》里说武松、宋江，信手写去罢了。实则太史公作史择雅去疑，慎之又慎。像伯夷、叔齐的事，曾经孔子讲及，所以他替二人作传。那许由、务光之流，就缺而不录了。项羽、荆轲的事迹，昭昭在人耳目，太史公虽没亲见，但传说很多，他就可凭着那传说写出了。《史记》中详记武略，原不止项羽一人；但若夏侯婴、周勃、灌婴等传，对于他们的战功，只书得某城，斩首若干级，升什么官，竟像记一笔账似的，这也因没有特别的传说，只将报告记了一番就算了。如果太史公有意伪述，那么《刺客列传》除荆轲外，行刺的情形，只曹沫、专诸还有些叙述，豫让、聂政等竟完全略过，这是什么道理呢？《水浒传》有百零八个好汉，所以施耐庵不能个个描摹，《刺客列传》只五个人，难道太史公不能逐人描写么？这都因荆轲行刺的情形有传说可凭，别人没有，所以如此的。

“商山四皓”一事，有人以为四个老人哪里能够使高祖这样听从，《史记》所载未必是实。但须知一件事情的成功，往往为多数人所合力做成，而史家常在甲传中归功于甲，在乙传中又归功于乙。汉惠免废，商山四皓也是有功之一，所以在《留侯世家》中如此说，并无可疑。

史书原多可疑的地方，但并非像小说那样的虚构。如刘知几《史通》曾疑更始刮席事为不确，因为更始起自草泽时，已有英雄气概，何至为众所拥立时，竟羞惧不敢仰视而以指刮席呢？这大概是光武一方面诬蔑更始的话。又如史书写王莽竟写得同子一般，这样愚的人怎能篡汉？这也是因汉室中兴，对于王莽当然特别贬斥。这种以成败论人的习气，史家在所不免，但并非像小说的虚构。

考《汉书·艺文志》已列小说于各家之一，但那只是县志之类，如所谓《周考》、《周纪》者。最早是见于《庄子》，有“饰小说以干县令”一语。这所谓“小说”，却又指那时的小政客不能游说六国侯王，只能在地方官前说几句本地方的话。这都和后世小说不同。刘宋时有《世说新语》一书，所记多为有风趣的魏晋人的言行，但和正史不同的地方，只时日多颠倒处，事实并非虚构。唐人始多笔记小说，且有因爱憎而特加揄扬或贬抑者，去事实稍远。《新唐书》因《旧唐书》所记事实不详备，多采取此等笔记。但司马温公作《通鉴》对于此等事实必由各方面搜罗证据，见有可疑者即删去，可见作史是极慎重将事的。最和现在小说相近的是宋代的《宣和遗事》，彼记宋徽宗游李师师家，写得非常生动，又有宋江等三十六人，大约《水浒传》即脱胎于此书。古书中全属虚构者也非没有，但多专记神仙鬼怪，如唐人所辑《太平广记》之类，这与《聊斋志异》相当，非《水浒传》可比，而且正史中也向不采取。所以正史中虽有些叙事很生动的地方，但决与小说传奇不同。

乙　治国学之方法

一、辨书籍的真伪

对于古书没有明白哪一部是真，哪一部是伪，容易使我们走入迷途，所以研究国学第一步要辨书籍的真伪。

四部的中间，除了集部很少假的，其余经、史、子三部都包含着很多的伪书，而以子部为尤多。清代姚际恒《古今伪书考》，很指示我们一些途径。

先就经部讲:《尚书》现代通行本共有五十八篇，其中只有三十三篇是汉代时的“今文”所有，另二十五篇都是晋代梅颐所假造。这假造的《尚书》，宋代朱熹已经怀疑他，但没曾寻出确证，直到清代，才明白地考出，却已雾迷了一千多年。经中尚有为明代人所伪托，如《汉魏丛书》中的《子贡诗传》系出自明丰坊手。诠释经典之书，也有后人伪托，如孔安国《尚书传》、郑氏《孝经注》、《孟子》孙奭疏……之类，都是晋代的产品。不过“伪古文尚书”，和“伪孔传”，比较的有些价值，所以还引起一部分人一时间的信仰。

以史而论，正史没人敢假造，别史中就有伪书。《越绝书》，汉代袁康所造，而托名子贡。宋人假造《飞燕外传》、《汉武内传》，而列入《汉魏丛书》。《竹书纪年》本是晋人所得，原已难辨真伪，而近代通行本，更非晋人原本，乃是明人伪造的了。

子部中伪书很多，现在举其最著者六种，前三种尚有价值，后三种则全不足信。

（一）《吴子》此书中所载器具，多非当时所有，想是六朝产品。但从前科举时代把他当作“武经”，可见受骗已久。

（二）《文子》、《淮南子》为西汉时作品，而《文子》里面大部分抄自《淮南子》，可见本书系属伪托，已有人证明他是两晋六朝人做的。

（三）《列子》，信《列子》的人很多，这也因本书做得不坏，很可动人的原故。须知列子这个人虽见于《史记·老庄列传》中，但书中所讲，多取材于佛经，“佛教”在东汉时始入中国，哪能在前说到？我们用时代证他，已可水落石出。并且《列子》这书，汉人从未有引用一句，这也是一个明证。造《列子》的也是晋人。

（四）《关尹子》这书无足论。

（五）《孔丛子》这部书是三国时王肃所造。《孔子家语》一书也是他所造。

（六）《黄石公三略》唐人所造。又《太公阴符经》一书，出现在《黄石公三略》之后，系唐人李筌所造。

经、史、子三部中的伪书很多，以上不过举个大略。此外，更有原书是真而后人参加一部分进去的，这却不能疑他是假。《四子书》中有已被参入的。《史记》中也有，如《史记》中曾说及扬雄，扬在太史公以后，显系后人加入，但不能因此便疑《史记》是伪书。

总之，以假为真，我们就要陷入迷途，所以不可不辨别清楚。但反过来看，因为极少部分的假，就怀疑全部分，也是要使我们徬徨无所归宿的。如康有为以为汉以前的书都是伪的，都被王莽、刘歆改过，这话也只有他一个人这样说。我们如果相信他，便没有可读的古书了。

二、通小学

韩昌黎说：“凡作文章宜略识字”，所谓“识字”，就是通小学的意思。作文章尚须略通小学，可见在现在研究古书，非通小学是无从下手的了。小学在古时，原不过是小学生识字的书，但到了现代，虽研究到六七十岁，还有不能尽通的。何以古易今难至于如此呢？这全是因古今语言变迁的缘故。现在的小学，是可以专门研究的，但我所说的“通小学”，却和专门研究不同，因为一方面要研究国学，所以只能略通大概了。

《尚书》中《盘庚》、《洛诰》，在当时不过一种告示，现在我们读了，觉得“佶屈聱牙”，这也是因我们没懂当时的白话，所以如此。《汉书 · 艺文志》说：“《尚书》直言也。”直言就是白话。古书原都用当时的白话，但我们读《尚书》，觉得格外难懂，这或因《盘庚》、《洛诰》等都是一方的土话，如殷朝建都在黄河以北，周朝建都在陕西，用的都是河北的土话，所以比较地不能明白。《汉书 · 艺文志》又说，“读《尚书》应用《尔雅》”，这因《尔雅》是诠释当时土话的书，所以《尚书》中于难解的地方，看了《尔雅》就可明白。

总之，读唐以前的书，都非研究些小学，不能完全明白。宋以后的文章和现在差不多，我们就能完全了解了。

研究小学有三法：

（一）通音韵。古人用字，常同音相通，这大概和现在的人写别字一样。凡写别字都是同音的，不过古人写惯了的别字，现在不叫他写别字罢了。但古时同音的字，现在多不相同，所以更难明白。我们研究古书，要知道某字即某字之转讹，先要明白古时代的音韵。

（二）明训诂。古时训某字为某义，后人更引伸某义转为他义。可见古义较狭而少，后义较广而繁。我们如不明白古时的训诂，误以后义附会古义，就要弄错了。

（三）辨形体。近体字中相像的，在篆文未必相像，所以我们要明古书某字的本形，以求古书某字的某义。

历来讲形体的书，是《说文》，讲训诂的是《尔雅》，讲音韵的书，是《音韵学》。如能把《说文》、《尔雅》、《音韵学》都有明确的观念，那么，研究国学就不至犯那“意误”、“音误”、“形误”等弊病了。

宋朱熹一生研究《五经》、《四子》诸书，连寝食都不离，可是纠缠一世，仍弄不明白。实在，他在小学没有工夫，所以如此。清代毛西河（按名奇龄）事事和朱子反对，但他也不从小学下手，所以反对的论调，也都错了。可见通小学对于研究国学是极重要的一件事了。清代小学一门，大放异彩，他们所发见的新境域，着实不少！

三国以下的文章，十之八九我们能明了，其不能明了的部分，就须借助于小学。唐代文家如韩昌黎、柳子厚的文章，虽是明白晓畅，却也有不能了解的地方。所以我说，看唐以前的文章，都要先研究一些小学。

桐城派也懂得小学，但比较地少用工夫，所以他们对于古书中不能明白的字，便不引用，这是消极的免除笑柄的办法，事实上总行不去的。

哲学一科，似乎可以不通小学，但必专凭自我的观察，由观察而发表自我的意思，和古人完全绝缘，那才可以不必研究小学。倘仍要凭借古人，或引用古书，那么，不明白小学就要闹笑话了。比如朱文公研究理学（宋之理学即哲学），释“格物”为“穷至事物之理”，便召非议。在朱文公原以“格”可训为“来”，“来”可训为“至”，“至”可训为“极”，“极”可训为“穷”，就把“格物”训为“穷物”。可是训“格”为“来”是有理，辗转训“格”为“穷”，就是笑话了。又释“敬”为“主一无適”之谓（这原是程子说的），他的意思是把“適”训作“至”，不知古时“適”与“敵”通，《淮南子》中的主“无適”，所谓“无適”实是“无”之谓，“无適”乃“无对”的意义，所以说是“主一”。

所以研究国学，无论读古书或治文学、哲学，通小学都是一件紧要的事。

三、明地理

近顷所谓地理，包含地质、地文、地志三项，原须专门研究的。中国本来的地理，算不得独立的科学，只不过做别几种（史、经）的助手，也没曾研究到地质、地文的。我们现在要研究国学，所需要的也只是地志，且把地志讲一讲。

地志可分两项：天然的和人为的。天然的就是山川脉络之类。山自古至今，没曾变更。大川若黄河，虽有多次变更，我们在历史上可以明白考出，所以，关于天然的，比较地容易研究。人为的就是郡县建置之类。

古来封建制度至秦改为郡县制度，已是变迁极大，数千年来，一变再变，也不知经过多少更张，那秦汉时代所置的郡，现在还能大略考出，所置的县就有些模糊了。战国时各国的地界，也还可以大致考出，而各国战争的地点和后来楚汉战争的地点，却也很不明白了，所以，人为的比较地难以研究。

历来研究天然的，在乾隆时有《水道提纲》一书。书中讲山的地方甚少，关于水道，到现在也变更了许多，不过大致是对的。在《水道提纲》以前，原有《水经注》一书，这书是北魏人所著，事实上已用不着，只文采丰富，可当古董看罢了。研究人为的，有《读史方舆纪要》和《乾隆府厅州县志》。民国代兴，废府留县，新置的县也不少，因此更大有出入。在《方舆纪要》和《府厅州县志》以前，唐人有《元和郡县志》，也是研究人为的，只是欠分明。另外还有《大清一统志》、《李申耆五种》，其中却有直截明了的记载，我们应该看的。

我们研究国学，所以要研究地理者，原是因为对于地理没有明白的观念，看古书就有许多不能懂。譬如看到春秋战国的战争和楚汉战争，史书上已载明谁胜谁败，但所以胜所以败的原因，关于形势的很多，就和地理有关了。

二十四史中，古史倒还可以明白，最难研究的，要推《南北史》和《元史》。东晋以后，五胡闯入内地，北方的人士，多数南迁。他们数千人所住的地，就侨置一州，侨置的地方，大都在现在镇江左近，因此有南通州、南青州、南冀州的地名产生。我们研究南史，对于侨置的地名，实在容易混错。元人灭宋，统一中国，在二十四史就有《元史》的位置。元帝成吉思汗拓展地域很广，关于西伯利亚和欧洲东部的地志，《元史》也有阑入，因此使我们读者发生困难。关于《元史》地志有《元史译文证补》一书，因著者博证海外，故大致不错。

不明白地理而研究国学，普通要发生三种谬误。南北朝时南北很隔绝。北魏人著《水经注》，对于北方地势，还能正确记述，南方的地志，就错误很多。南宋时对于北方大都模糊，所以福建人郑樵所著《通志》，也错得很多。——这是臆测的谬误。中国土地寥阔，地名相同的很多，有人就因此纠缠不清。——这是纠缠的错误。古书中称某地和某地相近，往往考诸实际，相距却是甚远。例如：诸葛亮五月渡泸一事，是大家普通知道的，泸水就是现今金沙江，诸葛亮所渡的地，就是现在四川宁远。后人因为唐代曾在四川置泸州，大家就以为诸葛亮五月渡泸，是在此地，其实相去千里，岂非大错吗？——这是意会的错误。至于河阴、河阳当在黄河南北，但水道已改，地名还是仍旧，也容易舛错的。

我在上节曾讲过“通小学”，现在又讲到“明地理”，本来还有“典章制度”也是应该提出的，所以不提出者，是因各朝的典章制度，史书上多已载明，无以今证古的必要。我们看哪一朝史知道哪一朝的典章制度就够了。

四、知古今人情的变迁

社会更迭地变换，物质方面继续地进步，那人情风俗也随着变迁，不能拘泥在一种情形的。如若不明白这变迁的理，要产生两种谬误的观念。

（一）道学先生看作道德是永久不变，把古人的道德，比做日月经天、江河行地，墨守而不敢违背。

（二）近代矫枉过正的青年，以为古代的道德是野蛮道德。原来道德可分二部分，——普通伦理和社会道德——前者是不变的，后者是随着环境变更的。当政治制度变迁的时候，风俗就因此改易，那社会道德是要适应了这制度这风俗才行。古今人情的变迁，有许多是我们应该注意的！

第一，封建时代的道德，是近于贵族的；郡县时代的道德，是近于平民的。这是比较而说的。《大学》有“欲治其国者，先齐其家”一语，《传》第九章里有“其家不可教而能教人者，无之”一语，这明是封建时代的道德。我们且看唐太宗的历史，他的治国，成绩却不坏——世称“贞观之治”，但他的家庭，却糟极了，杀兄、纳弟媳。这岂不是把《大学》的话根本打破吗？要知古代的家和后世的家大不相同。古代的家，并不只包含父子夫妻兄弟……这等人，差不多和小国一样，所以孟子说“千乘之家”、“百乘之家”。在那种制度之下，《大学》里的话自然不错，那不能治理一县的人，自然不能治理一省了。

第二，古代对于保家的人，不管他是否尸位素餐，都很恭维。史家论事，对于那人因为犯事而灭家，不问他所做的是否正当，都没有一句褒奖。《左传》里已是如此，后来《史》、《汉》也是如此。晁错创议灭七国，对于汉确是尽忠，但因此夷三族，就使史家对他生怪了。大概古代爱家和现代爱国的概念一样，那亡家也和亡国一样，所以保家是大家同情的。这种观念，到汉末已稍稍衰落，六朝又复盛了。

第三，贵族制度和现在土司差不多，只比较地文明一些。凡在王家的人，和王本身一样看待。他的兄弟在王去位的时候都有承袭的权利。我们看《尚书》到周公代成王摄政，觉得很可怪。他在摄政时代，也俨然称王。在《康诰》里有“王若曰孟侯朕其弟小子封”的话，这王明是指周公。后来成王年长亲政，他又可以把王号取消。《春秋》记隐公、桓公的事，也是如此。这种摄政可称王，退位可取消的情形，到后世便不行。后世原也有兄代弟位的，如明英宗被掳，景泰帝代行政事等。但代权几年，却不许称王，既称王却不许取消的。宋人解释《尚书》，对于这些，没有注意到，所以强为解释，反而愈释愈使人不能解了。

第四，古代大夫的家臣，和天子的诸侯一样，凡是家臣对于主人有绝对服从的义务。这种制度，西汉已是衰落一些，东汉又复兴盛起来。功曹、别驾都是州郡的属官。这种属官，既要奔丧，还要服丧三年，俨有君臣之分。三国时代的曹操、刘备、孙权，他们虽未称王，但他属下的官对于他都是皇帝一般看待的。

第五，丁忧去官一件事在汉末很通行，非但是父母三年之丧要丁忧，就是兄弟姊妹期功服之丧也要丁忧。陶渊明诗有说及奔妹丧的，潘安仁

《悼亡诗》也有说及奔丧的，可见丁忧的风在那时很盛。唐时此风渐息，到明代把他定在律令，除了父母丧不必去官。

总之，道德本无所谓是非，在那种环境里产生适应的道德，在那时如此便够了。我们既不可以古论今，也不可以今论古。

五、辨文学应用

文学的派别很多，梁刘勰所著《文心雕龙》一书，已明白罗列，关于这项，将来再仔细讨论，现在只把不能更改的文体讲一讲。

文学可分二项：有韵的谓之诗，无韵的谓之文。文有骈体、散体的区别，历来两派的争执很激烈：自从韩退之崛起，推翻骈体，后来散体的声势很大。宋人就把古代经典都是散体，何必用骈体，做宣扬的旗帜。清代阮芸台（按即阮元）起而推倒散体，抬出孔老夫子来，说孔子在《易经》里所著的《文言》、《系辞》，都是骈体的。实在这种争执，都是无谓的。

依我看来，凡简单叙一事不能不用散文，如兼叙多人多事，就非骈体不能提纲。以《礼记》而论，同是周公所著，但《周礼》用骈体，《仪礼》却用散体，这因事实上非如此不可的。《仪礼》中说的是起居跪拜之节，要想用骈也无从下手。更如孔子著《易经》用骈，著《春秋》就用散，也是一理。实在，散、骈各有专用，可并存而不能偏废。凡列举纲目的以用骈为醒目，譬如我讲演“国学”，列举各项子目，也便是骈体。秦汉以后，若司马相如、邹阳、枚乘等的骈文，了然可明白。他们用以序叙繁杂的事，的确是不错。后来诏诰都用四六，判案亦有用四六的（唐宋之间，有《龙筋凤髓判》），这真是太无谓了。

凡称之为诗，都要有韵，有韵方能传达情感。现在白话诗不用韵，即使也有美感，只应归入散文，不必算诗。日本和尚娶妻食肉，我曾说他们可称居士等等，何必称作和尚呢？诗何以要有韵呢？这是自然的趋势。诗歌本来脱口而出，自有天然的风韵，这种韵，可达那神妙的意思。你

看，动物中不能言语，他们专以幽美的声调传达彼等的感情，可见诗是必要有韵的。“诗言志，歌永言，声依咏，律和声”，这几句话，是大家知道的。我们仔细讲起来，也证明诗是必要韵的。我们更看现今戏子所唱的二黄西皮，文理上很不通，但彼等也因有韵的原故。

白话记述，古时素来有的，《尚书》的诏诰全是当时的白话，汉代的手诏，差不多亦是当时的白话，经史所载更多照实写出的。《尚书·顾命篇》有“奠丽陈教则肄肄不违”一语，从前都没能解这两个“肄”字的用意，到清代江艮庭（按即江声）始说明多一肄字，乃直写当时病人垂危舌本强大的口吻。《汉书》记周昌“臣期期不奉诏”、“臣期期知其不可”等语，两“期期”字也是直写周昌口吃。但现在的白话文只是使人易解，能曲传真相却也未必。“语录”皆白话体，原始自佛家，宋代名儒如二程、朱、陆亦皆有语录，但二程为河南人，朱子福建人，陆象山（按即陆九渊）江西人，如果各传真相，应所纪各异，何以语录皆同一体例呢？我尝说，假如李石曾、蔡孑民、吴稚晖三先生会谈，而令人笔录，则李讲官话，蔡讲绍兴话，吴讲无锡话，便应大不相同，但记成白话文却又一样。所以说白话文能尽传口语的真相，亦未必是确实的。

第二节

国学之派别（一）

——经学之派别

讲“国学”而不明派别，将有望洋兴叹、无所适从之感。但“国学”中也有无须讲派别的，如历史学之类；也有不够讲派别的，则为零碎的学问。现在只把古今学者呶呶争辩不已的，分三类讨论：一、经学之派别；二、哲学之派别；三、文学之派别。依顺序先研究经学之派别。

“《六经》皆史也”，这句话详细考察起来，实在很不错。在《六经》里面，《尚书》、《春秋》都是记事的典籍，我们当然可以说他是史。《诗经》大半部是为国事而作（《国风》是歌咏各国的事，《雅》、《颂》是讽咏王室的），像歌谣一般的，夹入很少，也可以说是史。《礼经》是记载古代典章制度的（《周礼》载官制，《仪礼》载仪注），在后世本是史的一部分。《乐经》虽是失去，想是记载乐谱和制度的典籍，也含史的性状。只有《易经》一书，看起来像是和史没关，但实际上却也是史。太史公说：“《易》本隐以之显，《春秋》推见以至隐。”引申他的意思，可以说《春秋》是胪列事实中寓褒贬之意；《易经》却和近代“社会学”一般，一方面考察古来的事迹，得着些原则，拿这些原则，可以推测现在和将来。简单说起来，《春秋》是显明的史，《易经》是蕴着史的精华的。因此可见《六经》无一非史，后人于史以外，别立为经，推尊过甚，更有些近于宗教。实在周末还不如此，此风乃起于汉时。

秦始皇焚书坑儒，《六经》也遭一炬，其后治经者遂有今文家、古文家之分。今文家乃据汉初传经之士所记述的。

现在要讲今文家，先把今文家的派别，立一简单的表：

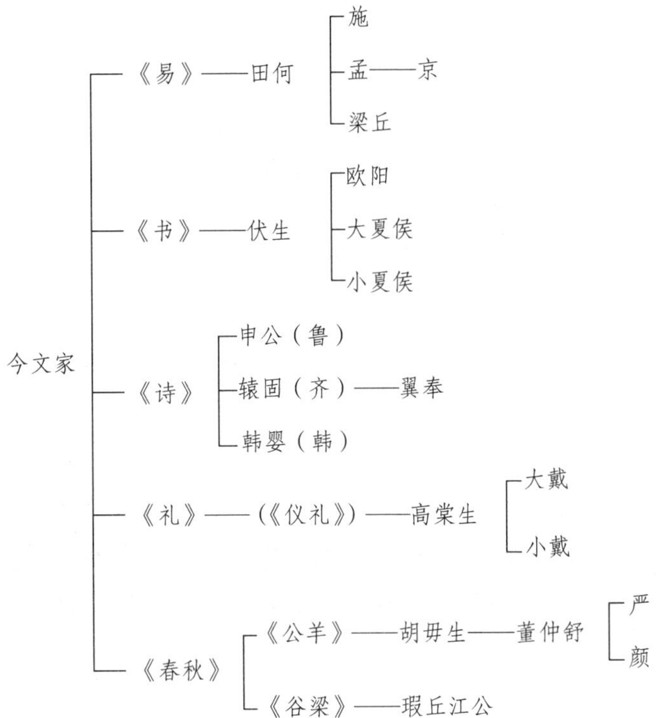

汉初，田何传《易经》，伏生口授《尚书》，齐、鲁、韩三家治《诗经》，高棠生传《礼经》，胡毋生治《公羊》，瑕丘江公治《谷梁》，那时除了《乐经》以外，《五经》都已完备。后来《易》分四家，《诗》、《书》各分三家，《礼》分二家，《公羊》分二家，汉室设学官，立十四博士（《谷梁》不在内），即以上十四家。十四博士在汉初还没十分确定，在西汉末年才确定下来。

今文家所讲的，虽非完全类乎宗教，但大部分是倾向在这一面的。《易》四家中，施和梁丘二家，我们已不能见，且莫论他。京氏治《易》，

专重卜筮，传至汉末虞翻，则更多阴阳卜筮之说。《尚书》三家中欧阳也不可考。大、小夏侯则欢喜讲《洪范》五行之说，近于宗教。汉人治《尚书》，似乎最欢喜《洪范篇》。《诗经》三家中，申公所说，没甚可怪，《韩诗外传》(《内传》已失）也没甚可怪的地方，惟翼奉治诗，却拿十干十二支比附《诗经》了。高棠生的《仪礼》，已不可知，大、小戴中（现在所谓二戴，非汉时的大、小戴），也有不少离奇的话。《公羊》的记载，虽和事实相差很远，还没甚么可怪，但治《公羊》的今文家，却奇怪极了。胡毋生的学说，我们已不能见，即颜、严二家的主张也无从考出，但董仲舒的《春秋繁露》，却多怪话。汉末何休注《公羊》，不从颜、严二家之说，自以为是胡毋生嫡派，他的怪话最多，照他说来，直是孔子预知汉室将兴而作《春秋》，简直是为汉预制宪法，所以那时有"《春秋》为汉制法"的话。孔子无论是否为预言家，孔子何至和汉家有这么深厚的感情呢?

汉代学者以为古代既有"经"必有"纬"，于是托古作制，造出许多"纬"来，同时更造"谶"。当时"纬书"，种类繁多，现在可查考的只有《易纬》八种。明孙瑴《古微书》中辑有纬书很多。《易纬》所讲的是时令节气，仅如《月令》之类。《春秋纬》载孔子著《春秋》、《孝经》告成，跪告天，天生彩云，下赐一玉等话，便和耶稣《创世纪》相类了。"谶"是"河图"一类的书，专讲神怪，说能先知未来，更近于宗教了。"纬书"西汉末年才出现，大概今文学家弟子迎合当时嗜好推衍出来的。

"经"有兼今古文的，也有无今文而有古文的，也有无古文而有今文的。汉代古文学家，可以列如下表：

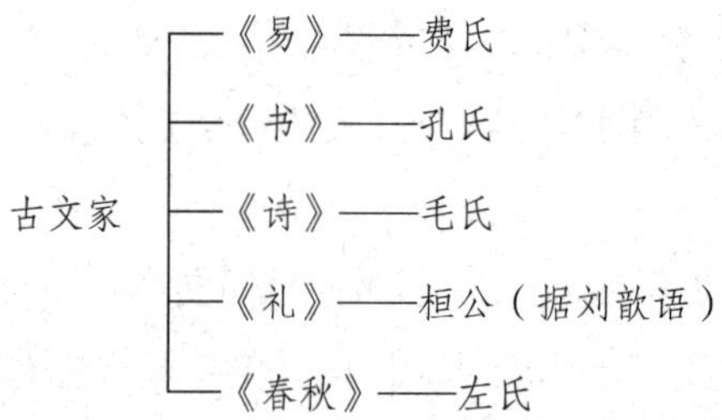

《仪礼》(当时称为《士礼》),在古文今文,只为文字上的差别。《周礼》在汉初不以为经典,东汉始有杜子春和二郑替彼注释。此外,今古文便各自为别了。

今古文的区别,本来只在文字版本上。因为《六经》遭秦火,秦代遗老就所能记忆的,用当代语言记出,称为今文,后来从山崖屋壁发现古时原本,称为古文,也不过像近代今板古板的分别罢了。但今文所记忆,和古文所发现的篇幅的多少,已有不同;今文家所主张和古文家所说,根本上又有不同;因此分道扬镳。古文家异于今文家之点,在下文细说:

一、《易》以费氏为古文家,是刘向定的。因为刘向校书时,就各家《易经》文字上看,只有费氏相同,所以推为古文家。以《易》而论,今古文也还只文字上的不同。

二、鲁恭王发孔壁得《尚书》,《尚书》的篇数就发生问题。据《书传》(太史公曰"《书传》、《礼记》自孔氏",可见孔安国家藏《书传》,确自孔壁得来。)称《书序》有百篇,而据伏生所传只有二十九篇(可分为三十四篇),壁中所得却有四十六篇(可分为五十八篇),相差已十七篇。并且《书传》所载和今文更有许多不同的地方。孟子是当时善治《诗》、《书》的学者,他所引的"葛伯求饷"、"象日以杀舜为事"等等,在今文确是没有的,可见事实上又不同了。

三、《诗》因叶韵易于记忆,当时并未失传,本无今古文之分。毛氏所传《诗》三百十一篇,比三家所传多"笙诗"六篇,而所谓"笙诗"也只有名没有内容的。《毛诗》所以列于古文,是立说不同。他的立说,关于事实和《左传》相同;关于典章制度和《周礼》相同;关于训诂,又和《尔雅》同的。

四、郑康成注《仪礼》,并存古今文。大概高棠生传十七篇和古文无大出入。孔壁得《礼》五十六篇,比高棠生多三十九篇。这三十九篇和今文中有大不同之点:今文治《礼》,是"推士礼致于天子",全属臆测的。此三十九篇却载士以上的礼很多。二戴的主张,原不可考,但晋人贺循引

《礼》，是我们可据以为张本的。

五、《左氏》多古文古言。《汉书·艺文志》说:《左氏传》是张苍所献。贾谊事张苍，习《左氏传》，所以《贾谊新书》引《左氏传》的地方很多。《左氏传》的事实和《公羊》多不相同。《谷梁》中事实较《公羊》确实一些，也和《左氏》有出入。至于经文本无不同，但《公羊》、《谷梁》是十一篇，《左氏》有十二篇，因《公》、《谷》是附闵于庄的。闵公只有三年，附于庄公，原无大异，但何休解《公羊》，却说出一番理由来，以为“孝子三年无改于父道”，故此附闵于庄了。

六、《周礼》，汉时河间献王向民间抄来，马融说是“出自山崖屋壁”的。这书在战国时已和诸侯王的政策不对，差不多被毁弃掉，所以孟子说:“其详不可得闻也；诸侯恶其害己也，而皆去其籍。”《荀子》中和《周礼》相合的地方很多，或者他曾见过。孟子实未见过《周礼》，西汉人亦未见过。《礼记·王制篇》也和《周礼》不同。孟子答北宫锜说“公侯皆方百里，伯七十里，子男五十里”，《周礼》却说是“公五百里，侯四百里，伯三百里，子二百里，男一百里”。《王制》讲官制是“三公，九卿，二十七大夫，八十一元士”。但古代王畿千里，几和现在江苏一般大小，这一百二十个官员，恐怕不够吧！《周礼》称有三百六十官，此三百六十官亦为官名而非官缺，一官实不止一人，如就府吏胥徒合计，当时固有五万余员。

又有在汉时称为“传记”的，就是《论语》和《孝经》二书。《论语》有《古论》、《齐论》、《鲁论》之分，《古论》是出自孔氏壁中的。何晏治《论语》参取三家，不能分为古今文。不过王充《论衡》称《论语》之《古论》有百多篇，文字也难解，删繁节要也有三十篇，而何晏说:“《鲁论语》二十篇;《齐论语》别有《问王》、《知道》等，凡二十二篇；《古论》出孔氏壁中，分《尧曰》下章《子张问》以为一篇，凡二十一篇。”篇数上又有出入。《汉书·艺文志》有《孔子家语》及《孔子徒人图法》二书，太史公述仲尼弟子，曾提及《弟子籍》一书，三十篇中或者有以上三书在内。《孝经》，在《汉书·艺文志》也说出自孔壁，汉代治《孝经》的已无可考，我们所见的是唐玄宗的注释。又有《论语谶》、《孝经谶》二书，怪语很多，可存而不论。

宋代所称“十三经”，是合《易》、《尚书》、《周礼》、《仪礼》、《礼记》、《诗》、《左传》、《公羊》、《谷梁》、《论语》、《孝经》、《孟子》、《尔雅》而说的。这只是将诸书汇刻，本无甚么深义，后人遂称为“十三经”了。《汉书·艺文志》扩充“六艺”为九种，除《易》、《诗》、《书》、《礼》、《乐》、《春秋》为“六艺”外，是并《论语》、《孝经》、“小学”在内的。

汉代治经学，崇尚今文家的风气，到了汉末三国之间，渐趋销熄。汉末郑康成治经，已兼重古文和今文。王肃出，极端地相信古文。在汉代没曾立学官的，三国也都列入学官，因此今文家衰，古文家代兴。

三国时古文家的色采很鲜明，和汉代有不可混的鸿沟：

《诗》汉用三家，三国时尚毛氏。

《春秋》汉用《公羊》，三国时尚《左氏》。

《易》汉有施、孟、梁丘、京四家，三国只崇尚郑康成和王弼的学说。

《仪礼》没有大变更。

《周礼》汉不列学官，三国列入学官。

学者习尚既变，在三国魏晋之间，所有古文家学说都有人研究；就是从前用今文家的，到此时也改用古文家了。

古文家盛行以后，自己又分派别：以《易》而论，王弼主费氏，郑康成也主费氏。各以己意注释，主张大有不同，因为费氏只是文字古体，并无他的学说的。治《毛诗》的，有郑康成、王肃，意见有许多相反。治《左传》的，汉末有服虔（只解传不解经的），晋有杜预，两家虽非大不同，其中却也有抵触之处。原来汉人治《左氏》，多引《公羊》，并由《公羊》以释经，自己违背的地方很多。杜预《春秋释例》将汉人学说一一驳倒，在立论当中，又有和服虔的主张相反的。《尚书》郑康成有注，郑本称为古文的，但孔安国古本已失，郑本也未必是可靠。我们就和马融、郑康成师生间的立说不同、文字不同，也可明白了。东晋时梅颐的伪古文《尚书》出，托名孔安国，将《汉书·艺文志》所称正十八篇推衍出来，凡今文有的，文字稍有变更，今文所无的，就自己臆造，这书当时很有人信他。

南北朝时南北学者的倾向颇有不同：

《易》北尊王弼，南尊郑康成。

《毛诗》南北无十分异同。

《左传》北尊服虔，南尊杜预。

《尚书》北尊郑康成，南用伪古文《尚书》。

唐初，孔颖达、贾公彦出而作注疏，产生"五经"、"七经"的名称。"五经"是孔颖达所主张的，贾公彦益以《周礼》、《仪礼》就称"七经"，后更附以《公羊》、《谷梁》(《公羊》用何休，《谷梁》用范宁)，就是唐人通称的"九经"。孔颖达曲阜人，当时北方人多以为北不如南，所以他作注疏多采用南方，因此《易》不用王而用郑，《左》不用服而用杜了。唐人本有"南学"（按即南北朝时南朝的经学。承魏晋学风，兼采众说，不拘家法，随意发挥，又受佛教影响，是宋代理学的渊源）、"北学"（按即南北朝时北朝的经学。墨守东汉旧说，以章句训诂为主，不愿别出新义。学风保守，撰述亦少）之分，后来北并于南，所有王弼、服虔的学说，因此散失无遗。

唐代轻学校而重科举，取士用"明经"、"进士"二科（明经科讨论经典，进士科策论应试），学者对于孔氏的学说不许违背，因此拘束的弊病，和汉代立十四博士不相上下，并且思想不能自由，成就很少。孔、贾而外，竟没有卓异的经学家了。

《仪礼·丧服》是当时所实用的，从汉末至唐，研究的人很多并且很精，立说也非贾《疏》所能包。这是特例。

宋代典章制度，多仍唐时之旧。宋人拘守唐人的注疏，更甚于唐人，就是诗赋以经命名的，也不许抵触孔、贾的主张。当时有人作“当仁不让于师赋”，将“师”训作“众”，就落第了。邢昺作《论语》、《孝经》疏，拘守孔、贾所已引用的，已是简陋，那些追随他们的后尘的，更是陋极。宋代改“明经科”为“学究科”，这“学究”两字是他们无上的诨号。

在思想不能自由发展环境之下，时势所趋，不能不有大变动，因此宋代学者的主张就和以前趋于相反的方向了。揭反向旗帜的人，首推孙复。他山居读书，治《春秋》以为三传都不可靠。这种主张，在唐人已有赵匡、啖助创议于先，孙不过推衍成之。继孙复而起，是欧阳修，他改窜《诗经》的地方很多，并疑《易》的《系辞》非出自孔氏；立说之中很多荒谬，因为他本是文人，非能说经的。同时有刘敞（字原甫）说经颇多，著有《七经小记》，原本今虽不存但从别书考见他的主张，虽和注疏背驰，却不是妄想臆测。神宗时王安石治经，著有《三经新义》，当时以为狂妄。原书已难考见，但从集中所引用的看来，也不见得比欧阳修更荒谬，想是宋人对于王安石行为上生怨恶，因此嫌弃他的学说。王的学说，传至弟子吕惠卿辈，真是荒谬绝伦，后来黄氏（按即宋人黄朝英）有《缃素杂记》，把《诗经》看作男女引诱的谈论，和《诗经》的本旨就相去千里了。

宋儒治经以意推测的很多。南宋朱文公（按即朱熹）凭他的臆测酿成很多谬误。朱氏治经，有些地方原有功于经，但是功不能掩过。现且分别指明：

一、《易经》本为十二篇，郑、王合《彖辞》于经，已非本来面目，朱氏分而出之，是他的功。他取陈抟的《河图》、《洛书》并入《易经》——《河图》、《洛书》由陈抟传至邵康节（按即邵雍），再传至朱文公，他就列入《易经》。有清王懋竑为朱文公强辩，谓《河图》、《洛书》非朱文公所列，那就太无谓了。因为朱文公对于道士炼丹之术，很有些相信，他曾替《参同契》（汉时道家书）作注释，在书上署名“空同道士邹炘”，“邹”、“朱”双声，“炘”、“熹”通训，他的本名已隐在里面了。——

这是他的过。分《易》是还原，为功很小；增《河图》、《洛书》是益迷信，过很大；可以说是功不掩过。

二、朱文公从文章上，怀疑伪古文《尚书》，开后人考据的端绪，是他的功。他怀疑《书序》（今文所无、古文所有）也是伪托，他的弟子蔡沈作《集传》，就不信《书序》，是他的过。这可说是功过相当。

三、古人作诗托男女以寓君臣，《离骚》以美人香草比拟，也同此意。朱文公对于《诗序》（唐时《本事诗》相类）解诗指为国事而作，很不满意，他迳以为是男女酬答之诗，这是不可掩的过。当时陈傅良反对朱文公，有“城阙为偷期之所，彤管为行淫之具”等语。（不见于今《诗传》，想已删去。）清人亦有指斥朱文公释《丘中有麻》诗为女人含妒意为不通者。

与朱文公同时有吕东莱（按即吕祖谦）治《毛诗》很精当，却不为时人所重。元代，朱子学说大行，明代更甚。在这二代中，经学无足观，士子受拘束也达极点，就激成清代的大反动。

清初，毛奇龄（号西河）首出反对朱子的主张。毛为文人，于经没彻底的研究，学说颇近王阳明。他驳斥朱子的地方固精当，他自己的主张和朱子一般荒谬。朱子注《四子书》，也有援引原注的，毛也一并指斥无余了。继起为胡渭（朏明），他精研地理，讲《禹贡》甚精当，对于《河图》、《洛书》有重大的抨击。在那时双方各无所根据，凭主观立论，都不能立在不败之地，汉学便应运而起。

阎若璩力攻古代书籍，已和汉学接近，不过对于朱子，不十分叛离，有许多地方仍援用朱说的。后江慎修（按即江永）出，对于音韵有研究，也倾向到汉学，但未揭明汉学的旗帜。

揭汉学旗帜的首推惠栋（定宇）（苏州学派），他的父亲惠士奇著《礼说》、《春秋说》已开其端，定宇更推扬之，汉学以定。他所谓汉学，是摈斥汉以下诸说而言。惠偏取北学，著有《九经古义》、《周易述》、《明堂大道录》等书，以《周易述》得名。后惠而起有戴震（东原），他本是江永的弟子，和惠氏的学说不十分相同，他著有《诗经小传》等书，不甚卓异。

就惠、戴本身学问论，戴不如惠，但惠氏不再传而奄息，戴的弟子在清代放极大异彩，这也有二种原因：

甲，惠氏墨守汉人学说，不能让学者自由探求、留发展余地。戴氏从音韵上辟出新途径，发明“以声音合文字，以文字考训诂”的法则。手段已有高下。

乙，惠氏揭汉学的旗帜，所探求的只是汉学。戴氏并非自命为汉学，叫人从汉学上去求新的发见，态度上也大有不同。

戴氏的四弟子，成就都很多，戴氏不过形似汉学，实际尚含朱子的臭味，他的弟子已是摈除净尽了。今将其四弟子分别说明如下：

一、孔广森讲音韵极精，著有《诗声类》一书。

二、任大椿著有《弁服释例》一书，很确实的。

三、段玉裁以《六书音韵表》、《说文解字注》闻名。

四、王念孙本非戴的传经学生，戴在王家教授时，只不过教授些时文八股。王后来自有研究，所发明的比上列三家较多，《广雅疏证》一书，很为学者所重。

上列四家，孔、任尚近汉学，段已和汉学不同，王才高学精，用汉学以推翻汉学，诚如孟子所谓“逢蒙学射于羿，尽羿之道，于是杀羿”了。

王念孙及其子引之著《经义述闻》，引用汉代训诂，善于调换，于诸说中采其可通者，于是佶屈聱牙的古书，一变而为普通人所能懂得了。历来研究经学的，对于名词、动词有人研究；关于助词，都不知讨论。王氏父子著《经传释词》，于古书助词之用法列举无遗，实于我们研究上有莫大的便利，如《孟子》中“然而无有乎尔，则亦无有乎尔”二句，本不易解，王氏训“乎尔”为“于此”、“于彼”，便豁然可悟了。我以我们不看《经传释词》，也算是虚词不通。

上列二派，在清代称为“汉学”，和“宋学”对立，厥后崛起的为“常州派”，是今文学家。

“常州派”自庄存与崛起，他的外甥刘逢禄、宋翔凤承继他的学说。庄氏治《公羊》，却信东晋《古文尚书》，并习《周礼》。刘氏亦讲《公羊》，却有意弄奇，康有为的离奇主张，是从他的主张演绎出来的；但他一方面又信《书序》。这两人不能说纯粹的今文学家。朱氏（按疑当为宋氏，宋翔凤）以《公羊》治《论语》，极为离奇，“孔教”的促成，是由他们这一班人的。今文学家的后起，王闿运、廖平、康有为辈一无足取，今文学家因此大衰了。

今文学家既衰，古文学家又起。孙诒让是一代大宗，《周礼正义》一书，颇为学者所重。在他以外，考典章制度原有江永、惠士奇（作《礼说》）、金榜（著《礼笺》）、金鹗（作《求古录》）、黄以周（著《礼书通故》）等人，但和他终有上下床之别。自孙诒让以后，经典大衰。像他这样大有成就的古文学家，因为没有卓异的今文学家和他对抗，竟因此经典一落千丈，这是可叹的。我们更可知学术的进步，是靠着争辩，双方反对愈激烈，收效方愈增大。我在日本主《民报》笔政，梁启超主《新民丛报》笔政，双方为国体问题辩论得很激烈，很有色彩，后来《新民丛报》停版，我们也就搁笔，这是事同一例的。

自汉分古今文，一变而为南北学之分，再变而为汉、宋学之分，最后复为今古文，差不多已是反原，经典的派别，也不过如此罢。

第三节

国学之派别（二）

——哲学之派别

“哲学”一名词，已为一般人所通用，其实不甚精当；“哲”训作“知”，“哲学”是求知的学问，未免太浅狭了。不过习惯相承，也难一时改换，并且也很难得一比此更精当的。南北朝号“哲学”为“玄学”，但当时“玄”、“儒”、“史”、“文”四者并称，“玄学”别“儒”而独立，也未可用以代“哲学”。至宋人所谓“道学”和“理学”是当时专门名辞，也不十分适用。今姑且用“哲学”二字罢。

讨论哲学的，在国学以子部为最多，经部中虽有极少部分与哲学有关，但大部分是为别种目的而作的。以《易》而论，看起来像是讨论哲学的书，其实是古代社会学，只《系辞》中谈些哲理罢了。《论语》，后人称之为“经”，在当时也只算是子书。此书半是“伦理道德学”，半是论哲理的。“九流”的成立，也不过适应当时需求，其中若“纵横家”是政客的技术，“阴阳家”是荒谬的迷信，“农家”是种植的技艺，“杂家”是杂乱的主张，都和哲学无关。至和哲学最有关系的，要算儒、道二家，其他要算“法家”、“墨家”、“名家”了。“道家”出于史官，和《易》相同。老、庄二子的主张，都和哲学有牵涉的。管子也是道家，也有小部分是和哲学有关的。儒家除《论语》一书外，还有《孟子》、《荀子》都曾谈谈哲理。

名家是治“正名定分之学”，就是现代的“伦理学”，可算是哲学的一部分。尹文子、公孙龙子，和《庄子》所称述的惠子，都是治这种学问的。惠子和公孙龙子主用奇怪的论调，务使人为我所驳倒，就是希腊所谓“诡辩学派”。《荀子·正名篇》，研究“名学”也很精当。墨子本为宗教家，但《经上》、《经下》二篇，是极好的名学。法家本为应用的，而韩非子治法家之学，自谓出于老子，他有《解老》、《喻老》二篇，太史公也把他和老、庄合传，其中有一部分也有关哲理的。儒家、道家和法家的不同，就在出发点上。儒、道二家是以哲理为基本而推衍到政治和道德的，法家是旁及哲理罢了。他如宋（按即宋钘），《汉书·艺文志》把他归在小说家，其实却有哲理的见解。庄子推宋为一家，《荀子·解蔽篇》驳宋的话很多，想宋的主张，在当时很流行，他是主张非兵的。宋所以算做小说家，因为他和别家不同：别家是用高深的学理，和门人研究；他是逢人便说，陈义很浅的。

周秦诸子，道儒两家所见独到。这两家本是同源，后来才分离的。《史记》载孔子受业于徵藏史，已可见孔子学说的渊源。老子道德的根本主张，是“上德不德”，就是无道德可见，才可谓之为真道德。孔子的道德主张，也和这种差不多。就是孟子所谓“由仁义行，非行仁义也”，也和老子主张一样的。道儒两家的政治主张，略有异同；道家范围大，对于一切破除净尽；儒家范围狭小，对于现行制度，尚是虚与委蛇；也可以说是“其殊在量，非在质也”。老子为久远计，并且他没有一些名利观念，所以敢放胆说出；孔了急急要想做官，竟是“三月无君，则皇皇如也”，如何敢放胆说话呢！

儒家之学，在《韩非子·显学篇》说是“儒分为八”，有所谓颜氏之儒。颜回是孔子极得意门生，曾承孔子许多赞美，当然有特别造就。但孟子和荀子是儒家，记载颜子的话很少，并且很浅薄。《庄子》载孔子和颜回的谈论却很多。可见颜氏的学问，儒家没曾传，反传于道家了。《庄子》有极赞孔子处，也有极诽谤孔子处；对于颜回，只有赞无议，可见庄子对

于颜回是极佩服的。庄子所以连孔子也要加抨击，也因战国时学者托于孔子的很多，不如把孔子也驳斥，免得他们借孔子作护符。照这样看来，道家传于孔子为儒家；孔子传颜回，再传至庄子，又入道家了。至韩退之以庄子为子夏门人，因此说庄子也是儒家。这是“率尔之论，未尝订入实录”。他因为庄子曾称田子方，遂谓子方是庄子的先生。那么，《让王篇》也曾举曾原、则阳、无鬼、庚桑诸子，也都列名在篇目，都可算做庄子的先生吗？

孟子，《史记》说他是“受业子思之门”。宋人说子思是出于曾子之门，这是臆测之词，古无此说。《中庸》中虽曾引曾子的话，也不能断定子思是出于曾子的。至谓《大学》是曾子所作，也是宋人杜撰，不可信的。子思在《中庸》所主张，确含神道设教的意味，颇近宗教；《孟子》却一些也没有。《荀子·非十二子篇》，对于子思、孟子均有诽议，说他们是信仰五行的。孟子信五行之说，今已无证据可考，或者外篇已失，内篇原是没有这种论调的。子思在《礼记》中确已讲过五行的话。

荀子的学问，究源出何人，古无定论。他尝称仲尼、子弓；子弓是谁，我们无从考出。有人说，子弓就是子张。子张在孔子门人中不算卓异的人才，如何会是他呢？今人考出子弓就是仲弓，这也有理。仲弓的学问，也为孔子所赞许，造就当有可观。郑康成《六艺论》，说仲弓是编辑《论语》的。而《荀子》一书，体裁也是仿效《论语》的，《论语》以《学而》始，以《尧曰》终；荀子也以《劝学》始，以《尧问》终。其中岂非有蛛丝马迹可寻吗？荀子和孟子虽是都称儒家，而两人学问的来源大不同。荀子是精于制度典章之学，所以“隆礼仪而杀《诗》、《书》”，他书中的《王制》、《礼论》、《乐论》等篇，可推独步。孟子通古今，长于《诗》、《书》，而于《礼》甚疏；他讲王政，讲来讲去，只有“五亩之宅，树之以桑；鸡豚狗彘之畜，无失其时；百亩之田，勿夺其时”等话，简陋不堪，那能及荀子的博大！但孟子讲《诗》、《书》，的确好极，他的小学也很精，他所说：“庠者养也；洚水者洪水也；畜君者好君也”等等，真可冠绝当代！由他们两人根本学问的不同，所以产生“性善”、“性恶”两大反对的主张。在荀子主礼仪，礼仪多由人为的，因此说人性本恶，经了人为，乃走上善的路。在孟子是主《诗》、《书》;《诗》是陶淑性情的,《书》是养成才气的，感情和才气都自天然，所以认定人性本善的。两家的高下，原难以判定。韩退之以大醇小疵定之，可谓鄙陋之见。实在汉代治儒家之学，没有能及荀、孟两家了。

告子，庄子说他是兼学儒、墨，孟子和他有辩驳，墨子也排斥他的“仁内义外”的主张。墨、孟去近百年，告子如何能并见？或者当时学问是世代相传的。告子的“生之为性，无善无不善”的主张，看起来比荀、孟都高一着。荀、孟是以所学定其主张，告子是超乎所学而出主张的。告子口才不及孟子，因此被孟子立刻驳倒。其实，孟子把“犬之性犹牛之性，牛之性犹人之性与？”一语难告子，告子也何妨说“生之为性，犬之生犹牛之生，牛之生犹人之生”呢？考“性”亦可训作“生”，古人所谓“毁不灭性”的“性”字，就是“生”的意义。并且我们也常说“性命”一语呢！

道家的庄子以时代论，比荀子早些，和孟子同时，终没曾见过一面。庄子是宋人，宋和梁接近，庄子和惠子往来。惠子又为梁相，孟子在梁颇久，本有会面的机会，但孟子本性不欢喜和人家往来，彼此学问又不同，就不会见了。

庄子自以为和老子不同,《天下篇》是偏于孔子的。但庄子的根本学说，和老子相去不远。不过老子的主张，使人不容易捉摸，庄子的主张比较地容易明白些。

庄子的根本主张，就是“自由”、“平等”，“自由平等”的愿望，是人类所共同的，无论哪一种宗教，也都标出这四个字。自由平等见于佛经。“自由”，在佛经称为“自在”。庄子发明自由平等之义，在《逍遥游》、《齐物论》二篇。“逍遥游”者自由也，“齐物论”者平等也。但庄子的自由平等，和近人所称的，又有些不同。近人所谓“自由”，是在人和

人的当中发生的，我不应侵犯人的自由，人亦不应侵犯我的自由。《逍遥游》所谓“自由”，是归根结底到“无待”两字。他以为人与人之间的自由，不能算数；在饥来想吃，寒来想衣的时候，就不自由了。就是列子御风而行，大鹏自北冥徙南冥，皆有待于风，也不能算“自由”。真自由惟有“无待”才可以做到。近人所谓平等，是指人和人的平等，那人和禽兽草木之间，还是不平等的。佛法（按佛教名词，指佛教各种教义和佛教“真理”）中所谓平等，已把人和禽兽平等。庄子却更进一步，与物都平等了。仅是平等，他还以为未足。他以为“是非之心存焉”，尚是不平等，必要去是非之心，才是平等。庄子临死有“以不平平，其平也不平”一语，是他平等的注脚。

庄子要求平等自由，既如上述。如何而能达到平等自由，他的话很多，差不多和佛法相近。《庄子·庚桑楚篇》，朱文公说他全是禅（宋人凡关于佛法，皆称为“禅”），实在《庚桑楚篇》和“禅”尚有别，和“佛法”真很近了。庄子说“灵台者有持”，就是佛法的“阿陀那识”，“阿陀那”意即“持”。我们申而言之，可以说，眼目口鼻所以能运动自由，都有“持之者”，即谓“持生之本也”。《庄子》又有《德充符篇》，其中有王骀者，并由仲尼称述他的主张。是否有此人，原不可知，或是庄子所假托的。我们就常季所称述“彼为己，以其知得其心；以其心得其常心”等语，是和佛法又相同的。“知”就是“意识”，“心”就是“阿陀那识”，或称“阿赖耶识”，简单说起来就是“我”。“常心”就是“庵摩罗识”，或称“真如心”，就是“不生不灭之心”。佛家主张打破“阿赖耶识”，以求“庵摩那识”。因为“阿赖耶识”存在，人总有妄想苦恼，惟能打破生命之现象，那“不生不灭之心”才出现。庄子求常心，也是此理。他也以为常心是非寻常所能知道的。庄子“无我”的主张，也和佛法相同。庄子的“无我”和孔子的“毋我”、颜子的“克己复礼”也相同，即一己与万物同化，今人所谓融“小我”于“大我”之中。这种高深主张，孟、荀见不到此，原来孔子也只推许颜回是悟此道的。所以庄子面目上是道家，也可说是儒家。

自孔子至战国，其间学说纷起，都有精辟的见解，真是可以使我们景仰的。

战国处士横议，秦始皇所最愤恨，就下焚书坑儒等凶辣手段。汉初虽有人治经学，对于“九流”，依旧怀恨，差不多和现在一般人切齿政客一般。汉武帝时，学校只许读经学，排斥诸子百家了。

汉初经学，一无可取，像董仲舒、公孙弘辈，在当时要算通博之儒，其他更何足论！西汉一代，对于哲理有精深研究的，只有扬雄一人。韩退之把荀、扬并称，推尊他已达极点。实在扬雄的学说，和荀、孟相差已多；秦汉以后的儒家，原没有及荀、孟的。不过扬雄在当时自有相当的地位和价值。西汉学者迷信极重，扬雄能够不染积习，已是高人一着。他的《法言》，全仿《论语》，连句调都有些模拟，但终究不及《荀子》。宋人说“荀子才高，扬子才短”，可称定评。

东汉学者迷信渐除，而哲理方面的发现仍是很少，儒家在此时渐出，王符《潜夫论》、王充《论衡》，可称为卓异的著述。王符专讲政治，和哲理无关。王充（也有归入杂家的）在《论衡》中几于无迷不破，《龙虚》、《雷虚》、《福虚》等篇，真是独具只眼。他的思想，锐敏已极，但未免过分，《问孔》、《刺孟》等篇，有些过当之处。他又因才高不遇，命运一端，总看不破，也是遗恨。王充破迷信高出扬雄之上，扬雄新见解也出王充之上，这两人在两汉是前后辉映的。

汉人通经致用，最为曹操所不欢喜；他用移风易俗的方法，把学者都赶到吟咏一途，因此三国的诗歌，很有声色。这是曹操手段高出秦始皇处。

魏晋两朝，变乱很多，大家都感着痛苦，厌世主义因此产生。当时儒家迂腐为人所厌，魏文帝辈又欢喜援引尧舜，竟要说“舜禹之事，吾知之矣”。所以，“竹林七贤”便“非尧舜，薄汤武”了。七贤中嵇康、阮籍辈的主张和哲学没有关系，只何晏、王弼的主张含些哲学。何晏说“圣人无情”，王弼说“圣人茂于人者神明，同于人者五情”，这是两个重要的见解。郭象承何晏之说以解《庄子》，他说：“子哭之恸，在孔子也不过人哭亦哭，并非有情的。”据他的见解，圣人竟是木头一般了。佛法中有“大乘”、“小乘”（按大乘、小乘是佛教派别名），习“小乘”成功，人也就麻木，习“大乘”未达到成佛的地位，依旧有七情的。

自魏晋至六朝，其间佛法入中国，当时治经者极少，远公（按即晋释慧远）是治经的大师。他非但有功佛法，并且讲《毛诗》、讲《仪礼》极精，后来治经者差不多都是他的弟子。佛法入中国，所以为一般人所信仰，是有极大原因：学者对于儒家觉得太浅薄，因此弃儒习老、庄，而老、庄之学，又太无礼法规则，彼此都感受不安。佛法合乎老、庄，又不猖狂，适合脾胃，大家认为非此无可求了。当时《弘明集》治佛法，多取佛法和老、庄相引证。才高的人，都归入此道，猖狂之风渐熄。

历观中国古代，在太平安宁之时，治哲学的极少，等到乱世，才有人研究。隋唐统一天下，讲哲理的只有和尚，并且门户之见很深，和儒家更不相容。唐代读书人极不愿意研究，才高的都出家做和尚去。我们在这一代中，只能在文人中指出三人：一、韩昌黎，二、柳子厚，三、李翱。韩昌黎见道不明，《原道》一篇，对于释、老只有武断的驳斥。柳子厚较韩稍高，他以为天是无知的。李翱（韩昌黎的侄婿）是最有学识的文人，他著《复性篇》说“斋戒其心，未离乎情；知本无所思，则动静皆离”，和禅宗（按禅宗为中国佛教宗派。以专修“禅定”而得名）很近了。李后来事药山（按唐代名僧），韩后来事大颠（按佛教禅宗南派慧能三传弟子，自号大颠和尚）；李和药山是意气相投，韩贬潮州以后，意气颓唐，不得已而习佛法的。韩习佛法，外面还不肯直认，和朋友通信，还说佛法外形骸是他所同意的。儒家为自己的体面计，往往讳言韩事大颠，岂不可笑！实在韩自贬潮州以后，人格就堕落，上表请封禅，就是献媚之举，和扬雄献符命有甚么区别呢？大颠对于韩请封禅一事，曾说：“疮痍未起，安请封禅！”韩的内幕又被揭穿，所以韩对于大颠从而不敢违。韩对于死生利禄之念，刻刻不忘，登华山大哭、作《送穷文》，是真正的证据。韩、柳、李而外，王维、白居易也信佛，但主张难以考见，因为他们不说出的。

七国、六朝之乱，是上流社会的争夺。五代之乱，是下流社会崛起，所以五代学术衰微极了。宋初，赵普、李沆辈也称知理之人，赵普并且自夸"半部《论语》治天下"，那时说不到哲理。后来周敦颐出，才辟出哲理的新境域。在周以前有僧契嵩，著有《镡津文集》，劝人读《中庸》、《文中子》、扬子《法言》等书，是宋学（按宋儒理学，为别于汉学，称为宋学。也称为道学）的渊源。周从僧寿崖，寿崖劝周只要改头换面，所以周所著《太极图说》、《周子通书》，只皮相是儒家罢了。周的学说很圆滑，不易捉摸，和《老子》一般，他对二程只说:"寻孔、颜乐处。"他终身寡言，自已不曾标榜，也可以说是道学以外的人。

二程都是周的弟子，对于"寻孔、颜乐处"一话，恐怕只有程明道（按即程颢）能做到。明道对人和颜悦色，无事如泥木人，他所著《定性篇》、《识仁篇》，和李翱相近。他说"不要方检穷索"，又说"与其是外而非内，不如内外两忘"，见解是很精辟的。伊川（按即程颐）陈义虽高，但他自尊自大，很多自以为是之处，恐怕不见得能得孔、颜乐处。邵康节（按即邵雍）以"生姜树头生"一语讥伊川，就是说他自信过甚。

北宋诸学者，周子浑然元气，邵子迷于五行，张子偏于执拗，二程以明道为精深，伊川殊欠涵养，这是我的判断。

南宋，永嘉派承二程之学，专讲政治；金华派吕东莱辈，专讲掌故，和哲理无关。朱文公师事延平（按即李侗），承"默坐证心，体认天理"八字的师训。我们在此先把"天理"下一定义。"天"就是"自然"，"天理"就是"自然之理"，朱文公终身对于"天理"，总没曾体认出来；生平的主张，晚年又悔悟了。陆象山（按即陆九渊）和朱相反对，朱是揭"道学问"一义，陆是揭"尊德性"一义。比较起来，陆高于朱，陆"先立乎其大者"，谓"《六经》注我，我不注《六经》"，是主张一切皆出自心的。朱主张"无极太极"，陆则以为只有"太极"，并无"无极"的。两人通信辩论很多，虽未至诋毁的地步，但悻悻之气，已现于词句间。可见两人的修养都没有功夫。陆象山评二程，谓“明道尚疏通，伊川锢蔽生”，实在朱、陆的锢蔽，比伊川更深咧。朱时守时变，陆是一生不变的。王荆公（按即王安石）为宋人所最嫉恶，惟陆以与王同为江西人，所以极力称颂，也可见他的意气了。明王阳明之学，本高出陆象山之上，因为不敢自我作古，要攻讦朱文公，不得不攀附于陆象山了。

陆象山的学生杨慈湖（简），见解也比陆高，他所著的《绝四记》、《己易》二书，原无甚精采，《己易》中仍是陆氏的主张；但杨氏驳《孟子》“求放心”和《大学》“正心”的主张说：“心本不邪，安用正？心不放，安用求？”确是朱、陆所见不到的。黄佐（广东人）指杨氏的学说，是剽窃六祖惠能的主张，六祖的“菩提本非树，明镜亦非台，本来无一物，何处染尘埃？”一偈，确是和杨氏的主张一样的。

宋代的哲学，总括说起来：北宋不露锋芒，南宋锋芒太露了。这或者和南北地方的性格有关。

南宋，朱、陆两派，可称是旗鼓相当。陆后传至杨慈湖，学说是更高一步。在江西，陆的学说很流行，浙西也有信仰他的。朱的学说，在福建很流行，后来金华学派归附于他，浙东士子对朱很有信仰。

元朝，陆派的名儒，要推吴澄（草庐），但其见解不甚高。朱派仅有金华派传他的学说，金履祥（仁山）、王柏（会之）、许谦（白云），是这一派的巨擘。金履祥偶亦说经，立论却也平庸。许谦也不过如此。王柏和朱很接近，荒谬之处也很多，他竟自删《诗》了。

金华派传至明初，宋濂承其学，也只能说他是博览，于“经”于“理”，都没有什么表见。宋之弟子方孝孺（正学）对于理学很少说，灭族（按明成祖为燕王时，兵入南京，方不肯为之草写登极诏书，被杀，并灭十族——九族及方的学生，死者达八百七十余人）以后，金华派也就式微。明初，陆派很不流行，已散漫不能成派，这也因明太祖尊朱太过之故。

明自永乐后，学者自有研究，和朱、陆都不相同，学说也各有建树。且列表以明之：

永乐时，薛、吴二人，颇有研究，立明代哲学之基。薛瑄（敬轩），陕西人，立论很平正，和朱文公颇相近。明人因为于谦被杀时，他居宰辅地位，不能匡救，很有微词，并且因此轻视他。吴与弼（康斋），家居躬耕，读书虽少，能主苦学力行，很为人所推重，后来他由石亨推荐出仕，对石亨称门下士，士流又引以为耻。

薛的学问，很少流传。吴的学问，流传较广。胡居仁、娄谅和陈献章三人，是他的学生。胡自己没有什么新的发明，明人对他也没有反对。娄的著作后来烧毁净尽，已无可考，不过王阳明是他的学生。陈在胡死后才著名，时人称为白沙先生。

明代学者和宋儒厘然独立，自成系统，自陈白沙始。宋人欢喜著书，并且有“语录”之类。陈白沙认著书为无谓，生平只有诗和序跋之类。他的性质，也和别人不同。初时在阳春坛静坐三年，后来只是游山赋诗，弟子从学也只有跟他游山。陈生平所最佩服的，只是“浴乎沂，风乎舞雩，咏而归，……吾与点也”这些话。对于宋儒都不看重，就是明道也不甚推重。他自以为濂溪（按濂溪即周敦颐）嫡派，终日无一时不乐的。白沙弟子湛若水，广东人，本“体认天理”一语，他以为无论何事，皆自然之规则。王阳明成进士时，和他交游，那时他学问高出王之上。后来，王别有研究，和他意见不甚相合。他自己讲学，流传颇广，知名的却很少。

王守仁（阳明）本是欢喜研究道教的，曾延道士至家，再四拜求。后来从娄谅游，成进士后又和湛往来，见解遂有变更。贬龙场驿丞（按王早年因反对宦官刘瑾被贬官）以后，阳明的学问大进。他看得世间别无可怕，只有死是可怕的，所以造石棺以尝死的况味；所主张的“致良知”，就在卧石棺时悟出。在贵州时有些苗民很崇拜他，从他讲求学问，阳明把“知行合一”和他们说。阳明的“知行合一”，和明道有些相同。明道以为曾经试行过，才算得“知”，没曾试行过，不能称为“知”，譬如不知道虎之凶猛的人，见虎不怕，受了虎的损害的，就要谈虎色变了。这类主张，渐变而为阳明的主张。阳明以为知即是行，也可说“知的恳切处即行，行的精粹处即知”。不过阳明的“知行合一”主张，是在贵州时讲的；后来到南京，专讲静坐；归江西后又讲“致良知”了。《传习录》是他在贵州时的产品，和后来有些不合。

阳明自悟得“致良知”以后，和朱文公不能不处于反对地位，并非专和朱反对，才有这些主张的。有人谓“致良知”的主张，宋胡宏在《胡子知言》已有讲起。阳明是否本之于胡，抑自己悟出，这是不能臆断的。阳明讲“良知”，曾攀附到孟子。实在孟子的“良知”，和他的殊不相同。孟子说：“人之所不学而能者其良能也；所不虑而知者其良知也。孩提之童，无不知爱其亲者，及其长也，无不知敬其兄也。”可见他专就感情立论。阳明以为一念之生，是善是恶，自己便能知道，是溢出感情以外，范围较广了。孟子和阳明的不同，可用佛法来证明，《唯识论》里说：一念的发生，便夹着“相分”、“见分”、“自证分”、“证自证分”四项。且把这四个名词下一解释：

一、相分。“相分”就是“物色”，就是我们所念的。

二、见分。“见分”就是“物色此物色”，也就是我们所能念的。

三、自证分。念时有别一念同时起来，便是“自证分”。譬如我讲了后一句话，自己决不至忘了前一句话。便是“自证分”在那里主之。

四、证自证分。“自证分”的结果，便是“证自证分”。

再用例来说明：譬如，想到几年前的友朋，想到“他姓张或姓李”，后来忽然断定他是姓张，当时并不曾证诸记录或书籍的，这便是“相分，见分，自证分，证自证分”的连合了。依此来判良知，孟子所说是指“见分”，阳明是指“自证分，证自证分”的。可见阳明和孟子是不相关连的，阳明所以要攀附孟子，是儒家的积习：宋人最喜欢的是“喜怒哀乐之未发谓之中”，苏氏兄弟也尝说这话。实在《中庸》所说是专指感情的，宋人以为一切未发都算是中，相去很远了。还有“鸢飞鱼跃，活泼泼地”一

语，也为宋人所最爱用，陈白沙更用得多。在《诗经》原意，不过是写景，（按《诗经·大雅·旱麓》第三章：鸢飞戾天，鱼跃于渊。岂弟君子，遐不作人。）《中庸》中“鸢飞戾天，鱼跃于渊，言其上下察也，”一节也不过引用诗文来表明“明”的意思。“察，明也”，鸢在上见鱼，很明白地想要攫取；鱼在下见鸢也很明白，立刻潜避了。就是照郑康成的注解，训“察”为“至”，也只说道之流行，虽愚夫愚妇都能明白，用鸢鱼来表示上下罢了；其中并没含快活的意思。宋人在“鸢飞鱼跃”下面，一定要加“活泼泼地”四字，和原意也不同了。——这些和阳明攀附孟子是一样的。

阳明“致良知”的主张，以为人心中于是非善恶自能明白，不必靠什么典籍，也不必靠旁的话来证明，但是第二念不应念，有了第二念自己便不明了。人以为阳明的学说，很宜于用兵；如此便不至有什么疑虑和悔恨。

晚年阳明讲“天泉证道”，王畿（龙溪）和钱德洪（绪山）是从游的。钱以为“无善无恶心之体，有善有恶心之动，知善知恶为致知，存善去恶为格物”。王和他不同，以为一切都是无善无恶的。阳明对于这两种主张，也不加轩轾于其间。

阳明的弟子，徐爱早死，钱德洪的学问，人很少佩服他。继承阳明的学问，要推王艮和王畿。王艮，泰州人，本是烧银的灶丁，名“银”，“艮”是阳明替他改的。他见阳明时，学问已博，初见时阳明和他所讲论，他尚不满意，以为阳明不足为之师，后来阳明再讲一段，他才佩服。他的学问，和程明道、陈白沙颇相近，有《学乐歌》：“学是乐之学；乐是学之乐。”从他游的颇多寻常人，间有上流人，自己真足自命不凡的。王畿是狂放的举人，很诽议阳明的，后来忽又师事阳明了。黄梨洲（按即黄宗羲）《明儒学案》对于二王都有微词。他佩服的是阳明的江西弟子。

阳明的江西弟子，以邹守益、欧阳德、聂德、罗洪先为最有造就。罗自有师承，非阳明弟子，心里很想从阳明游，不能如愿，后来阳明也死了。阳明弟子强罗附王，他也就承认。罗的学问比他弟子高深得多；自

己静坐有得，也曾访了许多僧道。他说：“极静之时，但觉此心本体如长空云气，大海鱼龙；天地古今，打成一片。”黄佐对于罗的论调，最不赞同；以为是参野狐禅，否则既谓无物，那有鱼龙。实在，心虽无物而心常动，以佛经讲，“阿赖耶识”是恒转如瀑流，就是此意。罗所说“云气”和“鱼龙”是表示动的意思。罗洪先自己确是证到这个地步，前人没有及他的了。

王时槐的学问自邹守益传来，见解颇精深。他说：“纯无念时，是为一念，非无念也，时之至微者也。”譬如吾人入睡，一无所梦，这时真可算无念，但和死却有分别的。就佛法讲“意根恒审思量”，意根念念所想的什么？就是“我”，“我”就是“阿赖耶识”。我所以不忘这“我”，便因有了“意根”之故。“我”，寻常人多不疑，譬如自己说了一句话，决不会疑“这是谁说的？”至于其余对象，我们总要生一种疑虑的。念念想着，和无念竟是差不多，我们从早晨起来感到热，继续热下去，也就感不到了：所以纯无念时，仍有一念。

王艮弟子王栋主张意与心有分，以为“意非心之所发，意为心之主者”。这种主张，和佛法说有些相同。佛法以“阿赖耶识”自己无作用，有了意根，才能起作用，也就是禅宗所谓“识得主人翁”的意思。刘宗周对于王栋的主张很多采取；栋自己看书不多，这种见解，的是证出的。

阳明、若水两派以外，有许多士子信仰吕泾野的主张。吕，陕西人，笃守礼教，和朱文公最相近；立言很平正，无过人处。当时所以能和湛、王并驾，这也因王的弟子，太不守礼法，猖狂使人生厌；那些自检的子弟，就倾向吕泾野了。原来何心隐习泰州之学差不多和政客一般，张居正恨而杀之。李卓吾师事何心隐，荒谬益甚，当时人所疾首痛心的。这守礼教和不守礼教，便是宋、明学者的大别。宋儒若陆象山见解之超妙，也仍对于礼教拘守不敢离，既禁止故人子的挟妓，又责备吕东莱的丧中见客。明儒若陈白沙已看轻礼教，只对于名节还重视，他曾说“名节乃士人之藩篱”。王阳明弟子猖狂已甚，二王为更甚，顾亭林（按顾炎武）痛骂“王

学”（即王阳明所创学派）也是为此。

湛、王学问，晚年已不相同，但湛弟子许孚远，却合湛、王为一。再传至刘宗周（蕺山），自己又别开生面，和湛、王都有些不同。刘主张“意非心之所发”，颇似王栋；“常惺惺”，也是他的主张，这主张虽是宋人已讲过，但他的功夫是很深的。

阳明附会朱文公《晚年定论》，很引起一般人的攻讦。同时有罗钦顺（整庵）和他是对抗的。罗的学问，有人说他是朱派，实在明代已无所谓纯粹朱派。罗的见解，又在朱之上，就说是朱派，也是朱派之杰出者。罗本参禅，后来归入理学，纠正宋儒之处很多。朱文公所谓“气质之性，义理之性”，罗表示反对，他说：“义理乃在气质之中。”宋人于天理人欲纠缠不清。罗说：“欲当即理。”这种见解，和王不同，较朱又高一着，所以能与阳明相抗衡。清戴东原（按即戴震）的主张，是师承罗的学说的。

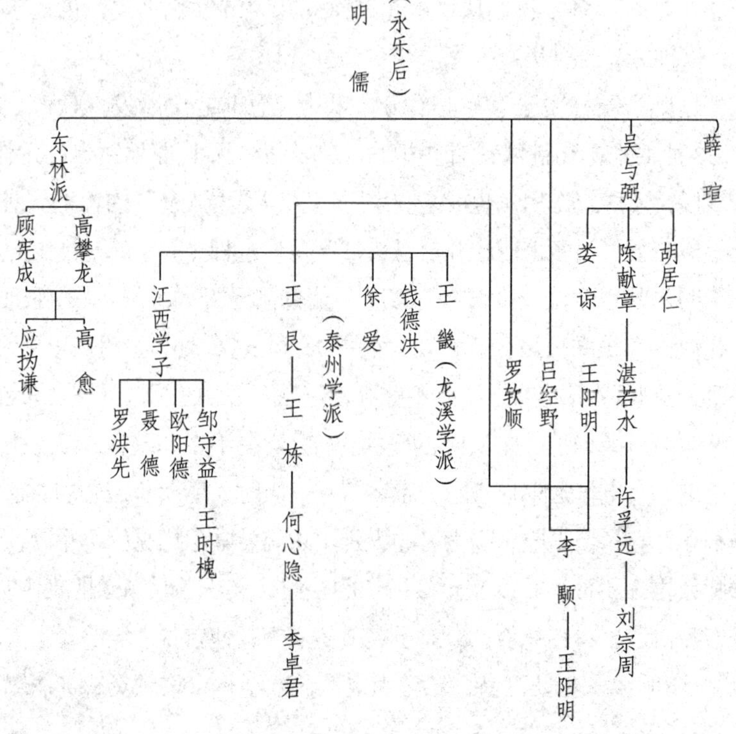

明末，东林派高攀龙、顾宪成等也讲宋人学问，较阳明弟子能守规矩。他们有移风易俗的本意，所以借重礼法。不过党派的臭味太重，致召魏忠贤杀害的惨劫。清初，东林派还有流传，高愈、应㧑谦辈也只步武前人罢！

此外尚有李颙（二曲）也是名儒。李颙，陕西人，出身微贱，原是一个差役。他自己承认是吕派，实际是近王派的，所发见很不少。他每天坐三炷香，“初则以心观心，久之心亦无所观”，这是他的工夫。他尝说“一念万念”一句话。这话很像佛法，但是究竟的意思，他没有说出。我们也不知道他是说“一念可以抵万念呢”？抑或是“万念就是一念呢”？在佛法中谓：念念相接则生时间；转念速，时间长，转念慢，时间短；一刹那可以经历劫。李的本意，或许是如此。李取佛法很多，但要保持礼教面目，终不肯说出。“体用”二字，本出于佛法，顾亭林以此问他，他也只可说“宝物出于异国，亦可采取”了。

清代，理学可以不论，治朱之学远不如朱。陆陇其（稼书）、汤斌等隶事两朝，也为士林所不齿，和吴澄事元有什么分别呢？江藩作《宋学渊源记》，凡能躬自力行的都采入，那在清廷做官的，都在摈弃之列。

颜元（习斋）、戴震（东原），是清代大儒。颜力主“不骛虚声”，劝学子事礼、乐、射、御、书、数，和小学很相宜。戴别开学派，打倒宋学。他是主张“功利主义”，以为欲人之利于己，必先有利于人，并且反对宋人的遏情欲。

罗有高（台山）、彭绍升（尺木）研究王学的。罗有江湖游侠之气，很佩服李卓吾（按即李贽）；彭信佛法，但好扶乩；两人都无足取。

哲学的派别，既如上述，我们在此且总括地比较一下：以哲学论，我们可分宋以来之哲学、古代的九流、印度的佛法和欧西的哲学四种。欧西的哲学，都是纸片上的文章，全是思想，并未实验。他们讲唯心论，看着的确很精，却只有比量，没是现量，不能如各科学用实地证明出来。这种只能说是精美的文章，并不是学问，禅宗说“猢狲离树，全无伎俩”，是欧西哲学绝佳比喻；他们离了名相，心便无可用了。宋、明诸儒，口头讲的原有，但能实地体认出来，却也很多，比欧西哲学专讲空论是不同了。

再就宋以来的理学和九流比较看来，却又相去一间了。黄梨洲说："自阳明出，儒释疆界，邈若山河。"实在儒、释之界，宋已分明，不过儒、释有疆界，便是宋以后未达一间之遗憾。宋以后的理学，有所执着，专讲"生生不灭之机"，只能达到"阿赖耶恒动如瀑流"，和孔子"逝者如斯夫，不舍昼夜"地步；那"真如心"便非理学家所能见。孔子本身并非未尝执着，理学强以为道体如此，真太粗心了！

至于佛法所有奥妙之处，在九流却都有说及，可以并驾齐驱。佛法说"前后际断"；庄子的"无终无始，无几无时；见独而后，能无古今"，可说是同具一义的。佛法讲"无我"，和孔子的"毋我"、"克己复礼"，庄子的"无已恶乎得有有"，又相同了。佛家的"唯识唯心说"："心之外无一物；心有境无；山河大地，皆心所造"，九流中也曾说过。战国儒家公孙尼子说"物皆本乎心"，孟子说"万物皆备于我"，便是佛家的立意。佛家大乘断"所知障"，断"理障"；小乘断"烦恼障"，断"事障"。孔子说"我有知乎哉？无知也"，老子说"玄之又玄，众妙之门"，又说"涤除玄览"，便是断"所知"和"理"障的了。佛法说"不生不灭"，庄子说"无古今而后人于不死不生"；"不死不生"就是"不生不灭"。佛法说"无修无证，心不见心，无相可得"。孟子说"望道而未之见"（道原是不可见，见道即非道），庄子说"斯身非吾有也，胡得有乎道？"又相同了。照这么看来，"九流"实远出宋、明诸儒之上，和佛法不相出入的。

我们研究哲学，从宋人入手，却也很好，因为晋人空谈之病，宋人所无，不过不要拘守宋学，才有高深的希望。至于直接研究佛法，容易流入猖狂。古来专讲佛而不讲儒学的，多不足取，如王维降安禄山，张商英和蔡京辈往来，都是可耻的。因为研究佛法的居士，只有五戒，在印度社会情形简单，或可维持，中国社会情形复杂，便不能维持了。历来研究儒家兼讲佛法的，如李习之（按即李翱）、赵大州口不讳佛，言行都有可观。可见研究佛法，非有儒学为之助不可。

第四节

国学之派别（三）

——文学之派别

什么是文学？据我看来，有文字著于竹帛叫作“文”，论彼的法式叫作“文学”。文学可分有韵无韵二种：有韵的今人称为“诗”，无韵的称为“文”。古人却和这种不同。《文心雕龙》说：“今之常言，有文有笔，有韵者文也，无韵者笔也。”范晔自述《后汉书》说：“文患其事尽于形，情急于藻，义牵其旨，韵移其意”，“政可类工巧图缋，竟无得也”，“手笔差易，文不拘韵故也”。可见有韵在古谓之“文”，无韵在古谓之“笔”了。不过做无韵的固是用笔，做有韵的也何尝不用笔，这种分别，觉得很勉强，还不如后人分为“诗”“文”二项的好。

古时所谓文章，并非专指文学。孔子称“尧、舜焕乎其有文章”，是把“君臣朝廷尊卑贵贱之序，车舆衣服宫室饮食嫁娶丧祭之分”叫作“文”，“八风从律，百度得数”叫作“章”。换句话说：文章就是“礼”、“乐”。后来范围缩小，文章专指文学而言。

文学中有韵无韵二项，后者比前者多。我们现在先讨论无韵的文。在讨论文的派别之先，把文的分类讲一讲，并列表以清眉目：

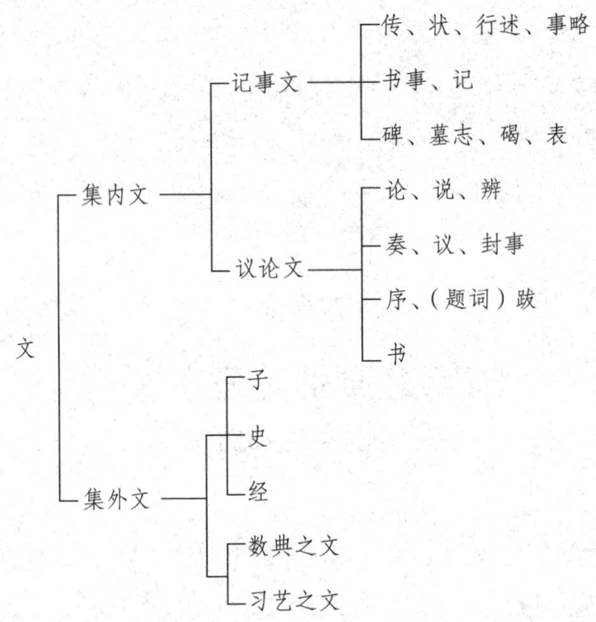

我们普通讲文，大概指集部而言，那经、史、子，文非不佳，而不以文称。但上表所列文的分类中，以“传”而论，“四史”（按即《史记》、《汉书》、《后汉书》、《三国志》的总称）中列传已在集部以外，“本纪”、“世家”和“传”是同性质的，也非集部所有；集部只有“家传”。以“论”而论，除了文人单篇的论文，也有在集部以外的；譬如：庄子《齐物论》，荀子《礼论》、《乐论》，贾谊《过秦论》都是子部所有的。以“序”而论，也只单篇的，集中所已备；那连合的序，若《四库提要》，就非集部所有。至如“编年史”中《左传》、《资治通鉴》之类和“名人年谱”，都是记事文，也非集部所能包了。

“传”是记述某人的一生、或一事，我们所普通见到的。明人以为没曾做过史官，不应替人做“传”；我以为太拘了。史官所做，是卿相名人的“传”。那普通人的“传”，文人当然可以做的。“行述”、“状”和“传”各不相同。“状”在古时只有几句考语，用以呈诸考功之官，凭之以定谥法。自唐李翱以为“状”仅凭考语不能定谥法，乃定“状”亦须叙事，就

与“传”相同。“行述”须叙事，形式与“传”虽相同而用处不同。

“碑”原非为个人而作，若秦“峄山碑”是纪始皇的功绩，汉裴岑“纪功碑”是记破西域的事迹，差不多都是关于国家大事的。就以“庙碑”而论，虽为纪事，也不是纯为纪事的。只有墓上之碑，才是为个人而作。“碑”、“碣”实质是一样的，只大小长短不同。唐五品以上可用“碑”，六品以下都用“碣”的。“表”和“碑”、“碣”都不同，没有大小长短的区别。说到彼等的内质，“传”是纪事的；“状”是考语兼纪事的；“碑”是考语多，后附有韵的铭，间有纪事，也略而不详。宋以后“碑”和“传”只有首尾的不同了。“表”，宋后就没有“铭”；在汉时有“表记”、“表颂”的不同，“表颂”是有“铭”的。汉以前没有“墓志”，西晋也很少，东晋以后才多起来。这也因汉人立碑过多，东晋下令禁碑，“墓志”藏在墓内，比较便当一些。北朝和唐并不禁碑，而墓志很流行：一、官品不及的；二、官品虽大曾经犯罪的；三、节省经费的，都以此为便。“墓志”的文章，大都敷衍交情，没有什么精采。至很小的事，记述大都用“书事”或“记”等。

单篇论文，在西汉很少，就是《过秦论》也见贾子《新书》中的。东汉渐有短论，延笃《仁孝先后论》可算是首创。晋人好谈名理，“论说”乃出。这种论文，须含陆士衡《文赋》所说“精微流畅”那四字的精神。

“奏”，秦时所无，有之自汉始。汉时奏外尚有“封事”，是奏密事用的。奏，有的为国家大事，有的为个人的事，没有定规的。

“议”，若西汉《石渠议》、《盐铁论》、《白虎通》，都是合集许多人而成的。后来，凡议典礼，大都用“议”的。

“书”，在古时已有，差不多用在私人的往还，但古人有“上书”，则和“奏记”差不多，也就是现今的“说帖”和“禀”。至如刘歆《移让太常博士书》，却又和“移文”一样了。

“序”，也是古所已有，如《序卦》、《书序》、《诗序》都是的；刘向《别录》和《四库提要》也是这一类。后人大概自著自作，或注释古书附加一序的。古人的“题词”和“序”相同，赵岐注《孟子》，一“序”一“题词”，都用在前面。“跋”，大都在书后，体裁和序无不同之处。

纪事论议而外，尚有集部所无的，如：

（壹）数典之文：

甲、官制如《周礼》、《唐六典》、《明清会典》之类。

乙、仪注《仪礼》、《唐开元礼》等皆是。

丙、刑法如《汉律》、《唐律》、《明律》、《清律》之类。

丁、乐律如宋《律吕正义》、清《燕乐考原》等。

戊、书目如刘向《别录》，刘歆《七略》，王俭、阮孝绪《七录》、《七志》，宋《崇文书目》，清《四库提要》之类。

（贰）习艺之文：

甲、算术如《九章算法》、《圜法》之类。

乙、工程如《周礼·考工记》，徐光启的《龙骨车》、《玉衡车》之类。

丙、农事如北魏《齐民要术》、元王桢《农书》、明徐光启《农政全书》之类。

丁、医书如《素问》、《灵枢》、《伤寒论》、《千金要方》之类。

戊、地志如《禹贡》、《周礼·职方志》、《水经》、《水道提纲》、《乾隆府厅州县志》、《方舆志略》之类。

以上各种，文都佳绝，也非集部所具的，所以我们目光不可专注在集部。

文学的分类既如上述，我们再进一步讨论文学的派别：

经典之作，原非为文；诸子皆不以文称。《汉书·贾谊传》称贾谊“善属文”，文乃出。西汉一代，贾谊、董仲舒、太史公、枚乘、邹阳、司马相如、扬雄、刘向，称为“文人”。但考《汉书》所载赵充国的奏疏，

都卓绝千古，却又不以“文人”称，这是什么原故呢？想是西汉所称为“文人”，并非专指行文而言，必其人学问渊博，为人所推重，才可算文人的。东汉班彪著《王命论》，班固著《两都赋》，以及蔡邕、傅毅之流，是当时著称的文人。但东汉讲政治若崔实《政论》，仲长统《昌言》，说经若郑康成之流，行文高出诸文人上，又不以文名了。在西汉推尊文人，大概注目在淹博有学问一点，东汉推尊的文人，有些不能明白了。东、西汉文人在当时并无派别，后人也没曾有人替他们分成派别的。

三国时曹家父子三人（操、丕、植）文名甚高。操以“诏令”名，丕以《典论》名，植以《求自试表》等称，人们所以推尊他们，还不以其文，大都是以诗推及其文的。徐干诗不十分好，《中论》一书也不如仲长统所著而为当时所称；吴中以张昭文名为最高，我们读他所著，也无可取，或者以道德而推及其文的。陆家父子（逊、抗、凯、云、机）都以文名，而以陆机为尤，他是开晋代文学之先的。晋代潘、陆虽并称，但人之尊潘终不如陆，《抱朴子》中有赞陆语，《文中子》也极力推尊他，唐太宗御笔《赞》也只有陆机、王羲之二人，可见人们对他的景仰了。自陆出，文体大变：两汉壮美的风气，到了他变成优美了；他的文，平易有风致，使人生快感的。晋代文学和汉代文学，有大不同之点。汉代厚重典雅，晋代华妙清妍，差不多可以说一是刚的、一是柔的。东晋好谈论而无以文名者，骈文也自此产生了。南北朝时傅季友（宋人）骈体殊佳，但不能如陆机一般舒卷自如，后此任昉、沈约辈每况斯下了。到了徐、庾之流，去前人更远，对仗也日求精工，典故也堆叠起来，气象更是不雅淡了。至当时不以文名而文极佳的，如著《崇有论》的裴，著《神灭论》的范缜等；更如孔琳（宋）、萧子良（齐）、袁翻（北魏）的奏疏，干宝、袁宏、孙盛、习凿齿、范晔的史论，我们实在景仰得很。在南北朝，文家亦无派别，只北朝人好摹仿南朝，因此有推尊任昉的有推尊沈约的等不同。北朝至周，文化大衰，到了隋代，更是文不成文了。

唐初文也没有可取，但轻清之气尚存，若杨炯辈是以骈兼散的。中

唐以后，文体大变，变化推张燕公（按即张说，玄宗时封燕国公）、苏许公（按即苏颋，袭封许国公）为最先，他们行文不同于庾，也不同于陆，大有仿司马相如的气象。在他们以前，周时有苏绰，曾拟《大诰》，也可说是他们的滥觞。韩、柳的文，虽是别开生面，却也从燕、许出来，这是桐城派不肯说的。中唐萧颖士、李华的文，已渐趋于奇。德宗以后，独孤及的行文，和韩文公更相近了。后此韩文公、柳宗元、刘禹锡、吕温，都以文名。四人中以韩、柳二人最喜造词，他们是主张词必己出的。刘、吕也爱造词，不过不如韩、柳之甚。韩才气大，我们没见他的雕琢气；柳才小，就不能掩饰。韩之学生皇甫湜、张籍，也很欢喜造词。晚唐李翱别具气度，孙樵佶屈聱牙，和韩也有不同。骈体文，唐代推李义山（按即李商隐），渐变为后代的"四六体"，我们把他和陆机一比，真有天壤之分。唐人常称孟子、荀卿，也推尊贾谊、太史公，把晋人柔曼气度扫除净尽，返于汉代的"刚"了。

宋苏轼称韩文公"文起八代之衰"，人们很不佩服。他所说八代，也费端详。有的自隋上推，合南朝四代及晋、汉为八代，这当然不合的；有的自隋上推，合北朝三代及晋、汉、秦为八代，那是更不合了。因为司马迁、贾谊是唐人所极尊的，东坡何至如此胡涂？有的自隋上推，合南朝四代、北朝三代为八代，这恰是情理上所有的。

宋初承五代之乱，已无文可称。当时大都推重李义山，四六体渐盛，我们正可以说李义山是承前启后的人，以前是骈体，以后变成四六了。北宋初年，柳开得《韩昌黎集》读之，行文自以为学韩，考之实际，和韩全无关系，但宋代文学，他实开其源。以后穆修、尹洙辈也和四六离异，习当时的平文（古文一名，当时所无），尹洙比较前人高一着。北宋文人以欧阳修、三苏、曾、王为最著。欧阳本习四六，后来才走入此途；同时和他敌对，首推宋祁。祁习韩文，著有《新唐书》，但才气不如韩。他和欧阳交情最深，而论文极不合。他的长兄宋郊，习燕、许之文，和他也不同。

明人称“唐宋八大家”，因此使一般人以为唐宋文体相同。实在唐文主刚，宋文主柔，极不相同。欧阳和韩，更格格不相入。韩喜造词，所以对于李观、樊宗师的文很同情。欧阳极反对造词，所以“天地轧，万物茁，圣人发”等句，要受他的“红勒帛”（按即红帛做的腰带，此指批改文字时用笔涂抹的痕迹。欧阳修涂抹上述文字，见《梦溪笔谈·九·人事》）。并且“纩塞耳，前旒蔽明”二语，见于《大戴礼》，欧阳未曾读过，就不以为然，它无论矣。三苏以东坡为最博，洵、辙不过尔尔。王介甫（按即王安石）才高，读书多，造就也较多。曾子固（按即曾巩）读书亦多，但所作《乐记》，只以大话笼罩，比《原道》还要空泛。有人把他比刘原甫，一浮一实，拟于无伦了。宋人更称曾有经术气，更堪一笑！

南宋文调甚俗，开科举文之端。这项文东坡已有雏形，只未十分显露，后来相沿而下，为明初宋濂辈的台阁体。中间在元代虽有姚燧、虞集辈尚有可观，但较诸北宋已是一落千丈。

宋代不以文名而文佳者，如刘敞、司马光辈谨严厚重，比欧阳高一等，但时人终未加以青目，这也是可惜的。

明有“前七子”、“后七子”之分。“前七子”（李梦阳等）恨台阁体；“后七子”（王世贞等）自谓学秦、汉，也很庸俗。他们学问都差于韩、苏，摹拟不像，后人因此讥他们为伪体。归有光出，和“后七子”中王世贞相抗敌，王到底不能不拜他的下风。归所学的是欧、曾二家，确能入其门庭，因此居伪体之上。正如孟子所说：“五谷不熟，不如荑稗”的了！

桐城派，是以归有光为鼻祖，归本为崐山人，后来因为方、姚（按方即方苞，姚即姚鼐）兴自桐城，乃自为一派，称文章正宗。归讲格律、气度甚精工，传到顾亭林有《救文》一篇，讲公式禁忌甚确，规模已定。清初汪琬学归氏甚精，可算是归氏的嫡传，但桐城派不引而入之，是纯为地域上的关系了。

方苞出，步趋归有光，声势甚大，桐城之名以出。方行文甚谨严，姚姬传承他的后，才气甚高，也可与方并驾。但桐城派所称刘大櫆，殊无

足取；他们竟以他是姚的先生，并且是桐城人，就凭意气收容了，因此引起“阳湖”和他对抗。阳湖派以恽敬、张惠言为巨子。惠言本师事王灼，也是桐城派的弟子。他们嫉恶桐城派独建旗帜，所以分裂的，可惜这派传流不能如桐城派的远而多。姚姬传弟子甚多，以管同、梅曾亮为最。梅精工过于方、姚，体态也好，惜不甚大方，只可当作词曲看。曾国藩本非桐城人，因为声名煊赫，桐城派强引而入之。他的著作，比前人都高一著。归、汪、方、姚都只能学欧、曾（按此指曾巩）。曾（按此指曾国藩）才有些和韩相仿佛，所以他自己也不肯说是桐城的。桐城派后裔吴汝纶的文，并非自桐城习来，乃自曾国藩处授得的。清代除桐城而外，汪中的文也卓异出众，他的叙事文与姚相同，骈体文又直追陆机了。

我们平心论之，文实在不可分派。言其形式，原有不同，以言性情才力，各各都不相同，派别从何分起呢？我们所以推重桐城派，也因为学习他们的气度格律，明白他们的公式禁忌，或者免除那台阁派和七子派的习气罢了。

他们所告诉我们的方式和禁忌，就是：

（一）官名、地名应用现制。

（二）亲属名称应仍《仪礼·丧服》、《尔雅·丧服》之旧。（按《尔雅》无此篇，疑当为《尔雅·释亲》。）

（三）不俗——忌用科举滥调。

（四）不古。

（五）不枝。

我们在此可以讨论有韵文了。有韵文是什么？就是“诗”。有韵文虽不全是诗，却可以归在这一类。在古代文学中，诗而外，若“箴”，全是有韵的；若“铭”，虽杂些无韵，大部分是有韵的；若“诔”，若“像赞”，若“史述赞”，若“祭文”，也有有韵的，也有无韵的。那无韵的，我们可归之于文；那有韵的可归之于诗了。至于《急就章》、《千字文》、《百家姓》、医方歌诀之类，也是有韵的，我们也不能不称之为诗。——前次曾有人把《百家姓》可否算诗来问我，我可以这么答道:“诗只可论体裁，不可论工拙,《百家姓》既是有韵，当然是诗。”——总之，我们要先确定有韵为诗，无韵为文的界限，才可以判断什么是诗，像《百家姓》之流，以工拙论，原不成诗，以形式论，我们不能不承认他是诗。

诗以广义论，凡有韵是诗；以狭义论，则惟有诗可称诗。什么可称诗？《周礼·春官》，称六诗，就是风、赋、比、兴、雅、颂。但是后来赋与诗离，所谓比、兴也不见于《诗经》。究竟当日的赋、比、兴是怎样的？已不可考。后世有人以为赋、比、兴就在风、雅、颂之中,《郑志》张逸问:“何诗近于比、赋、兴？”答曰:“比、赋、兴，吴札观诗时，已不歌也。孔子录诗，已合风、雅、颂中，难复摘别，篇中义多兴，此谓比、赋、兴各有篇什。自孔子毃杂第次而毛公独旌表兴，其比、赋俄空焉。圣者颠倒而乱形名，大师偏觢而失邻类。”郑康成《六艺论》也说：风、雅、颂中有赋、比、兴。《毛传》在诗的第一节偶有“兴也”二字。朱文公也就自我作古，把“比也”、“赋也”均添起来了。我以为诗中只有风、雅、颂，没有赋、比、兴。左氏说:“《彤弓》、《角弓》，其实《小雅》也；吉甫作诵，其风肆好，其实《大雅》也”。考毛公所附“兴也”的本义，也和赋、比、兴中的“兴”不同，只不过像《乐府》中的“引”、“艳”一样。

“六诗”（按《诗经》学名词）本义何在？我们除比、兴不可考而外，其余都可溯源而得之：

一、风。《诗·小序》:“风者上以风化下，下以风刺上。”我以为风的本义，还不是如此。风是空气的激荡，气出自口就是风，当时所谓风，只是口中所讴唱罢了。

二、颂。“颂”在《说文》就是“容”字,《说文》中“容”只有纳受的意义，这“颂”字才有形容的意义。《诗·小序》谓:“颂者美盛德之形容。”我们于此可想见古人的颂是要“式歌式舞”的。

三、赋。古代的赋，原不可见，但就战国以后诸赋看来都是排列铺张的。古代凡兵事所需，由民间供给的谓之“赋”，在收纳民赋时候，必须按件点过。赋体也和按件点过一样，因此得名了。

四、雅。这项的本义，比较的难以明白。《诗·小序》说：“雅者正也。”雅何以训作正？历来学者都没有明白说出，不免引起我们的疑惑。据我看来，“雅”在《说文》就是“鸦”，“鸦”和“乌”音本相近，古人读这两字也相同的，所以我们也可以说“雅”即“乌”。《史记·李斯传·谏逐客书》、《汉书·杨恽传·报孙会宗书》均有“击缶而歌乌乌”之句，人们又都说“乌乌”秦音也。秦本周地，乌乌为秦声，也可以说乌乌为周声。又商有颂无雅，可见雅始于周。从这两方面看来，“雅”就是“乌乌”的秦声，后人因为他所歌咏的都是庙堂大事，因此说“雅”者正也。《说文》又训“雅”为“疋”，这两字音也相近。“疋”的本义，也无可解，说文训“疋”为“足”，又说：“疋，记也。”大概“疋”就是后人的“疏”，后世的“奏疏”，也就是记。《大雅》所以可说是“疋”，也就因为《大雅》是记事之诗。

我们明白这些本义，再去推求《诗经》，可以明白了许多。

太史公在《孔子世家》说：“古者诗三千余篇，及至孔子，去其重，取可施于礼义，上采契、后稷，中述殷、周之盛，至幽、厉之缺，始于衽席。故曰《关雎》之乱以为《风》始。《鹿鸣》为《小雅》始，《文王》为《大雅》始，《清庙》为《颂》始，三百五篇，孔子皆弦歌之以求合韶、武、雅、颂之音。”可见古诗有三千余篇。有人对于三千余篇有些怀疑，以为这是虚言。据我看来，这并非是虚言。风、雅、颂已有三百余篇，考他书所见逸诗，可得六百余篇；若赋、比、兴也有此数，就可得千二百篇了。《周礼》称九德（按指九种品德）六诗之歌，可见六诗以外，还有所谓九德之歌。在古代盛时，“官箴、占繇皆为诗，所以序《庭燎》称‘箴’，《沔水》称‘规’，《鹤鸣》称‘诲’，《祈父》称‘刺’，诗外更无所谓官箴，辛甲诸篇，也在三千之数。”（按《庭燎》、《沔水》、《鹤鸣》、《祈父》为《诗经》篇名）我们以六诗为例，则九德也可得千八百篇：合

之已有三千篇之数，更无庸怀疑。至于这三千篇删而为三百篇，是孔子所删，还是孔子以前已有人删过呢？我们无从查考。不过孔子开口就说诵诗三百，恐怕在他以前，已有人把诗删过了！大概三千篇诗太复杂，其中也有诵世系以劝戒人君，若《急就章》之流，使学者厌于讽诵。至若比、赋、兴虽依情志，又复广博多华，不宜声乐，因此十五流中删取其三，到了孔子不过整齐彼的篇第不使凌乱罢了。

《诗经》只有《风》、《雅》、《颂》，赋不为当时所称，但是到了战国，赋就出来了。屈原、孙卿（按即荀子）都以赋名：孙卿以《赋》、《成相》分二篇，题号已别。屈原《离骚》诸篇，更可称为卓立千古的赋。《七略》次赋为四家：一曰屈原赋，二曰陆贾赋，三曰孙卿赋，四曰杂赋。屈原的赋，是道情的，孙卿的赋是咏物的，陆贾赋不可见，大概是"纵横"之变。后世言赋者，大都本诸屈原。汉代自从贾生《惜誓》上接《楚辞》、《鸟》仿佛《卜居》，司马相如自《远游》流变而为《大人赋》，枚乘自《大招》、《招魂》散而为《七发》，其后汉武帝《悼李夫人》、班婕妤《自悼》，以及淮南、东方朔、刘向辈大都自屈、宋脱胎来的。至摹拟孙卿的，也有之，如《鹦鹉》、《焦鹩》诸赋都能时见一端的。

三百篇（按即《诗经》）以后直至秦代，无诗可见。一到汉初，诗便出来了。汉高祖《大风歌》，项羽《虞兮歌》，可说是独创的诗。此后五言诗的始祖，当然要推《古诗十九首》；这十九首中据《玉台新咏》指定九首是枚乘作的，可见这诗是西汉的产品。至苏武、李陵赠答之诗，有人疑是东汉时托拟的。这种五言诗多言情，是继四言诗而起的，因为四言诗至三百篇而至矣尽矣，以后继作，都不能比美，汉时虽有四言诗，若韦孟之流，才气都不及，我们总觉得很淡泊。至碑铭之类（峄山碑等）又是和颂一般，非言情之作，其势非变不可，而五言代出。

汉代雅已不可见，《郊祀歌》之流，和颂实相类似，四言而外，也有三言的，也有七言的。此后颂为用甚滥，碑铭称"颂"，也是很多的。

汉代文人能为赋未必能以诗名，枚乘以诗长，他的赋却也不甚著称。

东汉一代，也没有卓异的诗家，若班固等，我们只能说是平凡的诗家。

继《十九首》而振诗风，当然要推曹孟德（按即曹操）父子。孟德的四言，上不摹拟《诗经》，独具气魄，其他五言、七言诸诗，虽不能如《十九首》的冲淡，但色味深厚，读之令人生快。魏文帝和陈思王的诗，也各有所长，同时刘桢、王粲辈毕竟不能和他们并驾。钟嵘《诗品》评《古诗十九首》说是“一字千金”，我们对于曹氏父子的诗，也可以这样说他；真所谓：“其气可以抗浮云，其诚可以比金石。”

语曰：“在心为志，发言为诗。”可见诗是发于性情。三国以前的诗，都从真性情流出，我们不能指出某句某字是佳；他们的好处，是无句不佳、无字不佳的。曹氏父子而后，就不能如此了。

曹氏父子而后，阮籍以《咏怀诗》闻于世。他本好清谈，但所作的诗，一些也没有这种气味。《诗品》称阮诗出于《离骚》，真是探源之论；不过陈思王的诗，也出自《离骚》，阮的诗还不能如他一般痛快。

晋初，左思《咏史诗》、《招隐诗》风格特高，与曹不同，可说是独开一派。在当时他的诗名不著，反而陆机、潘岳辈以诗称。我们平心考察：陆诗散漫，潘诗较整饬，毕竟不能及左思，他们也只可以说是作赋的能手罢了。当时所以不看重左思，也因他出身微贱，不能像潘、陆辈身居贵胄的原故。《诗品》评诗，也不免于徇俗，把左思置在陆、潘之下，可为浩叹！其他若张华的诗，《诗品》中称他是“儿女情多，风云气少”。我们读他的诗意，只觉得是薄弱无力量，所谓儿女情多，也不知其何所见而云然，或者我们没曾看见他所著的全豹，那就未可臆断了！

东晋，清谈过甚，他们的“清谈诗”，和宋时“理学诗”一般可厌。他们所做的诗，有时讲讲庄、老，有时谈谈佛理，像孙绰、许询辈都是如此。孙绰《天台山赋》有“大虚辽廓而无阂，运自然之妙有”等句，是前人所不肯用的。《诗品》说他们的诗，已是“风骚体尽”，的是不错。在东晋一代中无诗家可称，但刘琨《扶风歌》等篇，又是诗中佳品，以武人而能此，却也可喜！

陶渊明出，诗风一振，但他的诗终不能及古人，《诗品》评为“隐逸之诗”。他讲“田舍风味”，极自然有风致，也是独树一帜。在他以前，描写风景的诗很少，至他专以描写风景见长，如“采菊东篱下，悠然见南山”之句，真古人所不能道。渊明以后，谢灵运和颜延之二家继他而起。谢描摹风景的诗很多，句调精炼，《诗品》说他是“初出芙蓉”。颜诗不仅描风景，作品中也有雕刻气，所以推为诗家，或以颜学问淹博之故。《诗品》评颜谓为“镂金错彩”。陶诗脱口自然而出，并非揉作而成，虽有率尔之词，我们总觉得可爱。如谢诗就有十分聱牙之处，我们总可以觉得他是矫作的。小谢（谢朓）写风景很自然，和渊明不相上下，而当时学者终以小谢不及大谢（按即谢灵运），或者描写风景之诗，大家都爱工巧，所以这般评论。梁代诗家推沈约（永明体自他出），律诗已有雏形了。古诗所以变为律诗，也因谢、颜诗不可讽诵，他因此故而定句调。沈约的律诗，和唐后律诗又不相同。《隋书·经籍志》载他的《四声谱》有一卷，可见谱中所载调是很多的，并不像唐后律诗这么简单。他的《四声谱》，我们虽不能见，但读他的诗，比谢、颜是调和些，和陶、小谢却没有什么分别呢。

宋鲍照、齐江淹，也以诗名。鲍有汉人气味，以出身微贱，在当时不甚著称。江善于拟古，自己的创作却不十分高明。

南北朝中，我们只能知道南朝的作品，北朝究竟有无诗家，久已无从考得，但《木兰诗》传自北朝，何等高超，恐怕有些被淹没了呢！

梁末，诗又大变，如何逊、阴铿的作品，只有一二句佳绝了。在此时，古今诗辟下一大界限，全篇好是古诗的特色，一二句好是此后的定评。隋杨素诗绝佳，和刘琨可仿佛。此时文人习于南北朝的诗风，爱用典故，并喜雕琢。杨素武人不爱雕琢，亦不能雕琢，所以诗独能过人。当时文人专着眼在一二句好处，对于杨素不甚看重。所以隋炀帝为了忌嫉“空梁落燕泥”、“庭草无人随意绿”二佳句，就杀两诗人了。

唐初，律诗未出，唐太宗和魏徵的诗，和南北朝相去不远。自四杰

（骆宾王、王勃、杨炯、卢照邻）出，作品渐含律诗的气味，不过当时只有五言律，并未有七言律。四杰之文很卑微，他们的诗，却有气魄。成就五言的是沈佺期、宋之问，他们的诗，气魄也大，虽有对仗，但不甚拘束。五言古诗到此时也已穷极，五律、七古不能不产生了。——唐以前七古虽有，但不完备，至唐始备全。七古初出，若李太白、崔颢的诗，都苍苍茫茫，信笔写去，无所拘忌。李诗更含复古的气味，和同时陈子昂同一步骤。

盛唐诗家以王维、孟浩然、张九龄为最。张多古诗，和李、陈同有复古的倾向。王、孟诗与陶相近，作品中有古诗、有律诗，以描写风景为最多，都平淡有意趣。

李、陈、张三家都是复古诗家，三人中自然推李为才最高。他生平目空古人，自以为在古人之上，在我们看来，他的气自然盛于前人，说他是高于前人恐怕未必。王、孟两家是在古今之间，到了杜甫，才开今派的诗。

杜甫的诗，元稹说他高于李，因为杜立排律之体，为李所不及的。据我看来，李诗是成线的，杜诗是成面的；杜诗可说是和“赋”有些相像，必要说杜胜于李却仍不敢赞同。并且自杜诗开今，流于典故的堆叠，自然的气度也渐渐遗失，为功为罪，未可定论！至于杜的古诗，和古人也相去不远，只排律一体，是由他首创，“子美别开新世界”，就是这么一个世界罢！在杜以前诸诗家，除颜延之而外，没有一个以多用书为贵的，自杜以后，才非用典故不能夸示于人。或者后人才不如古，以典故文饰，可掩了自己的短处！正如天然体态很美的女子，不要借力于脂粉，那些体态不甚美的，非藉此不可了。昌黎的诗，习杜之遗风，更爱用典故，并爱用难识的字，每况愈下了，但自然之风尚存，所以得列于诗林。

韦应物、柳宗元两家，和昌黎虽同时，而作品大不相同。他们有王、孟气味，很自然平淡的。我们竟可以说柳的文和诗截不相同。同时有元微之、白居易二家，又和别家不同；他们随便下笔，说几句民情，有《小雅》的风趣，他们所以见称也以此。

晚唐，温庭筠、李义山两家爱讲对仗，和杜甫爱典故是一样的，结合便成宋代的诗风。“西昆体”染此风甚深，所以宋代诗话，专在这些地方留意。

宋初，欧阳修、梅圣俞对于“西昆体”很反对，但欧阳修爱奇异的诗句，如“水泥行郭索（这句是咏蟹；“郭索”两字见扬子《太玄经》），云木叫钩辀（这句是咏鸠；“钩辀”两字见陆玑《毛诗草木鸟兽虫鱼疏》）”二句，已不可解，他却大加赞赏；和他的论文大相抵触的。梅圣俞的诗，开考古之源，和古人咏古的诗，又大不相同了。总之，宋人的诗，是合“好对仗、引奇字、考据”三点而成，以此病入膏肓。苏轼的诗，更打破唐诗的规模，有时用些佛典之法理，太随便了。王荆公爱讲诗律，但他的诗律，忽其大者而注重小者，竟说：“上句用《汉书》，下句也要用《汉书》的。”（按原话为：“用汉人语，止可以汉人语对。”见《石林诗话》）自此大方气象全失；我们读宋祁“何言汉朴学，（见《汉书》）反似楚技官（见《史记·吴起传》）”之句，再看王维“正法调狂象，（见佛法）玄言问老龙（见《庄子》）”之句，真有天壤之判呢！有宋一代，诗话很多，无一不深中此病。惟《沧浪诗话》和众不同，他说“诗有别才，不关学也；诗有别趣，不关理也”。此种卓见，可扫宋人的习气了。

南宋，陆放翁含北宋习气也很深，惟有范石湖（按即范成大）、刘复村（按疑为刘克庄，号后村之误）自有气度，与众不同。黄山谷（按即黄庭坚）出，开江西诗派之源。黄上学老杜，开场两句必对仗，是他们的规律，这一派诗无足取。

元、明、清三代诗甚衰，一无足取。高青邱（按明诗人高启，号青邱子）的诗失之靡靡，七子的诗失之空门面，王渔洋、朱彝尊的诗失之典泽过浓，到了翁方纲以考据入诗，洪亮吉爱对仗，更不成诗。其间稍可人意的，要推查初白（按即查慎行）的，但也不能望古人之项背。洪亮吉最赏识“足以乌孙涂上茧，头几黄祖座中枭”二句，我们读了只作三日呕！

诗至清末，穷极矣。穷则变，变则通；我们在此若不向上努力，便要向下堕落。所谓向上努力就是直追汉、晋，所谓向下堕落就是近代的白话诗，诸君将何取何从？提倡白话诗人自以为从西洋传来，我以为中国古代也曾有过，他们如要访祖，我可请出来。唐代史思明（夷狄）的儿子史朝义称怀王，有一天他高兴起来，也咏一首樱桃的诗：

“樱桃一篮子，一半青，一半黄，一半与怀王，一半与周贽。”那时有人劝他，把末两句上下对掉，作为“一半与周贽，一半与怀王”，便与“一半青，一半黄”押韵。他怫然道：周贽是我的臣，怎能在怀王之上呢？如在今日，照白话诗的主张，他也何妨说“何必用韵呢”？这也可算白话诗的始祖罢。一笑！

第五节

结 论

——国学之进步

中国学术，除文学不能有绝对的完成外，其余的到了清代，已渐渐告成，告一结束。清末诸儒，若曾国藩、张之洞辈都以为一切学问已被前人说尽，到了清代，可说是登峰造极，后人只好追随其后，决不再能超过了。我以为后人仅欲得国学中的普通学识，则能够研究前人所已发明的，可算已足，假使要求真正学问，怕还不足罢！即以“考据”而论，清代成就虽多，我们依着他们的成规，引而伸之，也还可以求得许多的知识。在他们的成规以外，未始没有别的途径可寻；那蕴蓄着未开辟的精金正多呢！总之，我们若不故步自封，欲自成一家言；非但守着古人所发明的于我未足，即依律引伸，也非我愿，必须别创新律，高出古人才满足心愿——这便是进步之机。我对于国学求进步之点有三：

1. 经学以比类知原求进步。

2. 哲学以直观自得求进步。

3. 文学以发情止义求进步。——毕竟讲来，文学要求进步，恐怕难能呢！

清代治经学较历代为尤精，我在讲经学之派别时已经讲过。我们就旧有成规再加讲讨，原也是个方法。不过“温故知新”仅“足以为师”，不足语于进步。我们治经必须比类知原，才有进步。因前人治经，若宋、明的讲大体，未免流于臆测妄断；若清代的订训诂，又仅求一字的妥当，一句的讲明，一制的考明，“擘绩补苴”，不甚得大体。我们生在清后，那经典上的疑难，已由前人剖析明白，可让我们融会贯通再讲大体了。

从根本上讲，经史是决不可以分的。经是古代的历史，也可以说是断代史。我们治史，当然要先看通史，再治断代的史，才有效果，若专治断代史，效果是很微细的。治经，不先治通史，治经不和通史融通，其弊与专治断代史等，如何能得利益？前人正犯此病。所以我主张比类求原，以求经史的融会，以谋经学的进步。如何是比类求原？待我说来！经典中的《尚书》、《春秋》，是后代“编年”、“纪传”两体之先源。刘知几曾说“纪传”是源于《尚书》，“编年”是源于《春秋》，章学诚也曾说后代诸史皆本于《春秋》。这二人主张虽不同，我们考诸事实，诸史也不尽同于《尚书》、《春秋》，而诸史滥觞于彼，是毫无疑义的。所以治经：对于“制度”，下则求诸《六典》、《会典》诸书，上以归之于《周礼》、《仪礼》。对于地理，下则考诸史及地舆志，上以归之于《禹贡》及《周礼·职方志》。即风俗道德，亦从后代记载上求源于经典。总之，把经看作古代的历史，用以参考后世种种的变迁，于其中看明古今变迁的中心。那么，经学家最忌的武断、琐屑二病，都可免除了。未来所新见的，也非今日所可限量呢！

中国哲学在晋代为清谈，只有口说，讲来讲去，总无证据。在宋、明为理学，有道学问、尊德性之分，自己却渐有所证。在清代专在文字上求、以此无专长者，若戴东原著《孟子字义疏证》，阮芸台讲性命，陈兰甫（按即陈澧）著《汉儒通义》，也仅在文字上求、训诂上求，有何可取！要知哲理非但求之训诂为无用，即一理为人人所共明而未证之于心，也还没有用处的，必须直观自得，才是真正的功夫。王阳明辈内证于心，功夫深浅各有不同，所得见解，也彼此歧异，这也是事实上必有的。理，仿佛是目的地，各人所由的路，既不能尽同，所见的理，也必不能尽同；

不尽同和根源上并无不合呢！佛家内证功夫最精深，那些堕落的就专在语言文字上讲了。西洋哲学，文字虽精，仍是想像如此，未能证之于心，一无根据，还不能到宋学的地步，所以彼此立论，竟可各走极端的。这有理论无事实的学问，讲习而外，一无可用了！近代法国哲学家柏格森渐注重直觉，和直观自得有些相近了。总之，讲哲理决不可像天文家讲日与地球的距离一样，测成某距离为已精确了。因为日的距离，是事实上决不能量，只能用理论推测的，那心象是在吾人的精神界，自己应该觉得的。所以，不能直观自得，并非真正的哲理，治哲学不能直观自得便不能进步。

文学如何能求进步？我以为要"发情止义"。何为发情止义？如下述："发情止义"一语，出于《诗序》。彼所谓"情"是喜怒哀乐的"情"，所谓"义"是礼义的"义"。我引这语是把彼的意义再推广之："情"是"心所欲言，不得不言"的意思，"义"就是"作文的法度"。桐城派的文章，并非没有法度；但我们细读一过，总觉得无味；这便因他们的文，虽止乎义，却非发乎情。他们所作游记论文，也不过试试自己的笔墨罢了。王渔洋（按即王士祯）的诗，法度非不合，但不能引人兴趣；也因他偶到一处，即作一诗，仿佛日记一般，并非有所为而作的。清初侯方域、魏叔子（按即魏禧）以明代遗民，心有不平，发于文章，非无感情，但又绝无法度。明末大儒黄梨洲、王船山（按即王夫之），学问虽博，虽有兴亡感慨，但黄文既不类白话，又不类语录，又不类讲章，只可说是像批语；王船山非常生硬，又非故意如此；都可说是不上轨道的。所以文学非但要"止乎义"，还要"发乎情"。那初作文，仅有法度，并无情，用以练习则可，用以传世则不可，仿佛习字用九宫格临帖，是不可以留后的。韩昌黎自以为因文生道，顾亭林对于这话有所批评。实在昌黎之文，并非无情无义，若《书张中丞传后》，自是千古必传的，可惜他所作碑志太多，就多止于义、不发于情的了。苏东坡的史论，有故意翻案的、有不必作的，和场屋文一般，也非发于情之作。古文中非无此流，比较的少一些。诗关于情更深，因为诗专以写性情为主的。若过一处风景，即写一诗，诗如何能佳？宋代苏、黄的诗，就犯此病。苏境遇不佳，诗中写抑郁不平的还多，而随便应酬的诗也很多，就损失他的价值了。唐代杜工部身遇乱世，又很穷困，诗中有情之作，可居半數，其他也不免到一处写一首的。杜以前诸诗家，很少无情之作，即王、孟也首首有情的。至古代诗若《大风歌》、《扶风歌》全是真性情流出，一首便可传了！

诗文二项中：文有有法无情的，也有无法有情的；诗却有情无法少，有法无情多；近代诗虽浅鄙，但非出乎轨外。我们学文学诗，初步当然要从法上走，然后从情创出。那初步即欲文学太史公，诗学李太白的，可称狂妄之人呢！我们还要知文学作品忌多，太多必有无情之作，不足贵了。

二三十年前，讲文学，只怕无情，不怕无义。梁任公（按即梁启超）说我是正统派，这正统派便能不背规则的。在现在有情既少，益以无义，文学衰堕极了。我们若要求进步，在今日非从“发情止义”下手不可。能发情止义，虽不必有超过古人之望；但诗或可超过宋以下诸诗家，文或可超过清以下诸文家！努力！

要籍解题及其读法

梁启超

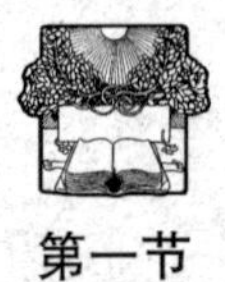

第一节

《论语》、《孟子》附论《大学》、《中庸》、《孝经》及其他

总　说

《论语》、《孟子》两书，近人多呼为“经书”。古代不然，汉儒对于古书之分类，以《诗》、《书》、《礼》、《乐》、《易》、《春秋》为“六艺”，亦谓之“六经”，实为古书中之最见宝贵者。次则名为“记”或“传”，乃解释或补注诸经者，《论语》即属此类。又次则为诸子，乃于六经之外别成一家言者，《孟子》即属此类。故《论》、《孟》两书，在汉时不过二三等书籍。然汉文帝时已将此二书置博士，（“置博士”者，在大学中专设一科，以专门之博士任教授也。）是曾经特别崇重，然不久亦罢。（罢博士者，废此专科也。）六朝隋唐以来，《论语》研究尚盛，《孟子》则亦仅侪于诸子之列耳。自宋儒从《礼记》中抽出《大学》、《中庸》两篇，合诸《论》、《孟》，称为“四书”。明清两代，以八股取士，试题悉出“四书”。于是“四书”之诵习，其盛乃驾“六经”而上之。六七百年来，数岁孩童入三家村塾者，莫不以四书为主要读本，其书遂形成一般常识之基础，且为国民心理之总关键。

《论语》编辑者及其年代

《汉书·艺文志》云:“《论语》者，孔子应答弟子时人及弟子相与言而接闻于夫子之语也。当时弟子各有所记。夫子既卒，门人相与辑而论纂，故谓之《论语》。”据此，则谓《论语》直接成于孔子弟子之手。虽然，书中所记如鲁哀公、季康子、子服景伯诸人，皆举其谥，诸人之死皆在孔子卒后。书中又记曾子临终之言，曾子在孔门齿最幼，其卒年更当远后于孔子。然则此书最少应有一部分为孔子卒后数十年七十子之门人所记，无疑。书中于有子、曾子皆称“子”。全书第一章记孔子语，第二章即记有子语，第三章记孔子语，第四章即记曾子语。窃疑纂辑成书，当出有子、曾子门人之手，而所记孔子言行，半承有、曾二子之笔记或口述也。

《论语》之真伪

先秦书赝品极多，学者最宜慎择。《论语》为孔门相传宝典，大致可信。虽然，其中未尝无一部分经后人附益窜乱，大抵各篇之末，时有一二章非原本者。盖古用简书，传抄收藏皆不易，故篇末空白处，往往以书外之文缀记填入。在本人不过为省事备忘起见，非必有意作伪，至后来辗转传抄，则以之误混正文。周秦古书中似此者不少，《论语》中亦有其例。如《雍也篇》末“子见南子”章,《乡党篇》末“色斯举矣”章,《季氏篇》末“齐景公”章,《微子篇》末“周公谓鲁公”、“周有八士”章，皆或与孔门无关，或文义不类，疑皆非原文。然此犹其小者，据崔东壁（述）所考证，则全书二十篇中，末五篇——《季氏》、《阳货》、《微子》、《子张》、《尧曰》——皆有可疑之点。因汉初有所传有“鲁论”、“齐论”、“古论”之分，篇数及末数篇之篇名各有不同，文句亦间互异。王莽时佞臣张禹者合三本而一之，遂为今本（见《汉书·艺文志》、《张禹传》及何晏《论语集解序》)。此末五篇中，最少应有一部分为战国末年人所窜乱。其证据：一、《论语》通例，称孔子皆曰“子”，惟记其与君大夫问答乃称“孔子”。此五篇中，屡有称“孔子”或“仲尼”者。二、《论语》所记门弟子与孔子对面问答，亦皆呼之为“子”。对面呼“夫子”，乃战国时人语，春秋时无之，而此五篇中屡称“夫子”。三、《季氏篇》“季氏将伐颛臾，冉有、季路见于孔子”云云，考冉有、季路并无同时仕于季氏之事。四、《阳货篇》记“公山弗扰以费畔，召，子欲往”云云，又记“佛肸以中牟畔，召，子欲往”云云。考弗扰叛时，孔子正为鲁司寇，率师堕费，弗扰正因反抗孔子政策而作乱，其乱亦由孔子手平定之，安有以一造反之县令而敢召执政，其执政方督师讨贼，乃欲应以召？且云“其为东周”，宁有此理？佛肸以中牟叛赵，为赵襄子时事，见《韩诗外传》。赵襄子之立，在孔子卒后五年，孔子何从与肸有交涉？凡此诸义，皆崔氏所疏证，大致极为精审。（参观《崔东壁遗书》内《洙泗考信录》，《畿辅丛书》中亦有此书。）由此言之，《论语》虽十有八九可信，然其中仍有一二出自后人依托，学者宜分别观之也。

《论语》之内容及其价值

《论语》一书，除前所举可疑之十数章外，其余则字字精金美玉，实人类千古不磨之宝典。盖孔子人格之伟大，宜为含识之俦所公认，而《论语》则表现孔子人格唯一之良书也。其书编次体例，并无规定，篇章先后，似无甚意义。内容分类，亦难得正确标准，略举纲要，可分为以下各类：

一、关于个人人格修养之教训。

二、关于社会伦理之教训。

三、政治谈。

四、哲理谈。

五、对于门弟子及时人因人施教（注重个性的）的问答。

六、对于门弟子及古人时人之批评。

七、自述语。

八、孔子日常行事及门人诵美孔子之语（映入门弟子眼中之孔子

人格)。

上所列第一、二项，约占全书三分之二，其余六项约合占三分之一。第一项人格修养之教训，殆全部有历久不磨的价值。第四项之哲理谈，虽着语不多（因孔子之教，专贵实践，罕言性与天道），而皆渊渊入微。第二项之社会伦理，第三项之政治谈，其中一部分对当时阶级组织之社会立言，或不尽适于今日之用，然其根本精神，固自有俟诸百世而不惑者。第五项因人施教之言，则在学者各自审其个性之所近所偏而借以自鉴。第六项对人的批评，读之可以见孔子理想人格之一斑。第七项孔子自述语及第八项别人对于孔子之观察批评，读之可以从各方面看出孔子之全人格。《论语》全书之价值大略如此。要而言之，孔子这个人有若干价值，则《论语》这部书，亦连带的有若干价值也。

读《论语》法

吾侪对于如此有价值之书，当用何法以善读之耶？我个人所认为较简易且善良之方法如下：

第一，先注意将后人窜乱之部分剔出，以别种眼光视之，免使朦混真相。

第二，略依前条所分类，将全书纂抄一过，为部分的研究。

第三，或作别种分类，以教义要点——如论“仁”、论“学”、论“君子”等为标准，逐条抄出，比较研究。

第四，读此书时，即立意自作一篇《孔子传》或《孔子学案》，一面读便一面思量组织法且整理资料，到读毕时自然能极彻底极正确的了解孔子。

第五，读此书时，先要略知孔子之时代背景，《左传》、《国语》，实主要之参考书。

第六，此书文义并不艰深，专读白文自行细绎其义最妙，遇有不解时，乃翻阅次条所举各注。

上所举者，为书本上知识方面之研究法。其实我辈读《论语》之主要目的，还不在此。《论语》之最大价值，在教人以人格的修养。修养人格，决非徒恃记诵或考证，最要是身体力行，使古人所教变成我所自得。既已如此，则不必贪多务广，果能切实受持一两语，便可以终身受用。至某一两语最合我受用，则全在各人之自行领会，非别人所能参预。别人参预，则已非自得矣。要之，学者苟能将《论语》反复熟读若干次，则必能罣然有见于孔子之全人格，以作自己祈向之准鹄。而其间亦必有若干语句，恰与自己个性相针对，读之别有会心，可以作终身受持之用也。《论语》文并不繁，熟读并不费力，吾深望青年勿蔑弃此家宝也。

《论语》注释书及关系书

《论语》注释，有汉郑康成注，已佚，近人有辑本。有魏何晏《集解》、宋邢昺《义疏》，现行《十三经注疏》所载者即是。但其中要语，多为后人新疏所以采，不读亦得。为便于学者计，列举以下之注释书及关系书各种：

一、宋朱熹《论语集注》、《论语或问》

《集注》简而明，最便读者，但其中有稍涉理障处。《或问》时于《集注》外有所发明。

二、清戴望《论语注》

此书亦简明，训诂视朱注为精审，但多以公羊家言为解，穿凿附会，间亦不免。

三、清刘宝楠《论语正义》

最精博，但太繁，非专家研究者不必读。

四、清颜元《四书正误》《论语》之部

此书正朱注之误也，可见习斋一家学说。

五、清焦循《论语通释》

此书将《论语》教义要点分类研究，其方法最可学。

六、清阮元《揅经堂集》中《论语论仁解》

此书一短篇文，专取《论语》言“仁”之一部抄下通贯研究，其方法可学。

七、清崔述《洙泗考信录附余录》

此书为最谨严之孔子传，其资料十九取自《论语》，辨《论语》窜乱之部分，当略以此书所疑者为标准。

◎以上说《论语》竟。

《孟子》之编纂者及篇数

《史记·孟子荀卿列传》云：“孟子乃述唐、虞、三代之德，是以所如者不合。退而与万章之徒序诗书，述仲尼之意，作《孟子》七篇。”赵岐《孟子题辞》云：“退而论集，所与高第弟子公孙丑、万章之徒，难疑问答，又自撰其法度之言，著书七篇二百六十一章三万四千六百八十五字。”据此则汉儒传说，皆谓此书为孟子自撰。然书中称时君皆举其谥，如梁惠王、襄王、齐宣王、鲁平公、邹穆公皆然，乃至滕文公之年少亦毕如是。其人未必皆先孟子而卒，何以皆称其谥？又书中于孟子门人多以“子”称之，乐正子、公都子、屋庐子、徐子、陈子皆然，不称子者无几。果孟子所自著，恐未必自称其门人皆曰子。细玩此书，盖孟子门人万章、公孙丑等所追述，故所记二子问答之言最多，而二子在书中亦不以子称也。其成书年代虽不可确指，然最早总在周赧王十九年（前296）梁襄王卒之后，上距孔子卒一百八十余年，下距秦始皇并六国七十余年也。今本《孟子》七篇，而《汉书·艺文志》儒家云“《孟子》十一篇”，应劭《风俗通·穷通篇》亦云然，赵岐《题辞》云：“又有《外书》四篇——《性善》、《辨文》、《说孝经》、《为政》，其文不能宏深，不与《内篇》相似，似非《孟子》本真，后人依放而托也。”据此，知汉时所流传者，尚有《外书》四篇，与今七篇混为一本。赵邠卿（岐）鉴定为赝品，故所作《孟子章句》，惟释七篇。此后赵注独行，而《外篇》遂废，后人或以为惜。但吾侪颇信邠卿鉴别力不谬，其排斥《外篇》，不使珷玞乱玉，殆可称《孟子》功臣。今《外篇》佚文，见于《法言》、《盐铁论》、《颜氏家训》、李善《文选注》等书有若干条，经近人辑出，诚有如邠卿所谓“不能宏深，不与《内篇》相似”也。至明季姚士璘所传《孟子外书》四篇，则又伪中出伪，并非汉时之旧，更不足道矣。

《孟子》之内容及其价值

孟子与荀卿，为孔门下两大师。就学派系统论，当时儒、墨、道、法四家并峙，孟子不过儒家一支流，其地位不能比老聃、墨翟，但《孟子》在文化史上有特别贡献者二端：

一、高唱性善主义，教人以自动的扩大人格，在哲学上及教育学上成为一种有永久价值之学说。

二、排斥功利主义，其用意虽在矫当时之弊，然在政治学、社会学上最少亦代表一面真理。

其全书要点略如下：

一、哲理谈。穷究心性之体相，证成性善之旨。《告子》上下篇、《尽心》上篇，多属此类。

二、政治谈。发挥民本主义，排斥国家的功利主义，提出经济上种种理想的建设。《梁惠王》上下篇、《滕文公》上篇，全部皆属此类，其余各篇亦多散见。

三、一般修养谈。多用发扬蹈厉语，提倡独立自尊的精神，排斥个人的功利主义。《滕文公》、《告子》、《尽心》三篇最多，余篇亦常有。

四、历史人物批评。借古人言论行事证成自己的主义。《万章篇》最多。

五、对于他派之辩争。其主要者如后儒所称之辟杨墨，此外如对于告子论性之辩难，对于许行、陈仲子之呵斥，对于法家者流政策之痛驳等皆是。

六、记孟子出处辞受及日常行事等。

上各项中，惟第四项之历史谈价值最低，因当时传说，多不可信，而孟子并非史家，其著书宗旨又不在综核古事，故凡关于此项之记载及批评，应认为孟子借事明义，不可当史读。第五项辩争之谈，双方皆持之有故言之成理，未可偏执一是。第二项之政治谈，因时代不同，其具体的制度自多不适用，然其根本精神固有永久价值。余三项价值皆极高。

读《孟子》法

读《论语》、《孟子》一类书，当分两种目的：其一为修养受用，其一为学术的研究。为修养受用起见，《论语》如饭，最宜滋养；《孟子》如药，最宜祓除及兴奋。读《孟子》，第一，宜观其砥砺廉隅，崇尚名节，进退辞受取与之间竣立防闲，如此然后可以自守而不至堕落。第二，宜观其气象博大，独往独来，光明俊伟，绝无藏闪，能常常诵习体会，人格自然扩大。第三，宜观其意志坚强，百折不回，服膺书中语，对于环境之压迫，可以增加抵抗力。第四，宜观其修养下手工夫简易直捷，无后儒所言支离玄渺之二病。要之《孟子》为修养最适当之书，于今日青年尤为相宜。学者宜摘取其中精要语熟诵，或抄出常常阅览，使其精神深入我之“下意识”中，则一生做人基础可以稳固，而且日日向上，至老不衰矣。

学术的研究，方面极多，宜各随兴味所注，分项精求。惟每研究一项，必须对于本书所言彻头彻尾理会一番，且须对于他书有关系的资料博为搜采参核。试举数例：

一、如欲研究《孟子》哲学，必须先将书中所谓性、所谓心、所谓情、所谓才、所谓义、所谓理……种种名词，仔细推敲，求得其正确之意义。复又须贯通全书，求得某几点为其宗旨之主脑，然后推寻其条理所由衍出。

又须将别派学说与之对照研究，如《荀子》、《春秋繁露》等书，观其所自立说，及批驳《孟子》者何如。

二、欲研究《孟子》之政治论，宜先提挈出几个大纲领——例如民本主义、统一主义、非功利主义等等，观其主张之一贯。又须熟察时代背景，遍观反对派学说，再下公正的批评。

三、《孟子》辟异端，我辈不必随声附和。然可从书中发见许多“异端”的学说，例如杨朱、许行、宋、陈仲子、子莫、白圭、告子、淳于髡等，其书皆不传，且有并姓名亦不见于他书者，从《孟子》书中将其学说摭拾研究，便是古代学术史绝好资料。

四、将本书所载孟子所见之人所历之地及其行事言论钩稽排比，可以作一篇极翔实的《孟子小传》。

以上不过略举数例，学者如有研究兴味，则方面尚多，在各人自择而已。

《孟子》之注释书及关系书

最古之《孟子》注释书为东汉赵岐之《孟子章句》，且每章缀以章指，其书现存。全文见焦循《孟子正义》中，今不另举。

一、宋朱熹《孟子集注》

性质及价值皆同《论语集注》。

二、清焦循《孟子正义》

考证最精审，且能发明大义，现行各注疏未有其比。

三、清戴震《孟子字义疏证》

此书乃戴氏发表自己哲学意见之作，并非专为解释《孟子》，但研究《孟子》哲学，自应以此为极要之参考品。

四、清陈澧《东塾读书记》内《孟子》之卷

此卷将《孟子》全书拆散而比观之，所发明不少，其治学方法最可学。

五、清崔述《孟子事实录》

此书为极谨严孟子小传。

◎以上说《孟子》竟。

附论《大学》、《中庸》

《大学》、《中庸》，本《小戴礼记》中之两篇。《礼记》为七十子后学者所记，其著作年代，或在战国末或在西汉不等，其价值本远在《论》、《孟》下。自宋程正叔抽出此二篇特别提倡，朱晦庵乃创为四子书之名。其次序：一《大学》，二《论语》，三《孟子》，四《中庸》。于是近七八百年来，此二篇之地位骤高，几驾群经而上之，斯大奇矣。

区区《大学》一篇，本不知谁氏作，而朱晦庵以意分为经、传两项。其言曰："经一章，盖孔子之言而曾子述之；传十章，则曾子之意而门人记之。"然而皆属意度，羌无实证。晦庵又因其书有与自己理想不尽合者，乃指为有错简，以意颠倒其次序；又指为有脱漏，而自作补格致传一章。此甚非学者态度所宜出也。而明清两朝，非惟以《大学》侪诸经，且几将朱氏补传与孔子之言同视矣。中间王阳明主张"《大学》古本"对于朱氏所改、所补而倡异议，然重视《大学》之观念，迄未稍变。惟清初有陈乾初确者，著《大学辨》一篇，力言此书非孔子曾子作，且谓其"专言知不言行，与孔门教法相戾"。此论甫出，攻击蜂起，共指为非圣无法。后亦无人过问。自此书列于四书之首，其篇中"致知格物"四字，惹起无数异说。辩难之作，可汗十牛。然以此为孔子教人入德之门，非求得其说不可。由吾侪观之，此篇不过秦汉间一儒生之言，原不值如此之尊重而固守也。

《中庸》篇，朱晦庵谓"子思作之以授孟子"，其言亦无据。篇中有一章袭孟子语而略有改窜，据崔东壁所考证，则其书决出孟子之后也。此篇论心论性，精语颇多，在哲学史上极有价值。

要而论之，《大学》、《中庸》，不失为儒门两篇名著，读之甚有益于修养，且既已人人诵习垂千年，形成国民常识之一部分，故今之学者，亦不可以不一读。但不必尊仰太过，反失其相当之位置耳。

第十二节附论《孝经》

《孝经》自汉以来，已与《论语》平视，今且列为十三经之一。共传“孔子志在《春秋》，行在《孝经》”，以为孔子手著书即此两种。其实此二语出自纬书，纯属汉人附会。“经”之名，孔子时并未曾有。专就命名论，已足征其妄。其书发端云：“仲尼居，曾子侍。”安有孔子著书而作此称谓耶？书中文义皆极肤浅，置诸《戴记》四十九篇中犹为下乘，虽不读可也。

附论其他关于孔子之记载书

记载孔子言论行事之书，惟《论语》为最可信，其他先秦诸子所记，宜以极严冷谨慎之态度观之。盖凡一伟大人物，必有无数神话集于其身，不可不察也。今传《孔子家语》、《孔丛子》两书，皆晋人伪作，万不可读。有《孔子集语》一书，乃宋人采集群书言孔子事者，大半诬孔子而已。学者诚诵法孔子，则一部《论语》，终身受用不尽，“岂买菜也，而求添乎”？

◎以上附论竟。

第二节

《史记》

《史记》作者之略历及其年代

《史记》百三十篇，汉太史令司马迁作。迁字子长，(见扬雄《法言》及王充《论衡》。) 左冯翊夏阳人，(据自序“司马氏入少梁”语，案推汉地。) 今陕西之同州韩城县也。司马氏世典周史。迁父谈，以汉武帝建元元封间仕为太史令。谈卒，迁袭官。迁生卒年不见于《太史公自序》及《汉书·司马迁传》，惟据《自序》云：“为太史令，五年而当太初元年。”张守节正义云：“案：迁年四十二岁。”以此推算，知迁生于景帝中元五年(前 145)。父谈，学《天官》于唐都，受《易》于杨何，习道论于黄子。迁皆传其学，迁又受业孔安国治《尚书》，闻《春秋》于董仲舒，喜游历，足迹遍天下，其所经行之地见于本书者如下：

《五帝本纪》：“余尝西至空同，北过涿鹿，东渐于海，南浮江淮矣。”

《河渠书》：“余南登庐山，观禹疏九江，遂至于会稽大湟，上姑苏，望五湖；东窥洛汭、大邳，迎河，行淮、泗、济、漯洛渠；西瞻蜀之岷山及离碓；北自龙门至于朔方。”

《齐太公世家》：“吾适齐，自泰山属之琅邪，北被于海，膏壤二千余里。”

《魏世家》：“吾适故大梁之墟。”

《孔子世家》:“余适鲁，观仲尼庙堂。”

《伯夷列传》:“余登箕山，其上盖有许由冢云。”

《孟尝君列传》:“吾尝过薛，其俗闾里率多暴桀子弟，与邹鲁殊。”

《信陵君列传》:“吾过大梁之墟，求问其所谓夷门。夷门者，城之东门也。”

《春申君列传》:“吾适楚，观春申君故城宫室，盛矣哉。”

《屈原贾生列传》:“余适长沙，观屈原所自沉渊。”

《蒙恬列传》:“吾适北边，自直道归，行观蒙恬取为秦筑长城亭障。”

《淮阴侯列传》:“吾如淮阴，淮阴人为余言韩信。”“余视其母冢。”

《樊郦滕灌列传》:“吾适丰沛，问其遗老，观故萧、曹、樊哙、滕公之家。”

《太史公自序》:“二十而南游江淮，上会稽，探禹穴，窥九疑，浮于沅、湘；北涉汶、泗，讲业齐鲁之都，观孔子之遗风，乡射邹峄；戹困鄱、薛、彭城，过梁、楚以归。”“奉使西征巴、蜀以南，南略邛、笮、昆明。”

吾侪试取一地图，按今地，施朱线，以考迁游踪，则知当时全汉版图，除朝鲜河西岭南诸新开郡外，所历殆遍矣。迁初仕为郎中，及继父任太史令，则奉诏修《太初历》。自发议迄颁定，皆迁主之，始末具详《汉书·律历志》。修历事毕，从事作史。史未成，因上书救李陵，获罪下蚕室。已而为中书令，尊宠任事。其卒年无考，大率在武帝末年。今据王静安国维所著《太史公系年考略》，略表其行历年代如下：

西纪前一四五年（景帝中元五年）迁生。

前一四〇年（武帝建元元年）六岁。

前一三六年（建元五年）十岁。《自序》云:“年十岁则诵古文。”

前一三四年（元光元年）十二岁。

前一二八年（元朔元年）十八岁。

前一二六年（元朔三年）二十岁。《自序》云:“二十而南游江、

淮……过梁、楚以归。”（全文见前。）所记或不止一年事，要之自二十岁起游学四方也。

前一二二年（元狩元年）二十四岁。《史记》所记事，讫于是年，说详下。

前一一六年（元鼎元年）三十岁。《自序》云：“于是迁仕为郎中。”其年无考，大约在元狩元鼎间。

前一一〇年（元封元年）三十六岁。《自序》云：“奉使西征巴、蜀……还报命。是岁，天子始建汉家之封。”迁归自南，见父谈于河淮之间。未几，谈卒，遗命使迁撰史。

前一〇八年（元封三年）三十八岁。始为太史令，《自序》云：“太史公卒三岁，而迁为太史令，䌷石室金匮之书。”

前一〇四年（太初元年）四十二岁。据《汉书·律历志》，元封七年，因太史令司马迁等言历法废坏，宜改正朔，乃诏以明年为太初元年，命迁等造汉历，选邓平及民间治历者二十余人参其事。事竣，诏迁颁所造八十一分历，即所谓《太初历》也。迁生平事业，造历之功，盖亚于作史云。

《史记》盖以是年属稿，《自序》云：“五年（为太史令后之五年）而当太初元年……太史公曰：孔子卒后至于今五百岁……小子何敢让焉……于是论次其文……”

前一〇〇年（天汉元年）四十六岁。

前九八年（天汉三年）四十八岁。下狱被刑，《自序》云：“七年而太史公遭李陵之祸，幽于缧绁。”徐广注云：“天汉三年。”（据《李将军列传》及《匈奴列传》，李陵降匈奴，在天汉二年。）是时《史记》尚未成书，故《报任安书》云：“草创未就，适会此祸，惜其不成，是以就极刑而无愠色。”

前九六年（太始元年）五十岁。《汉书·本传》云：“迁既被刑之后，为中书令尊宠任职事。”当在此数年中。

前九三年（太始四年）五十三岁。是年有报益州刺史任安书，书见《汉书·本传》，不著年月，惟书中有“会东从上来”语，又有“涉旬月迫季冬，仆又薄从上雍”语。考《汉书·武帝纪》：“是年春三月，行幸太山。夏四月，幸不其。五月，还幸建章宫。”即所谓“东从上来”也。又“冬十二月，行幸雍，祠五畤”，即所谓“季冬从上雍”也。故知报书在是年，迁时为宦侍，故每出必扈行也。

前九二年（征和元年）五十四岁。

前八八年（后元元年）若迁尚在，则其年五十八岁。明年武帝崩，迁卒年，绝无可考。惟据《汉书·宣帝纪》载武帝后元二年遣使尽杀长安狱囚，内谒者令郭穰夜至郡邸狱云云。案《后汉书·百官志》，知内谒者令即中书谒者令，亦即中书令。然则其时迁已不在中书，计当前卒矣。大约迁之年代与武帝相始终也。

《史记》之名称及其原料

《史记》之名，非迁书原名也。其见于《汉书》者，《艺文志》述刘歆《七略》称“太史公百三十篇”，《杨恽传》谓之“太史公记”，应劭《风俗通》（卷一、卷六）同，《宣元六王传》谓之“太史公书”，班彪《略论》、王充《论衡》同，而《风俗通》（卷二）时或称“太史记”，是知两汉时并未有名迁书为“史记”者。本书中“史记”之名凡八见：（一）《周本纪》云：“太史伯阳读史记。”（二）《十二诸侯年表》云：“孔子论史记旧闻。”（三）《十二诸侯年表》云：“左丘明因孔子史记具论其语。”（四）《六国表》云：“秦烧天下书，诸侯史记尤甚。”（五）《六国表》云：“史记独藏周室。”（六）《天官书》云：“余观史记考事。”（七）《孔子世家》云：“乃因鲁史记作《春秋》。”（八）《太史公自序》云：“细史记石室金匮之书。”皆指古史也。“史记”之名，盖起于魏晋间，实“太史公记”之省称耳。

《史记》所据之原料，据班彪《略论》，则（一）《左传》，（二）《国语》,(三)《世本》,(四)《战国策》,(五)陆贾《楚汉春秋》。

今考本书中自述其所取材者如下:

《五帝本纪》:“予观《春秋》、《国语》。”

《殷本纪》:“自成汤以来,采于《诗》、《书》。”

《秦始皇本纪》:“吾读秦记。”

《孝武本纪》:“余究观方士祠官之言。”

《三代世表》:“余读谍记,稽其历谱。”

《十二诸侯年表》:“太史公读春秋历谱谍。”“秦记不载日月,其文略不具。”“余于是因秦记,踵春秋之后……著诸,所闻兴坏之端。”

《吴太伯世家》:“余读《春秋》古文。”

《卫康叔世家》:“余读世家言。”

《伯夷列传》:“学者载籍极博,犹考信于六艺。”

《管晏列传》:“吾读管氏《牧氏》、《山高》、《乘马》、《轻重》、《九府》及《晏子春秋》。”

《司马穰苴列传》:“余读司马兵法。”

《孙吴列传》:“《孙子》十三篇,吴起兵法,世多有。”

《仲尼弟子列传》:“悉取《论语》弟子问,并次为篇。”

《孟子荀卿列传》:“余读孟子书。”“自如孟子至于吁子,世多有其书。”

《商鞅列传》:“余尝读商君开塞耕战书。”

《屈原贾生列传》:“余读《离骚》、《天问》、《招魂》、《哀郢》。”

《郦生陆贾列传》:“余读陆生《新语书》。”

《儒林列传》:“余读功令。”

大抵除班彪所举五书外,史公所采主要材料:(一)六艺,(二)秦史记,(三)谍纪(或即世本),(四)诸子著书现存者,(五)功令官书,(六)方士言。而秦火后“诸侯史记”之湮灭,则史公最感苦痛者也。

史公史料,多就地采访,观前条所列游踪可见,各篇中尚有明著其所亲见闻者如下：

《项羽本纪》：“吾闻之周生。”

《赵世家》：“吾闻冯王孙。”

《魏世家》：“吾适故大梁之墟，墟中人言曰。”

《淮阴侯列传》：“吾如淮阴，淮阴人为余言。”

《樊郦滕灌列传》：“余与他广通，为言高祖功臣之兴时若此云。”

《冯唐传》：“唐子遂与余善。”

《韩长孺列传》：“余与壶遂定律历，观韩长孺之义。”

《李将军列传》：“余睹李将军，悛悛如鄙人。”

《卫将军骠骑列传》：“苏建语余曰。”

《游侠列传》：“吾观郭解状貌不如中人。”

凡此皆《史记》资料多取诸载籍以外之证也。

《史记》著述之旨趣

《史记》自是中国第一部史书，但吾侪最当注意者，“为作史而作史”，不过近世史学家之新观念。从前史家作史，大率别有一“超史的”目的，而借史事为其手段。此在各国旧史皆然，而中国为尤甚也。孔子所作《春秋》，表面上像一部二百四十年的史，然其中实孕含无数“微言大义”，故后世学者不谓之史而谓之经。司马迁实当时春秋家大师董仲舒之受业弟子，其作《史记》盖窃比《春秋》，故其《自序》首引仲舒所述孔子之言曰：“我欲载之空言，不如见之于行事之深切著明也。”其意若曰，吾本有种种理想，将以觉民而救世，但凭空发议论，难以警切，不如借现成的历史上事实做个题目，使读者更为亲切有味云尔。《春秋》旨趣既如此，则窃比《春秋》之史记可知。故迁《报任安书》云：“欲以究天人之际，通古今之变，成一家之言。”《自序》亦云：“略以拾遗补蓺，成一家之言，厥协六经异传，整齐百家杂语，藏诸名山，副在京师，俟后世圣人君子。”由此观之，其著书最大目的，乃在发表司马氏“一家之言”，与

荀卿著《荀子》，董生著《春秋繁露》，性质正同。不过其“一家之言”，乃借史的形式以发表耳，故仅以近世的观念读《史记》，非能知《史记》者也。

《史记》之史的价值

然则《史记》不复有史的价值耶？是又不然。据《自序》“司马氏世典周史”，古代学术，率为官府所专有，而史官尤为其渊海。谈、迁父子入汉，世守其业。《自序》云：“百年之间，天下遗文古事，靡不毕集太史公。太史公仍父子相续纂其职。”盖当时具备作史资格者，无如迁父子。故谈临终以此责迁，而迁亦毅然以此自任。前此史家著述成绩何如，今不可尽考。略以现存之几部古史观之，大抵为断片的杂记，或顺按年月纂录。其自出机杼，加以一番组织，先定全书规模然后驾驭去取各种资料者，盖未之前有。有之，自迁书始也。《自序》云：“余所谓述故事整齐其世传，所谓作也。”此迁自谦云尔。作史安能凭空自造，舍“述”无由？史家惟一职务，即在“整齐其世传”，“整齐”即史家之创作也。能否“整齐”，则视乎其人之学识及天才。太史公知整齐之必要，又知所以整齐，又能使其整齐理想实现，故太史公为史界第一创作家也。

《史记》创造之要点，以余所见者如下：

一、以人物为中心。历史由环境构成耶？由人物构成耶？此为史界累世聚讼之问题。以吾侪所见，虽两方势力俱不可蔑，而人类心力发展之功能，固当畸重。中国史家，最注意于此，而实自太史公发之。其书百三十篇，除十表八书外，余皆个人传记，在外国史及过去古籍中无此体裁。以无数个人传记之集合体成一史，结果成为人的史而非社会的史，是其短处。然对于能发动社会事变之主要人物，各留一较详确之面影以传于后，此其所长也。长短得失且勿论，要之太史公一创作也。

二、历史之整个的观念。从前的史，或属于一件事的关系文书——如《尚书》；或属于各地方的记载——如《国语》、《战国策》；或属于一时代的记载——如《春秋》及《左传》;《史记》则举其时所及知之人类全体自有文化以来数千年之总活动冶为一炉。自此始认识历史为整个浑一的，为永久相续的，非至秦汉统一后。且文化发展至相当程度，则此观念不能发生。而太史公实应运而生,《史记》实为中国通史之创始者。自班固以下，此意荒矣。故郑渔仲樵、章实斋学诚力言《汉书》以后“断代史”之不当。虽责备或太过，然史公之远识与伟力，则无论何人不能否定也。

上二项就理想方面论。

三、组织之复杂及其联络。《史记》以十二本纪、十表、八书、三十世家、七十列传组织而成。其本纪及世家之一部分为编年体，用以定时间的关系。其列传则人的记载，贯彻其以人物为历史主体之精神。其书则自然界现象与社会制度之记述，与“人的史”相调剂。内中意匠特出，尤在十表。据桓谭《新论》谓其“旁行斜上并效周谱”，或以前尝有此体制亦未可知。然各表之分合间架，出诸史公之惨淡经营。表法既立，可以文省事多，而事之脉络亦具。《史记》以此四部分组成全书，互相调和，互保联络，遂成一部博大谨严之著作。后世作断代史者，虽或于表、志门目间有增灭，而大体组织，不能越其范围。可见史公创作力之雄伟，能笼罩千古也。

四、叙列之扼要而美妙。后世诸史之列传，多借史以传人。《史记》之列传，惟借人以明史。故与社会无大关系之人，滥竽者少。换一方面看，立传之人，并不限于政治方面，凡与社会各部分有关系之事业，皆有传为之代表。以行文而论，每叙一人，能将其面目活现。又极复杂之事项——例如《货殖列传》、《匈奴列传》、《西南夷列传》等所叙，皆能剖析条理缜密而清晰，其才力固自夐绝。

上二项就技术方面论。

要之《史记》价值，久为学界所公认。吾侪赞美，适成赘词。反不如攻其阙失，犹足附于史公忠臣之列。今姑述此四项，致吾敬仰云尔。

《史记》成书年代及后人补续窜乱之部分

现存古书，十有九非本来面目，非加一番别择整理工夫。而贸然轻信，殊足以误人。然别择整理之难，殆未有甚于《史记》者。今欲从事研究，盖有先决问题二：一为《史记》是否已成书之问题，二为《史记》记事最终年限问题。

《史记》是否已成书耶？按《自序》则百三十篇粲然具备，似悉出史公手定，故此问题，二千年从未发生。然据《汉书·司马迁传》已云“十篇有录无书”，《后汉书·班彪传》亦云“十篇缺焉”，注家谓“迁没之后亡”，则认为书本完成后乃亡佚云尔。吾细考史公年历，则不能无疑。《报任安书》自述下狱时事，云：“草创未就，会遭此祸，惜其不成，是以就极刑而无愠色。”则其时书尚未成可知，时天汉三年也。自此以后，去太史令职而为中书令，“金匮石室之藏”不复能如昔时之恣其细读。又近侍尊宠，每有巡幸，无役不从。依《汉书·武帝纪》所载：“太始二年，正月，行幸回中，登陇首。三年，正月，行幸甘泉。五月，行幸东海至琅邪成山，登之罘，冬乃归。四年，三月，行幸泰山。四月，幸不其。十二月，行幸雍，四至安定北地。”此皆史公官中书时事，计数年间能安居京师从事著述者殆无几日。《报任安书》所谓“卒卒无须臾之间得竭志意”，盖实情也。《报任安书》已经考定为太始四年冬间作，玩其语气，史确未成。《书》云：“仆诚已著此书，则偿前辱之责，虽万被戮岂有悔哉。”下又云：“是以肠一日而九迴，居则忽忽若有所亡，出则不知其所往。每念斯耻，汗未尝不发背沾衣也。”则书未成而前辱未偿明甚。越二年而巫蛊难作，史公存亡已不可考矣。然则书竟不成而赍志以没，未可知也。信如是也，则《史记》之有缺篇，非亡佚而原缺也。而今本乃百三十篇，一无所欠，其果为迁书之旧耶？否耶。

《史记》所记事，以何年为最终年限耶？据《自序》曰：“故述往事，思来者。卒述陶唐以来，至于麟止。”集解：“张晏曰：‘武帝获麟，以为述事之端。上包黄帝，下至麟止，犹春秋止于获麟也。'"《汉书·扬雄传》云："太史公记六国，历楚汉，讫麟止。"《后汉书·班彪传》云："太史令司马迁，上自黄帝，下讫获麟，作本纪、世家、列传、书、表凡百三十篇。"上据迁所自言及扬雄、班固言，(《扬雄传》，雄所自作，班书全采之。《班彪传》，班固作、范书全采之。）则"麟止"一语，殆为铁案。案：武帝获麟，在元狩元年冬十月（前122)。孔子作《春秋》，讫于鲁哀公十四年西狩获麟。《史记》窃比《春秋》，时亦适有获麟之事，故所记以此为终限。然则《武帝本纪》当叙至元狩元年十月止，年表、世家、列传称是。凡此年以后之记事，皆非原文，此标准宜为最可信据者。

虽然，本书所载元狩元年以后之事甚多，而年限亦有异说。其年限之异说，则：

一、讫太初说。《太史公自序》最末一段云："余述历黄帝以来，至太初而讫。"《汉书·叙传》云："太初以后，阙而不录。"太初凡四年，若讫太初四年（前101)，则逾麟止之限二十二年。

二、讫天汉说。《汉书·司马迁传》赞云："述楚汉春秋，接其后事，讫于天汉。"《史记》之集解、索隐、正义皆主是说。天汉接太初后，凡四年。若讫天汉四年（前97)，则逾麟止之限二十六年。

三、讫武帝末说。《建元以来侯者年表》末附："褚先生曰：太史公记事，尽于武帝之末。"武帝最末一年为后元二年（前87)。若讫于此，则逾麟止之限三十六年。

上第二、第三两种异说出自后人之口，且暂置不理。惟第一异说之讫太初，则与讫麟止语同出《自序》。一篇之中，矛盾至此，实令人迷惑。查"讫麟止"语，在《自序》大序之正文中，"讫太初"语，乃在小序之后另附一行，文体突兀不肖。又《汉书》本传全录《自序》而不载此一行，似班固所见《自序》原本，并无此语。衡以史公窃比《春秋》之本意，固宜以"麟止"为断也。但太初天汉事，尚为史公所及见耳。今本《史记》，不独太初天汉事盈篇累幅也，乃至记武帝后事者，且不一而足。如：

一、《酷吏传》载："杜周捕治桑弘羊昆弟子。"事在昭帝元凤间（前80—前75），距武帝崩六年至十二年。

二、《楚元王世家》："地节二年中人上书告楚王谋反。"宣帝地节二年（前68）距武帝崩十九年。

三、《齐悼惠王世家》载："建始三年，城阳王景卒。同年菑川王横卒。"成帝建始三年（前30）距武帝崩五十七年。

四、《将相名臣表》，武帝后续以昭、宣、元、成四帝，直至鸿嘉元年止。成帝鸿嘉元年（前20）距武帝崩六十七年。

上不过举数条为例，书中所记昭、宣、元、成间事，盖更仆难数。无论如何曲解，断不能谓太史公及见建始鸿嘉时事。然而此诸条者，固明明在今本正文中。稍粗心读去，绝不能辨矣。吾侪据此等铁证，可以断言今本《史记》决非史公之旧，其中有一部分乃后人羼乱。

然则《史记》何故容后人羼乱耶？某部分属于后人羼乱耶？其来由及种类约有三：

第一类，原本缺亡而后人补作者。《汉书·司马迁传》云："十篇缺，有录无书。"颜注引张晏曰："亡《景纪》、《武纪》、《礼书》、《乐书》、《兵书》、《汉兴以来将相年表》、《日者列传》、《三王世家》、《龟策列传》、《傅靳列传》。元、成之间褚先生补缺，作《武帝纪》、《三王世家》、《日者》、《龟策列传》，言辞鄙陋，非迁本意也。"案：今本《三王世家》、《日者》、《龟策》两传，皆有褚先生补文，附于赞词之后，而史公原文，似亦未尝缺。若《武帝纪》则并褚补字样而无之，而其文乃割裂《封禅书》，赞语亦全与《封禅书》同，非原文明矣。其余张晏所举诸篇，今本皆现存，其不足信益明。又《三代世表》、《建元以来侯者年表》、《陈涉世家》、《外戚世家》、《梁孝王世家》、《田叔列传》等篇，皆各有"褚先生曰"一段补文附于赞语后，则褚补原不仅四篇也。如《张丞相列传》于赞语后有一大段补文，但并无"褚先生曰"字样，知补者又不独一褚先生也。补文别附赞后者，吾辈能识别之。若如《武帝纪》之类，竟以补文作正文，或所补并非褚先生之旧者，则后人从何辨耶？

第二类，后人续撰者。《汉书·艺文志》于“《太史公》百三十篇”（《史记》本名《太史公书》）之后，接列“冯商所续《太史公》七篇”。刘知几《史通·正史篇》云：“《史记》太初已后，阙而不录。其后刘向、向子歆，及诸好事者若冯商、卫衡、扬雄、史岑、梁审、肆仁、晋冯、段肃、金丹、冯衍、韦融、萧奋、刘恂等相次撰续，迄于哀平间，犹名《史记》。”（《后汉书·班彪传》注亦列举续《史记》者，尚有阳城卫、史孝山二人，孝山当即岑。）据此，则西汉、东汉之交，续《史记》者将二十家，而皆仍其旧名，即班彪续作数十篇，亦仅名为《后传》。（见《彪传》。）盖自冯商、刘向以迄班、彪，其意皆欲各据所立时代以次递续，不别为书。其截采《史记》记汉初以来之一部分，续以昭宣迄哀平之部分，以成断代之史，则自班固始耳。（然《汉书·古今人表》所表皆汉以前人，则其体裁仍是补续《史记》也。）当初既未有印书，传抄皆用竹木简或缣帛，弃携两艰，用之弥啬，各家所续本，或即以涂附于原抄本中。即不然，而学者辗转诵习，竟将续本与原本合抄以图省便，亦意中事。故今本《史记》，有冯商、刘向、刘歆……诸人手笔杂入其中者，定不少也。

总之书中关于汉事之记载，若严格的甄别，宜以元狩元年以前为断，即稍宽，亦只能截至太初末而止。其有溢出此年限外者，决非史公之旧也。然此犹较易辨别，其最难者，则有：

第三类，后人故意窜乱者。西汉末学界一大公案起焉，曰今古文之争。事缘刘歆典校中秘书，自称发现各种古文经传，其主要者则《春秋左氏传》、《周礼》、《古文尚书》，其余群经亦皆有古本，而其学说十九与汉初以来诸师所传者相背戾。又有各种纬书，亦皆起自哀平间，其言荒诞不可究诘。东汉以后，多数学者，皆信此等书为先秦古籍，而今文家则谓是皆歆及其徒党所伪造以媚王莽而助其篡。内中与《史记》问题关系最密切者，尤在《尚书》、《左传》两书。今文家“谓《尚书》为备，（意谓汉初诸师所传二十八篇之《尚书》已完备无缺，无所谓百篇及《书序》也。）谓《左氏》不传《春秋》，（意谓《左氏春秋》即《国语》，纯属别行之史，并非为春秋传也。）然则史公所述三代前及春秋间事，宜以《尚书》二十八篇及原本《左氏春秋》——即《国语》为限，而今《史记》乃多有助“古文家言”张目者。严鞫此谳，乃不能不归狱于歆等之有意窜乱。

然则歆等窜乱，果有可能性耶？曰：有。其一，据《汉书·王莽传》：“元始四年，征天下有《逸礼》、《古书》（即《古文尚书》）、《毛诗》、《周官》、《尔雅》、天文、图谶、钟律、月令、兵法、史篇、文字，通知其意者，皆诣公车。前后至者千数，皆令记说廷中，将令正乖缪壹异说。”古文学说之掩袭天下，自此役始。盖此千数人者，皆承莽、歆意旨以改窜古书为职者也，而“史篇”亦在其中。则迁书之遭蹂躏，实意中事。时歆方典中秘书，则彼之所改，自称定本，谁复能与抗辩？其二，续《史记》者十六人，而歆与居一。歆所续今虽不传，然其人学博名高，其书必有可观，故班固《汉书》多采之。（黄省曾《西京杂记》序谓“班固《汉书》全取刘歆”，虽言或太过，然歆书为固书最重要之原料，殆不可疑。）今本《史记》以后人补续之语羼入正文者，既所在多有，（见前文。）且尤有后世妄人取《汉书》窜补者，（见下文。）则其中有一部分为歆手笔，并无足怪。

上所举第一、第二类，清代乾嘉诸儒考证颇详。其第三类，则吾师康南海先生（有为）之《新学伪经考》初发此疑，近人崔觯甫（适）著《史记探原》大发其覆，虽其中有过当之处，而大致盖可取。今略综诸家之说，推考各篇真伪如下：

第一，全篇原缺后人续补者。《汉书》本传明言：“十篇缺，有录无书。”班固所不及见者，后人何由得见？故下列十篇，应认为全伪。

《孝景本纪》，张晏云：“亡。”司马贞云：“取班书补之。”

《孝武本纪》，张晏云：“武纪亡，褚先生补作也。”司马贞云：“褚先生集合武帝事以编年，今止取《封禅书》补之，信其才之薄也。”今案：

此纪即《封禅书》之下半，疑并不出褚先生手，或褚补亦亡，后人再割裂他篇充数耶。

《汉兴以来将相名臣年表》，张晏云："亡。"裴骃云："太始以后，后人所续。"案：当从张说，全篇为后人补续。

《礼书》，张晏云："亡。"司马贞云："取荀卿《礼论》。"

《乐书》，张晏云："亡。"司马贞云："取《礼记》、《乐记》。"

《律书》，张晏云："兵书亡。"颜师古云："序目无兵书。"司马贞云："兵书，迁没之后，亡，褚少孙以律书补之。"

《三王世家》，张晏云："亡，褚先生补。"案：今本于太史公赞后附录褚补文，而赞前则录三封荣，实则前后皆褚补也。

《日者列传》、《龟策列传》，张晏云："亡，褚先生补。"案：此两篇文甚芜鄙，是否即褚补原本，尚未敢信。

《傅靳蒯成列传》，张晏云："亡。"案：今本盖后人从《汉书》录补。

第二，明著续之文及补续痕迹易见者。

《三代世表》，篇末自"张夫子问褚先生曰"以下。

《张丞相传》，篇末自"孝武时丞相多"以下。

《田叔列传》，篇末自"褚先生曰"以下。

《平津侯主父列传》，篇末自"太皇太后诏"以下，又自"班固称曰"以下。

《滑稽列传》，篇末"褚先生曰"以下。

以上各条，今武英殿版本皆改为低一格，以示识别。

第三，全篇可疑者。班固称有录无书者虽仅十篇，然吾侪因此已得知《史记》确为未成之书，或虽成而已有亡佚。原书未成之推定，说已详前。即已成之部分，亦有亡佚之可能性。以卷帙浩瀚之书，在传写极艰之时代，散亡甚易，略可想见。《汉书》本传云："迁既死后其书稍出。"据此，似是一部分陆续传布。《后汉书·窦融传》云："光武赐融以太史公《五宗世家》、《外戚世家》、《魏其侯列传》。"则摘篇别写单行，固有明

例矣。则各家抄本有一部分亡缺，亦事理之常。要之原缺续补者既有十篇，则所缺所补亦可至十篇以外，《淮南子》所谓凿一孔而百隙随也。今本《史记》中多有与《汉书》略同，而玩其文义，乃似《史记》割裂《汉书》，非《汉书》删取《史记》者。崔适指出各篇如下：

《孝武本纪》，妄人录《汉书·郊祀志》。

《律书》、《历书》，妄人录《汉书·律历志》。

《天官书》，妄人录《汉书·天文志》。

《封禅书》，妄人录《汉书·郊祀志》。

《河渠书》，妄人录《汉书·沟洫志》。

《平准书》，妄人录《汉书·食货志》。

《张丞相列传》，妄人录《汉书》。

《南越尉佗列传》，妄人录《汉书》。

《循吏列传》，妄人所补。

《汲郑列传》，妄人录《汉书》。

《酷吏列传》，妄人录《汉书》。

《大宛列传》，妄人录《汉书·张骞李广列传》。

崔氏疑古太勇，其言虽未可据为典要，然既对于此诸篇提出问题，且颇能言之有故，持之成理，则吾辈固宜一为推勘矣。

第四，元狩或太初以后之汉事为后人续补，窜入各篇正文者。此类在年表、世家、列传中甚多，不复枚举。

第五，各篇正文中为刘歆故意窜乱者。此项辨别甚难，举要点数端如下：

一、凡言“终始五德”者，《五帝本纪》、《秦始皇本纪》、《十二诸侯年表》、《孟子荀卿列传》、张苍传等篇。

二、凡言“十二分野”者，《十二诸侯年表》、齐宋郑世家、张苍传等篇。

三、凡言《古文尚书》及所述《书序》，夏殷周本纪、齐鲁卫宋世家等篇。

四、凡记汉初古文传授者，《儒林列传》、张苍传等篇。

以上所论关于《史记》真本之种种考证，多采自近人著作而略断以己意，其言颇繁重，或为读者所厌，吾所以不惮烦为此者，欲学者知今本《史记》非尽原文而已。着手读《史记》以前，必须认定此事实，否则必至处处捍格难通也。

读《史记》法之一

读《史记》有二法：一、常识的读法；二、专究的读法。两种读法，有共同之入门准备。

一、先读《太史公自序》及《汉书·司马迁传》，求明了作者年代、性行、经历及全书大概。

二、读《汉书·叙传》论《史记》之部，刘知几《史通》之《六家篇》、《二体篇》、《正史篇》，郑樵《通志·总序》论《史记》之部，《隋书·经籍志》及《四库提要》之史部正史类关于记述《史记》之部分，求略识本书在史学界之位置及价值。

今先论常识的读法。《史记》为正史之祖，为有组织、有宗旨之第一部古史书，文章又极优美，二千年来学者家弦户诵，形成国民常识之一部，其地位与六经诸子相并。故凡属学人，必须一读，无可疑者。惟全篇卷帙颇繁，卒业不易，今为节啬日力计，先剔出以下各部分：

一、十表但阅序文，表中内容不必详究，但浏览其体例，略比较各表编次方法之异同便得。

二、八书本为极重要之部分，惟今所传似非原本，与其读此，不如读《汉书》各志，故可全部从省。

三、世家中吴、齐、鲁、管蔡、陈杞、卫、宋、晋、楚、越、郑各篇，原料十九采自《左传》，既读《左传》，则此可省。但战国一部分之世家仍须读，因《战国策》太无系统故。

四、《武帝纪》、《日者传》、《龟策传》等，已证明为伪书，且芜杂浅俚，自可不读。《扁鹊仓公传》等，似是长编非定本，一涉猎便足。

以上所甄别，约当全书三分之一，所省精力已不少，其余各部分之读法略举如下：

第一，以研究著述体例及宗旨为目的而读之。《史记》以极复杂之体裁混合组织，而配置极完善，前既言之矣。专就列传一部分论，其对于社会文化确能面面顾及。政治方面代表之人物无论矣；学问艺术方面，亦盛水不漏。试以刘向《七略》比附之，如《仲尼弟子》、《老庄申韩》、《孟子荀卿》等传，于先秦学派网罗略具，《儒林传》于秦汉间学派渊源叙述特详，则六艺略、诸子略之属也；如《司马穰苴》、《孙子吴起》等传，则兵书略之属也；如《屈原贾生》、《司马相如》等传，则诗赋略之属也；如《扁鹊仓公传》，则方技略之属也；如《龟策》、《日者》两传，则术数略之属也。又如《货殖传》之注重社会经济，《外戚》、《佞幸》两传暗示汉代政治祸机所伏，处处皆具特识。又其篇目排列，亦似有微意。如本纪首唐、虞，世家首吴泰伯，列传首伯夷，皆含有表章让德之意味。此等事前人多已论列，不尽穿凿附会也。

若以此项目的读《史记》，宜提高眼光，鸟瞰全书，不可徒拘于寻行数墨，庶几所谓“一家之言”者，可以看出。

第二，以研究古代史迹为目的而读之。《史记》既为最古之通史，欲知古代史迹，总应以之为研究基础。为此项目的而读，宜先用“观大略”的读法，将全篇一气呵成浏览一过，再用自己眼光寻出每个时代之关键要点所在，便专向几个要点有关系之事项，注意精读。如此方能钩元提要，不至泛滥无归。

第三，以研究文章技术为目的而读之。《史记》文章之价值，无论何人当不能否认。且二千年来相承诵习，其语调字法，早已形成文学常识之一部。故专为学文计，亦不能不以此书为基础。学者如以此项目的读《史记》，则宜择其尤为杰作之十数篇精读之。孰为杰作，此凭各人赏会，本难有确定标准。吾生平所最爱读者，则以下各篇:《项羽本纪》《信陵君列传》《廉颇蔺相如列传》《鲁仲连邹阳列传》《淮阴侯列传》《魏其武安侯列传》《李将军列传》《匈奴列传》《货殖列传》《太史公自序》。

上诸篇皆肃括宏深，实叙事文永远之模范。班叔皮称，史公“善序述事理，辩而不华，质而不俚，文质相称，良史之才”。如诸篇者，洵足当之矣。学者宜精读多次，或务成诵，自能契其神味，辞远鄙倍。至如明清选家最乐道之《伯夷列传》、《管晏列传》、《屈原贾生列传》等，以吾论之，反是篇中第二等文字耳。

读《史记》法之二

今当继论专究的读法。《史记》为千古不朽之名著，本宜人人共读。徒以去今太远，文义或诘屈难晓，郡国名物等事，世嬗称易，或不审所指，加以传写讹舛，窜乱纷纭，时或使人因疑生蔑，后辈诵习渐希。盖此之由，谓宜悉心整理一番，俾此书尽人乐读。吾夙有志，未能逮也。谨述所怀条理以质当世，有好学者或独力或合作以成之，亦不朽之盛事也。

一、《史记》确有后人续补窜乱之部分，既如前述。宜略以前文所论列为标准，严密考证。凡可疑者，以朱线围之，俾勿与原本相混，庶几渐还史公之真面目。学者欲从事此种研究，可以崔适《史记探源》为主要参考书，而以自己忠实研究的结果下最后之判断。

二、吾辈之重视《史记》，实在其所记先秦古事。因秦汉以后事，有完备之《汉书》可读。唐、虞、三代、春秋、战国之事，有组织的著述，未或能过《史记》也。而不幸《史记》关于此点，殊不足以餍吾辈所期，后人窜乱之部分无论矣。即其确出史公手者，其所述古史可信之程度，亦远在所述汉事下。此事原不能专怪史公，因远古之史，皆含有半神话的性质，极难辨别。此各国所同，不独我国为然矣。近古——如

春秋、战国，资料本尚不少，而秦焚一役，“诸侯史记”荡尽，凭借缺如，此亦无可如何者。顾吾辈所致憾于史公，不在其搜采之不备，而在其别择之不精。善夫班叔皮之言也：“迁之著作，采获古今，贯穿经传，至广博也。一人之精，文重思烦，故其书刊落不尽，尚有盈辞，多不齐一。”（《后汉书·班彪传》）试将《史记》古史之部分与现存先秦古籍相较，其中芜累诬诞之辞，盖实不少。即本书各篇互相矛盾，亦所在而有，此非“文重思烦，刊落不尽”之明效耶？然居今日而治古史，则终不能不以《史记》为考证之聚光点。学者如诚忠于史公，谓宜将汉以前之本纪、世家、年表全部磨勘一度，从本书及他书搜集旁证、反证，是正其讹谬而汰存其精粹，略用裴注《三国志》之义例，分注于各篇各段之下，庶几乎其有信史矣。学者欲从事此种研究，则梁玉绳《史记志疑》、崔述《考信录》实最重要之参考书。钱大昕《廿二史考异》、王鸣盛《十七史商榷》、赵翼《二十二史札记》三书中《史记》之部，次之。其余清儒札记、文集中，亦所在多有。然兹事既极繁重，且平决聚讼，殊大非易。成功与否，要视其人之学力及判断何如耳。然有志之青年，固不妨取书中一二篇为研究之尝试。纵令不能得满意之结果，其于治学之方法及德性，所裨已多矣。

三、《史记》之训诂名物，有非今之人所能骤解者，故注释不可少。然旧注非失之太简，即失之太繁，宜或删或补。最好以现今中学生所难了解者为标准，别作简明之注，再加以章节、句读之符号，庶使尽人能读。

四、地理为史迹筋络，而古今地名殊称，直读或不知所在。故宜编一地名检目，古今对照。

五、我国以帝王纪年，极难记忆。春秋、战国间，各国各自纪年，益复杂不易理。宜于十表之外补一大事年表，贯通全书。以西历纪，而附注该事件所属之朝代或国邑纪年于其下。其时代则从《十二诸侯年表》，以共和元年起，盖前乎此者无征也，其事件则以载于本书者为限。

以上五项，为整理《史记》方法之纲要。学者如能循此致力，则可以《史记》之学名其家，而裨益于后进者且不赀矣。至如就《史记》内容分类研究，或比较政治组织，或观察社会状态，则问题甚多，取材各异，在学者自择也。

第三节

《荀子》

荀卿之年代及行历

吾辈对于国中大思想家，莫不欲确知其年代及其行历。然而世愈古则所知愈少，故思想界关系最大之先秦诸子，其事迹往往绝无可考。或仅有单词孤证，不能窥全迹十之一二。如荀卿者，著书虽数万言，而道及本身历史殊少。《史记》虽有列传，而文甚简略，且似有讹舛。故非悉心考证，不足以语于知人论世也。今遍引各书关于荀卿之资料而参验论次如下：

《史记·孟子荀卿列传》

荀卿，赵人。年五十始来游学于齐……田骈之属皆已死，齐襄王时，而荀卿最为老师。齐尚修列大夫之缺，而荀卿三为祭酒焉。齐人或谗荀卿，荀卿乃适楚，而春申君以为兰陵令。春申君死而荀卿废，因家兰陵。李斯尝为弟子，已而相秦。

《史记·春申君列传》

楚考烈王元年，以黄歇为相，封为春申君……春申君相楚八年，以荀卿为兰陵令……春申君相楚之二十五年，考烈王卒，李园伏死士刺春申君斩其头。

《史记·李斯列传》

李斯……从荀卿学帝王之术，学已成……欲西入秦，辞于荀卿……至秦，会庄襄王卒，李斯乃求为秦相吕不韦舍人……二十余年，秦并天下，以斯为丞相……李斯置酒于家，百官长皆前为寿……斯喟然而叹曰："嗟乎！吾闻之荀卿曰'物禁太盛'……当今人臣之位无居臣上者，可谓富贵极矣。物极则衰，吾未知所税驾也。"

本书刘向《叙录》

孙卿，赵人，名况。方齐威王、宣王时，聚天下贤士于稷下，尊宠之，若邹衍、田骈、淳于髡之属甚众，号曰列大夫，皆世所称，咸作书刺世。是时，孙卿有秀才，年五十，始来游学……至齐襄王时，孙卿最为老师。齐尚修列大夫之缺，而孙卿三为祭酒焉。齐人或谗孙卿，孙卿乃适楚，楚相春申君以为兰陵令。人或谓春申君曰："汤以七十里，文王以百里。孙卿贤者也，今与之百里地，楚其危乎！"春申君谢之。孙卿去，之赵。后客谓春申君曰："伊尹去夏入殷，殷王而夏亡……今孙卿，天下贤人，所去之国，其不安乎？"春申君使人聘孙卿。孙卿遗春申君书，刺楚国，因为歌赋以遗春申君。春申君恨，复固谢孙卿。孙卿乃行，复为兰陵令。春申君死而孙卿废……李斯尝为弟子，已而相秦。及韩非、浮丘伯皆受业为名儒。孙卿之应聘于诸侯，见秦昭王。昭王方喜战伐，而孙卿以三王之法说之。及秦相应侯，皆不能用也。至赵，与孙膑议兵赵孝成王前，孙膑为变诈之兵，孙卿以王兵难之，不能对也。卒不能用。孙卿道守礼义，行应绳墨，安贫贱。孟子者，亦大儒，以为人之性善。孙卿后孟子百余年。孙卿以为人之性恶，故作《性恶》一篇以非孟子……

应劭《风俗通·穷通篇》

……孙卿有秀才，年十五始来游学……（余略同刘向《叙录》。）

《战国策·楚策》

……孙子去而之赵，赵以为上卿。春申君使请孙子。孙子为书谢之曰，鄙语曰"厉怜王……"此为劫杀死亡之主言之也……

桓宽《盐铁论·论儒篇》

齐湣王奋二世之余烈，南举楚淮，北并巨宋……矜功不休……诸儒谏不从，各分散……而孙卿适楚，内无良臣，故诸侯伐之。

《盐铁论·毁学篇》

李斯之相秦也，始皇任之，人臣无二。然而荀卿为之不食，睹其罹不测之祸也。

《韩非子·难四篇》

燕王哙贤子之而非荀卿，故身死为僇。

本书《儒效篇》

秦昭王问孙卿子曰……

本书《议兵篇》

临武君与孙卿子议兵于赵孝成王前……

本书《强国篇》

应侯问孙卿子曰，入秦何见……荀卿子说齐相曰……处胜人之势，不以胜人之道，索为匹夫不可得也……今巨楚县吾前，大燕鰌吾后，劲魏钩吾右……是一国作谋，则三国必起而乘我……

群书所记载荀卿事迹，略尽于此。其中年岁最明显者，则西纪前二五五年——即楚考烈王八年，荀卿仕楚为兰陵令。此事史文记载详确，宜据为荀卿传迹之中心。虽然，若依《韩非子》所说，则荀卿及见燕王哙。哙在位九年，汉西纪前三二〇至三一二年，下距考烈王八年几六十余年。依《盐铁论》所说，则荀卿及见李斯相秦。斯相秦始皇三十四年，当西纪前二一三年，上距考烈王八年凡四十一年，前后相去已百余年。若如后人所解《史记》本传及刘向《叙录》之文，则荀卿当齐威、宣时，年五十来游学。齐威王在位三十年，自前三七八至三四三年，宣王在位十九年，自前三四二至三二四年。即以宣王末年卿五十计，则至李斯相秦时，荀卿当百六十一岁。天下安有此情理？且刘向言“孙卿后孟子百余年”，若卿及见齐燕王哙，则与孟子并世矣。故《韩非子》之说，当然不可信。（此又关涉《韩非》真伪问题，当别论之。）而《史记》及刘向之文，亦当仔细细绎，别下解释。彼文记齐威、宣间稷下列大夫之事，乃是追叙，并非谓荀卿及见威、宣，故《史记》云“田骈之属皆已死”。宣王后为湣王，凡四十年。湣王后为襄王，凡十九年。荀卿游齐，盖在湣王末年。旋因进谏不用，遂去齐适楚。及襄王时再游齐，则年辈已尊，三为祭酒也。然自湣王最末一年下至秦始皇三十四年，亦已七十一年。若荀卿其时年五十，则亦必百二十余岁始能见李斯之相，其说仍不可通。“年五十”之文，《风俗通》作“年十五”，似较近真。今本《史记》及刘向叙，或传写为讹耳。荀卿及见李斯相秦与否，亦一问题。《盐铁论》云云，或因李斯述荀卿“物禁太盛”一语而增益附会之，未可知也。要之齐湣王末年，荀卿年当在二十前后。李斯为相时，卿存没虽难确考，然斯之贵盛，则卿尚及见。似此推定，则卿年寿盖八九十岁，虽不中当不远矣。今略依此设为假定谱荀卿年历如下：

前二九三年（齐湣王三十一年），假定是年荀卿年十五，始游学于齐。

前二八六年（齐湣王三十八年），是年齐灭宋。

前二八五年（齐湣王三十九年），荀卿有说齐相书，见本书《强国篇》。说既不行，遂去齐适楚。(《盐铁论·论儒篇》所言即指是年事，知说齐相书在是年者。因书中叙四邻强国举楚燕魏而不及宋，知在灭宋后矣。时齐君相方“矜功不休”，而荀卿已料“一国作谋，三国起乘”，齐人不能听，卿遂去之。明年而五国伐齐，湣王为僇矣。)

前二八四至二六八年（齐襄王元年至十七年），荀卿复游齐，三为祭酒，当在此十余年间。

前二六七年（齐襄王十八年）（秦昭王四十一年），是年秦以范雎为相，号为应侯。本书《儒效篇》与秦昭王问答，《强国篇》与应侯问答，皆当在本年以后。

前二六六年（赵孝成王元年），本书《议兵篇》与孝成王及临武君问答，当在本年以后。（临武君，姓名无考。《叙录》指为孙膑，恐非是，其年代不相及也。）

前二六二年（楚考烈王元年），是年春申君相楚。

前二五五年（楚考烈王八年），假定是年荀卿五十三岁，是年春申君以卿为兰陵令。（列传言："齐人或谗孙卿，孙卿乃适楚。"去齐适楚之年，难确考，要当在本年以前也。"《战国策》又言春申君客谗孙卿，卿去楚适赵，赵以为上卿"事，当在本年以后。其见秦昭王及赵孝成王，疑皆在兰陵令去职之后。）

前二四六年（秦始皇元年），《史记·李斯列传》言："斯辞荀卿入秦，会庄襄王卒。"事当在此一两年间。

前二三六年（秦始皇十一年）（楚考烈王二十五年），是年李园杀春申君，荀卿遂废居兰陵。假定是年荀卿七十二岁。（据《战国策》及刘向《叙录》，荀卿似尝两度为兰陵令，其第二次任职当在本年之前数年间。）

前二一三年（秦始皇三十四年），是年李斯相秦。是年荀卿若尚生存，则假定为九十五岁。

关于荀卿年代行历之参考书

（以下各篇，王先谦《荀子集解》汇录于卷首，可参看。）

宋唐仲友《荀子序》。

宋晁公武《郡斋读书志》子部儒家类荀子条。

宋王应麟《汉书艺文志考证》荀子条。

《四库全书总目》子部儒家类荀子条。

清汪中《述学·荀卿子通论附年表》。

清胡元仪《荀卿别传附考异》。

《荀子》书之著作及其编次

本书刘向《叙录》云："孙卿卒不用于世，老于兰陵，疾浊世之政，

亡国乱君相属，不遂大道，而营乎巫祝，信机祥，鄙儒小拘，如庄周等又滑稽乱俗；于是推儒墨道德之行事，兴坏序列，著数万言而卒。”是以《荀子》书为荀卿所手著也。今案读全书，其中大部分固可推定为卿自著，然如《儒效篇》、《议兵篇》、《强国篇》，皆称“孙卿子”似出门弟子记录。内中如《尧问篇》末一段，纯属批评荀子之语，其为他人所述尤为显然。又《大略》以下六篇，杨倞已指为荀卿弟子所记卿语及杂录传记。然则非全书悉出卿手盖甚明。

《荀子》书初由汉刘向校录，名《孙卿新书》。《汉书·艺文志》著录，名《孙卿子》。（颜注云：“本曰《荀卿》，避宣帝讳故曰孙。”）唐杨倞为作注，省称《荀子》，今遂为通名。刘向《叙录》云：“所校雠中孙卿书凡三百二十二篇，以相校，除复重二百九十篇，定著三十二篇。”言中秘所藏孙卿之书共三百二十二篇，实三十二篇，余皆重复之篇也。《汉书·艺文志》作三十三篇，王应麟谓传写之讹，殆然。《隋书·经籍志》作十二卷，旧《唐志》同。今本二十卷，乃杨倞所析，编次亦颇易其旧。倞自序云：“以文字繁多，故分旧十二卷三十二篇为二十卷。其篇第亦颇有移易，使以类相从。”今将新旧篇第列表对照如下：

（刘向本）	（杨倞本）
劝学篇第一	同
修身篇第二	同
不苟篇第三	同
荣辱篇第四	同
非相篇第五	同
非十二子篇第六	同
仲尼篇第七	同
成相篇第八	第二十五
儒效篇第九	第八
王制篇第十	第九

富国篇第十一	第十
王霸篇第十二	第十一
君道篇第十三	第十二
臣道篇第十四	第十三
致仕篇第十五	第十四
议兵篇第十六	第十五
强国篇第十七	第十六
天论篇第十八	第十七
正论篇第十九	第十八
乐论篇第二十	同
解蔽篇第二十一	同
正名篇第二十二	同
礼论篇第二十三	第十九
宥坐篇第二十四	第二十八
子道篇第二十五	第二十九
性恶篇第二十六	第二十三
法行篇第二十七	第三十
哀公篇第二十八	第三十一
大略篇第二十九	第二十七
尧问篇第三十	第三十二
君子篇第三十一	第二十四
赋篇第三十二	第二十六

杨倞所改编是否惬当，另为一问题。但刘向旧本，亦不过就中秘所藏三百余篇之丛稿订讹芟复，从新编次。原非必荀卿时之旧，故改编亦不必指为紊古也。（汪容甫《荀卿子通论》谓：“其书始于《劝学》，终于《尧问》，篇次实仿《论语》。”恐是附会。）

但刘向本篇第，是否即向之旧，似仍有问题。《汉书·艺文志》儒家载“《孙卿子》三十三篇”，而赋家复载“《孙卿赋》十篇”，知刘向裒定《七略》时，两书本各别行。乃今本则《赋篇》即在三十二篇中，而其赋又仅五首，颇难索解。今案《成相篇》纯属韵文文学，其格调绝类今之鼓儿词，亦赋之流。《汉志》杂赋十二家别有《成相杂辞》十一篇，知古代本有此体，而作者非独荀卿矣。本书《成相篇》亦以五首组成，故知《汉志》所谓“赋十篇”者，实即本书《成相篇》、《赋篇》之各五首也。（此说采自胡元仪，但胡谓合此二篇即《成相杂辞》之十一篇，而谓《汉志》“《孙卿赋》十篇”之文为脱去“一”字，则误也。）以此论之，则所谓“孙卿子”者，当除此两篇外别有三十二篇。今乃合此两篇共成三十二篇，不已缺其二耶？案：本书《大略篇》首“大略君人者隆礼尊贤而王……”“大略”二字与下文不相属，明是标题（杨倞注已言之）。而《儒效篇》篇末一段云：“人论志不免于曲私……”“人论”二字不与下连。《王制篇》篇中一段云：“序官宰爵知宾客……”“序官”二字与下不连，体例正如《大略篇》。是“人论”、“序官”本为两篇名，略可推见。（王念孙谓“论当读为伦”，未免求之太深，“人论”为一篇名，正如书中《天论》、《礼论》、《乐论》诸篇耳。）然则后此何故失此二目而将四篇并为两篇耶？当缘有传抄者以“孙卿子”与“孙卿赋”合为一书，将赋十篇（并《成相》言）附于末。二度传抄者，不解“成相”之义，见其文与“非相”相近，遂提前置诸第八篇。三度传抄者，觉增此二篇与“三十二篇”之数不符，而当时各篇名，或皆如《大略篇》之仅著于篇首，并未提行另写，抄者失察，遂合四为二。谓符原数。信如是也，则《仲尼篇》第七之下，宜次以《儒效篇》第八，《人论篇》第九，《王制篇》第十，《序官篇》第十一，其《富国》、《王霸》至《尧问》、《君子》诸篇以次从第十二递推至三十二，而《成相》、《赋》两篇则别为“孙卿赋”而不以入《荀子》，庶几还中垒校录之旧观矣。此问题前此绝未尝有人提起，吾所推论，亦别无旁证，姑悬之以俟好事者疏证云尔。

大小戴两《礼记》，文多与《荀子》相同，今互举其篇名如下：

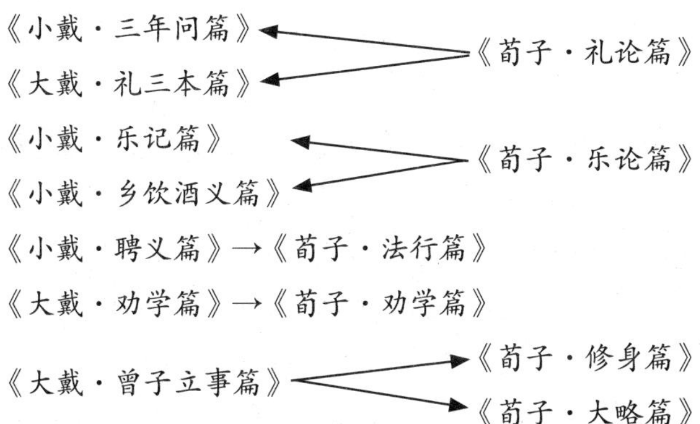

凡此皆当认为《礼记》采《荀子》，不能谓《荀子》袭《礼记》，盖《礼记》本汉儒所裒集之丛编，杂采诸各家著述耳。然因此可推见两《戴记》中其摭拾荀卿绪论而不著其名者或尚不少。而《荀子》书中，亦难保无荀卿以外之著作搀入。盖《荀子》书亦由汉儒各自传写，诸本共得三百余篇，未必本本从同。刘向将诸本冶为一炉，但删其重复。其曾否悬何种标准以鉴别真伪，则向所未言也。杨倞将《大略》、《宥坐》、《子道》、《法行》、《哀公》、《尧问》六篇降附于末，似有特识。《宥坐》以下五篇，文义肤浅。《大略》篇虽间有精语，然皆断片。故此六篇宜认为汉儒所杂录，非《荀子》之旧。其余二十六篇，有无窜乱或缺损，则尚待细勘也。

荀子学术梗概及书中最重要之诸篇

荀子与孟子，为儒家两大师，虽谓儒家学派得二子然后成立，亦不为过。然荀子之学，自有其门庭堂奥，不特与孟子异撰，且其学有并非孔子所能赅者。今举其要点如下：

第一，荀子之最大特色，在其性恶论。性恶论之旨趣，在不认为人类为天赋本能所支配，而极尊重后起的人为，故其教曰“化性起伪”。伪字从人从为，即人为之义。

第二，惟其如是，故深信学问万能。其教曰“习”、曰“积”，谓习与积之结果能使人尽变其旧。前后若两人，若为向上的习积，则“积善成

德而圣心备”，是即全人格之实现也。后世有提倡“一超直入”之法门者，与“积”之义相反，最为荀子所不取。

第三，学问如何然后能得，荀子以为全视其所受教育何如。故主张“隆师”，而与孟子“虽无文王犹兴”之说异。

第四，名师或不获亲接，则求诸古籍，故荀子以传经为业。汉代诸经传受，几无一不自彼出（说详汪客甫《荀卿子通论》），而其守师法皆极严。

第五，既重习而不重性，则不问遗传而专问环境。环境之改善，荀子以为其工具在“文理”——文物与条理。文理之结晶体谓之“礼”，故其言政治、言教育皆以礼为中心。

第六，“礼，时为大”，故主张法后王而不贵复古。

第七，“礼”之表现在其名物度数。荀子既尊礼学，故常教人对于心物两界之现象，为极严正、极绵密之客观的考察，其结果与近世所谓科学精神颇相近。

以吾所见荀子学术之全体大用，大略如是。盖厘然成为一系统的组织，而示学者以可寻之轨也。今将全书各篇重要之内容论次如下（次第依今本）：

《劝学篇》上半篇（自“学不可以已”起至“安有不闻者乎”止）采入《大戴礼记》，大旨言性非本善，待学而后善。其要点在力言“假于物”之义、“渐积”之义，以明教育效能。其下半篇则杂论求学及应问方法。

《修身篇》教人以矫正本性之方法，结论归于隆礼而尊师。

《不苟篇》教人审度事理，为适宜之因应。

《荣辱篇》论荣辱皆由人所自取，中多阐发性恶语。

《非相篇》篇首一段，辟相术之迷信，编录者因取以为篇名。内中有“法后王”一段，实荀卿学说特色之一。篇末论“谈说之术”两段亦甚要。

《非十二子篇》本篇批评当时各家学派之错误，并针砭学风之阙失。内中所述各派，实为古代学术史之重要史料。

《仲尼篇》本篇多杂论，无甚精采。

《儒效篇》大旨为儒术辩护。内中有“隆性隆积”一段，为性恶论之要语。

《王制篇》以下五篇皆荀子政治论。本篇论社会原理有极精语。

《富国篇》本篇论生计原理，全部皆极精。末两段言“非攻”及外交术，文义与全篇不甚相属。

《王霸篇》本篇言政术，多对当时立言。

《君道篇》本篇论“人治”与“法治”之得失，有精语。

《臣道篇》、《致仕篇》此两篇无甚精采。

《议兵篇》、《强国篇》此两篇承认当时社会上最流行之国家主义，而去其太甚。

《天论篇》本篇批驳先天前定之说，主张以人力征服天行，是荀子哲学中极有力量的一部分。

《正论篇》本篇杂取世俗之论，批评而矫正之。全篇不甚有系统，惟末两段批评宋，最为可贵。因宋学说不多见，得此可知其概也。

《礼论篇》礼学为荀子所最重，本篇自为书中重要之篇。惟细绎全文，似是凑集而成。其第一段论礼之起原最精要。“礼有三本”以下，《大戴礼记》采录为《礼三本篇》。“三年之丧何也”以下，《小戴礼记》采录为《三年问篇》。

《乐论篇》本篇一部分采入《小戴礼记·乐记篇》，其论音乐原理及音乐与人生之关系最精。但《乐记》所说，尤为详尽。未知是编《小戴》者将本篇补充耶？抑传抄本篇者有遗阙耶？

《解蔽篇》本篇为荀子心理学。其言精深而肃括，最当精读，且应用之于修养。

《正名篇》本篇为荀子之逻辑学。条理绵密，读之益人神智。（宜与《春秋繁露·深察名号篇》同读。）

《性恶篇》本篇为荀子哲学之出发点，最当精读。

《成相篇》、《赋篇》此二篇为荀子的美文，本不在本书之内，略浏览知文体之一种可耳。

《君子篇》、《大略篇》、《宥坐篇》、《子道篇》、《法行篇》、《哀公篇》、《尧问篇》此七篇疑非荀子著作，不读亦可。

读《荀子》法

读《荀子》有两种目的：第一，为修养应用。第二，为学术的研究。

为修养应用起见，读《荀子》最能唤起吾辈之自治力，常检束自己，不至松弛堕落。又资质稍驽下之人，读之得“人定胜天”的信仰，能增加其勇气。又其理论之剖析刻入处，读之能令思虑缜密遇事能断。是故读《孟子》之益处在发扬志气，读《荀子》之益处在锻炼心能，二者不可偏废。为此种目的而读《荀子》，宜将心赏之格言，分类摘抄。——如有益于修身者，有益于应事者，有益于治学方法者——常常熟讽牢记，随时参证于已身，庶几《荀子》所谓“博学而日参己，则知明而行无过矣”。

为学术的研究起见，其目的在求了解荀子学术之全系统及其在学术史上之位置。此种读法，宜特别注重数篇——最初读《劝学篇》，观其大概；次读《性恶篇》，观其思想根核所在；次读《解蔽》、《正名》、《天论》三篇，观其所衍之条理；次读《礼论》、《乐论》两篇，观其应用于社会所操之工具如何；次读《正论篇》、《非十二子篇》，观其对于异派之攻难及辩护，如是则可以了解荀子之哲学及其教育；次读《富国》、《君道》、《王制》三篇，则可以了解荀子之政治学及其政术；更次则《荣辱》、《非相》两篇。间有极精之语，但不名一类，宜撷取为补助。以上诸篇，极须精读，余篇涉览足矣。

凡欲彻底了解一家学说，最好标举若干问题为纲领，将全书中关涉此问题之语句，悉数抄录，比较钩稽以求其真意之所存。例如《荀子》之所谓性伪，所谓积，所谓习与化，所谓名，所谓礼，所谓蔽等等，皆其主要问题也。各篇皆有论及，类抄而比观之，始能得其全豹。

凡立言总带有几分时代彩色，故孟子贵“知人论世”。荀子生今二千余年前，其言有专为当时之社会而发者，自当分别观之，不可盲从以责效于今日。但亦不可以今日眼光绳之，遂抹杀其在当日之价值也。至于其学说之含有永久性者——即并非对于时代问题而发言者，则无论何时，皆可以咨其严刻之评骘也。

《荀子》书多古训，其语法亦多与近代文不同，且脱误之字颇不少，故有时非借注释不能了解。旧注惟唐杨倞一家，前清乾嘉以降，校释者复数家。最先者为谢墉、卢文弨合校本，浙刻《二十二子》所采是也。次则郝懿行之《荀子补注》、王念孙之《读荀子杂志》、俞樾之《荀子平议》。自有此诸书，而《荀子》始可读矣。近人王先谦裒诸家所释，间下己意，为《荀子集解》。现行《荀子》注释书，无出其右，读者宜置一本也。

第四节

《韩非子》

韩非行历

有数十万言著作之一学者而其生平事迹在作品中几一无可考，如韩非者，可谓大奇。吾辈欲研究韩非为人，乃不能不仅以《史记·老子韩非列传》区区之资料自甘。传云：“韩非者，韩之诸公子也。喜刑名法术之学，而其归本于黄老……善著书。与李斯俱事荀卿，李斯自以为不如。非见韩之削弱，数以书干韩王，韩王不能用。于是……作《孤愤》、《五蠹》、《内外储》、《说林》、《说难》十余万言。人或传其书至秦，秦王见《孤愤》、《五蠹》之书，曰：‘嗟乎！寡人得见此人与游，死不恨矣！’李斯曰：‘此韩非之所著书也。’秦因急攻韩。韩始不用非，及急，乃遣非使秦。秦王悦之，未信用。李斯、姚贾害之。秦王……下吏治非。李斯使人遗非药，使自杀……”案：《秦本纪》、《六国表》，非之使秦，在始皇十四年（《韩世家》言在安王五年，则当为始皇十三年，当以纪表为是），其被害当在此一两年间，则非之卒盖当西纪前二三三年或二三二年，生年则无可考矣。其著书盖在使秦以前。司马迁《报任安书》有“韩非囚秦，《说难》、《孤愤》”语，与本传矛盾，恐不足信。计非自下吏至自杀为时必甚暂，岂有余裕成此巨著耶？（迁书所云“文王幽而演《周易》；仲尼厄而作《春秋》；屈原放逐，乃赋《离骚》；左丘失明，厥有《国语》；孙子膑脚，《兵法》修列；不韦迁蜀，世传《吕览》；韩非囚秦，《说难》、《孤愤》。《诗》三百篇，大抵圣贤发愤之所为作也。”除左丘、孙膑事未有明确反证外，其余六事几无一不与事实相违，且反证即大半可从《史记》中觅出，亦一奇也。因论韩非辄附及之。）吾侪在本书中虽不能多得韩非事迹，然其性格则可想见。彼盖一极倔强之人，确守其所信而不肯自枉以薪合于流俗。彼固预知其不能免于世祸，然终亦不求自免，其遇可哀，而其志可敬也。

《韩非子》书中疑伪之诸篇

《汉书·艺文志》：“《韩子》五十五篇。”《隋书·经籍志》：“《韩子》二十卷。”今本篇数、卷数并同，故学者率以为今本即汉、隋两志原本，且谓全书皆韩非手撰。然隋唐间类书所引《韩子》佚文不下百余条（看王先慎《韩非子集解》卷首），则今本之非其旧可知。诸篇中亦有可确证或推定其非出非手著者。如：

《初见秦篇》。此篇为张仪说秦惠王之词，明见于《战国策》。吴师道、顾广圻辈乃据本书而指《国策》为误，可谓无识。篇中言“天下阴燕阳魏，连荆固齐，收韩而成纵，将西面以与秦为难”，此明是苏秦合纵时形势。若至韩非时，他国且勿论，如彼韩者，则《存韩篇》明云“韩事秦三十余年……入贡职与郡县无异”，岂复有“与秦为难”之勇气耶？

《存韩篇》。此篇前半，当是非使秦时所上书。惟后半自“诏以韩客之所上书书言韩之未可举，下臣斯”以下，备载李斯驳论及秦韩交涉事迹，明是当时秦史官或李斯徒党所记录，决非出非手。

《有度篇》。言“荆、齐、燕、魏今皆亡国”，明是秦始皇二十六年后人语，距非之死逾十年矣。

以上三篇，皆从文句上得有反证，可决其不出非手。既有三篇不可信，则余篇亦岂遽能尽信？大抵汉初搜罗遗书，以多为贵，“买菜求添”，恒所不免，而传抄纂录者又非皆有鉴别之识，故所传诸子书不被窜乱者盖鲜，不独《韩非》为然矣。

太史公述《韩非》书，标举《孤愤》、《五蠹》、《内外储》、《说林》、《说难》为代表，则此诸篇当为最可信之作品（最少亦太史公认为最可信）。吾侪试以此诸篇为基础，从文体上及根本思想上研究，以衡量余篇。则其孰为近真，孰为疑伪，亦有可言者。以文体论，《孤愤》、《五蠹》等篇之文，皆紧峭深刻，廉劲而锐达，无一枝辞。反之若《主道》、《有度》、《二柄》、《扬权》、《八奸》、《十过》等篇，颇有肤廓语。《主道》、《扬权》多用韵（《孤愤》等篇绝无此体），文体酷肖《淮南子》。《二柄》、《八奸》、《十过》等，颇类《管子》中之一部分（《管子》多属战国秦汉间作品，别详彼书解题）。《忠孝》、《人主》、《饬令》、《心度》、《制分》诸篇亦然。以根本思想论，太史公谓"韩子引绳墨切事情明是非"，盖韩非为最严正的法治主义者，为最综核的名学家，与当时似是而非的法家言——如主张用术、主张用势等——皆有别。书中余篇（如前所列各篇多半是）或多摭拾法家常谈，而本意与《孤愤》、《五蠹》等篇不无相戾。此是否出一人手，不能无疑。

要之今本《韩非子》五十五篇，除首两篇外，谓全部为法家言渊海则可。谓全部皆韩非作，尚待商量。但吾侪当未能得有绝对反证以前，亦不敢武断某篇之必为伪，姑提出一二标准，备自己及同志者之赓续研究耳。

《韩非子》中最重要之诸篇

欲知韩非学说之真际，宜先读以下各篇：

《五蠹篇》。从社会起原及社会组织古今变迁之实况说起，以证明法治主义之合理，颇肖唯物史观派口吻。

《显学篇》。对于当时儒、墨两大派作正面攻击，使法家言成立。（此篇尤以攻击儒家为最烈，别有《问田篇》与墨家巨子田鸠辩难。）

《定法篇》。当时法家共宗商鞅、申不害，此篇批评其不彻底之点，以成韩子之“新法家学说”。

《难势篇》。专驳慎到之势治主义，慎到盖由道家过渡到法家之一派也。

《问辩篇》。攻击惠施、公孙龙一派之名家言，谓其诡辩而无功用。

《孤愤篇》。此篇言纯正法家言与社会不相容之故，最能表示著者反抗时代的精神。

《说难篇》。从心理方面研究发言之方法及效率，渊渊入微。

次要诸篇

《六反篇》、《八说篇》、《八经篇》。此三篇皆反复证成己说，中多精语。

《内外储说》共六篇。此六篇体裁颇奇，每篇首一段名为“经”，标举所陈之义而证以实例。实例各以一句隐括为自，其下则为传（但无传名），详述其所引实例之始末。所引实例，含有小说的性质者较多。

《说林》上下篇。似是预备作《内外储说》之资料。

《难一》、《难二》、《难三》、《难四》四篇。专对于不合理的事实或学说而下批评，多精核语，后此王充《论衡》正学其体。

《解老篇》、《喻老篇》。专训释《老子》，盖韩非哲学根本思想“归于黄老”也。《解老篇》精语尤多，为治《老子》者首应读之书。

《难言篇》、《爱臣篇》、《饰邪篇》。盖非早年上韩王之书，多对于实事发言。

《韩非子》校释书及其读法

《韩非子》旧有尹知章注，见《唐书·艺文志》，久佚，今本注不知出谁氏。元何犿称旧有李瓒注，或即其人，其年代亦无考。此书间有艰深之文句，非注不解；且多讹舛，非校不明。今注芜浅，殊不足副读者之望。清儒卢文弨、顾广圻、王念孙、俞樾、孙诒让先后有所校释，而王先

慎采葺之作《韩非子集解》，现在释《韩非》之书无出其右矣。然卢、王诸家对是书用力，似不如他书之勤，故遗义尚不少。王先慎学识亦凡近，罕所发明，故此书之整理，尚有望于后起也。

韩非为先秦诸子之殿，亲受业荀卿，洞悉儒家症结；“其归本于黄老”，鹽道家之精；与田鸠游，通墨家之郮；又泛滥于申、商、施龙，而悉抉其籓。以自成一家言，以极致密深刻之头脑，生诸大师之后，审处而断制之。其所成就之能大过人，则亦时代使然也。故其书与《老》、《墨》、《庄》、《孟》、《荀》同为不可不读之书，不必专门学者也，一般人皆然。

读《韩非子》，宜略依前列各篇之次第读之，先明其根本思想所在。《管子》、《商君书》等，多由韩非并时人或后人摭拾而成，可作本书附属品读。

欲知韩非思想之渊源，则胡适《中国哲学史大纲》及吾所著《先秦政治思想史》皆可参看，但切勿为其所囿。韩学研究，今尚幼稚，可辟之殖民地甚多也。

《韩非子》文章价值，唐宋以来文人多能言之。其文最长处在壁垒森严，能自立于不败之地以摧敌锋，非深于名学者不能几也，故在今日尤宜学之。《内外储说》等篇，在“纯文学上”亦有价值。

第五节

《左传》、《国语》

《左传》之来历

《左传》，举全称则《春秋左氏传》。《汉书·艺文志》：“《春秋古经》十二篇，《左氏传》三十卷。”原注云：“左丘明，鲁太史。”《左传》著录始此。《志》所录刘歆《七略》文云：“仲尼……以鲁……史官有法，故与左丘明观其史记……有所褒讳贬损，不可书见，口授弟子，弟子退而异言。丘明恐弟子各安其意，以失其真，故论本事而作传，明夫子不以空言说经也。”前乎此者，则《史记·十二诸侯年表》云：“孔子……西观周室，论史记旧闻，兴于鲁而次《春秋》……七十子之徒，口受其传指，为有所刺讥褒讳挹损之文辞，不可以书见也。鲁君子左丘明，惧弟子人人异端，各安其意失其真，故因孔子史记，具论其语，成《左氏春秋》。”据此，则《左传》为注释孔子之《春秋》而作，与《春秋》同时先后成书，似甚明。

虽然，考汉代对于《左传》传习经过之事实，则不能无疑。盖西汉一代经师，似未尝以此书为与《春秋经》有何等关系，起而张之者实自刘歆始。《汉书·歆传》云：“歆校中秘书，见古文《春秋左氏传》，大好之……初，《左氏传》多古字古言，学者传训故而已。及歆治《左氏》，引传文以解经，转相发明……歆以为左丘明好恶与圣人同，亲见夫子，而公羊、谷梁在七十子后，传闻之与亲见之，其详略不同……及歆亲近，欲建立《左氏春秋》及《毛诗》、《逸礼》、《古文尚书》，皆列于学官……诸博士或不肯置对，歆因移书太常博士，责让之曰：'……《春秋左氏》，丘明所修……藏于秘府，伏而未发……缀学之士，不思废绝之阙……信口说而背传记，是末师而非往古……犹欲抱残守缺，挟恐见破之私意，而无从善服义之公心……以《尚书》为备，谓《左氏》为不传《春秋》，岂不哀哉……'其言甚切，诸儒皆怨恨。是时名儒光禄大夫龚胜，以歆移书，上书深自罪责，愿乞骸骨罢。及儒者师丹为大司空，亦大怒，奏歆改乱旧章……"据本传所记，吾侪可以得下列各项事实：(一)《左传》"藏于秘府"，外人罕得见，歆校中秘书乃见之。(二)"引传文以解经"自歆始，前此无有。(三)诸博士皆谓"《左氏》为不传《春秋》"。(四)歆以全力争立此书于学官，至于激动公愤。

《左氏》不传《春秋》

既有此类事实，吾辈对于《左传》，当然不能不引起怀疑。第一，《左传》全书真伪问题。第二，《左传》对于《春秋》有无关系之问题。第一问题极易解决，因书中皆记春秋时代实事，断非后人所能全部捏造。且《史记》征引其文甚多，司马迁已见其书，可见非西汉末年始有。故今所当讨论者，惟在第二问题。

对于此问题之解答，吾辈盖左袒汉博士"《左氏》不传《春秋》"之说。案：《左氏》释经之文，有不可解者四端：

一、无经之传。例如隐五年："曲沃庄伯伐翼……翼侯奔随。"经本无关于此事之文，何以有传？夫传以释经，既无经可谓传乎？

二、有经而不释经之传。凡传以释经义，非述其事也。例如隐五年："九月，初献六羽。"《公羊传》曰："何以书，讥始僭诸公也。"是释其义也。《左传》但述羽数，此与经同述一义耳，岂似传体。

三、释不书于经之传。例如隐元年："五月，费伯帅师城郎，不书，非公命也。”夫释经而释不书于经者，则传书者不当释黄帝何以无典，吴楚何以无风乎？

四、释经而显违经意之传。例如隐三年书：“尹氏卒。”《公羊传》云：“讥世卿。”为昭二十三年“尹氏立王子朝”张本也，此孔子反对贵族政体之大义，书中盖屡见。《左氏》改“尹”为“君”，谓为隐公之母，凡以避世卿之讥，袒庇王氏而已。

要之孔子之《春秋》，孟子所谓：“其事则齐桓、晋文，其文则史，其义则丘窃取之矣。”董生所谓：“文成数万，其指数千，万物聚散，皆在《春秋》。”盖每条皆必有所谓“义”、所谓“指”者存焉。若如《左氏》所释，则全书皆鲁史官之旧，而孔子仅得比于一抄胥，此何为者？故《左氏》自《左氏》，《春秋》自《春秋》，“引传解经”实刘歆作俑耳。

《左氏春秋》与《国语》

然则《左氏》原书当何如？《史记·太史公自序》云：“左丘失明，厥有《国语》。”《五帝本纪》云：“余观《春秋》、《国语》。”似司马迁所见而据为资料者，只有一部《国语》。而《史记》各篇引今本《左传》文甚多，引今本《国语》文甚少。因此惹起一问题，司马迁所见《国语》，是否即为今本《国语》？《史记》所引《左传》诸文，是否包含在迁所见《国语》之中？质言之，则《左传》、《国语》是一是二之问题也。韦昭《国语解叙》云：“左丘明……复采录前世穆王以来，下讫鲁悼智伯之诛……以为《国语》。其文不主于经，故号曰外传。”此东汉人之说，盖起自《左传》盛行之后。号曰“外传”，对《左氏》之为内传言也。然今本《国语》则大怪，论其年代，固以春秋为中坚，与《春秋》一书时代略相函，然其中述隐元年至哀十四年二百四十年间事反极少，将极主要之部分概从阙略。再反观今本《左传》亦大怪，既云释《春秋》，自当以隐元年至哀十四年为起讫之大限，乃发端记“惠公元妃孟子……”事已在隐前，犹可曰为隐公摄位直接张本，不得不追述也。至如桓二年“晋穆侯夫人姜氏以条之役生太子……”一篇，所记事远在春秋前数十年，经中亦绝无关于此事之文。释经而缕缕道此，果何为者？全书最末一篇，记悼四年智伯之灭，又远在获麟后数十年，与孔子的《春秋》有何关系？释经而缕缕道此，又何为者？是故今本《国语》与今本《左传》，若析而为二，则两书皆可谓自乱其例，不足以列于著作之林；若合而为一，则西周末、东周初三百余年间一良史也，其书则本名《国语》，或亦称《左氏春秋》。“左氏春秋”者，犹《晏子春秋》、《吕氏春秋》纯为一独立之著述，与孔子之《春秋》绝无主从的关系也，其由“左氏春秋”而变成“春秋左氏传”，则自刘歆之引传解经始也。以上所推测若不谬，则所得结论为下列数项：

一、《国语》即《左氏春秋》，并非二书。

二、其书分国为纪，并非编年。

三、刘歆将鲁惠、隐间迄哀、悼间之一部分抽出，改为编年体，取以与孔子所作《春秋》年限相比附，谓之《春秋左氏传》。其余无可比附者，剔出，仍其旧名及旧体例，谓之《国语》。

四、凡今本《左传》释经之文，皆非原书所有，皆刘歆“引传释经”之结果。内中有“君子曰”云云者亦同。

五、其余全书中经刘歆窜入者当不少。

关于考证《左传》真伪之参考书：

刘逢禄《左传春秋考证》。

康有为《新学伪经考》，关于《左传》之部。

崔适《史记探原》，关于《左传》之部。

《左传》、《国语》之著作者年代及其史的价值

考证至此，则此书之著作者及其年代，将皆成问题。依《史记·十二诸侯年表》及《汉书·艺文志》，则著者姓左名丘明。志谓为孔子弟子，表谓为鲁之君子。然《太史公自序》云：“左丘失明，顾有《国

语》。”则其人名丘，非名丘明也。且既为孔子弟子，则《仲尼弟子列传》何故遗之？因此则《十二诸侯年表》有无经后人窜乱，且成问题（崔适直指为窜乱——说详《史记探原》卷四页二）。谓为“孔子弟子左丘明”者，作伪者因《论语》有“左丘明耻之，丘亦耻之”之语，因影射之谓“好恶与圣人同”耳。其书既“不传《春秋》”，则所谓“与孔子观史记”云云皆属虚构，而其人殆不名丘明。但此属小节且勿论，究竟左氏其人者何时人耶？《左传》、《国语》皆述晋灭智伯事，《国语》述越灭吴事，事皆在孔子卒后二十余年，则其成书最早亦后于孔子作《春秋》约三十年矣。尤足怪者，“腊”为秦节，“庶长”为秦爵，而此两名乃见于《左传》。且“庶长”者，商鞅所设之武功爵也，而作者道之。得毋其成书乃在商鞅相秦后耶？记陈敬仲事曰：“八世之后，莫之与京。”记季札适鲁听乐曰：“郑其先亡乎？”适晋，说赵文子、韩宣子、魏献子曰：“晋国其萃于三族乎？”《左氏》好语神怪，种种“浮夸”之词（用韩愈评语），本数见不鲜。然当敬仲初亡命于齐时，而决言其八世之后必篡齐；当郑七卿辑睦时，而决言其必先亡；当晋范中行全盛时，而决言其必萃于韩赵魏。预言吻合至此，宁复情理，以常识判之，则谓其书成于田氏伐齐、三家分晋、韩灭郑以后，殆不为过。故先辈或以《左传》为战国初期作品，上距孔子卒百年前后，吾颇信之。

上所指摘者，皆非关后人窜乱，实原书固有之瑕类也，浮夸如此，然则其所记述，尚有史的价值否耶？换言之，则吾辈应认此书为信史否耶？平心而论，历史间杂神话，良为古代任何民族之所不能免。《左传》在许多中外古史中，比较的已算简洁。所记之事，经作者剪裁润色，带几分文学的（寓言的）色彩者，固所在而有，然大部分盖本诸当时史官之实录。试将前半部与后半部比较，其文体不同之处，尚可以看出。知其所据原料，多属各时代旧文。故时代精神，能于字里行间到处表现也。要之《国语》、《左传》，实二千年前最可宝贵之史料，不容以小疵掩其大醇也。

读《左传》法之一

我国现存史籍，若以近世史的观念读之，固无一能尽如人意。但吾侪试思，西历纪元前四五百年之史部著作，全世界能有几何？《左传》一书，无论其原本为分国记载或编年记载，要之不失为一种有系统、有别裁的作品，在全人类历史学界为一先进者。故吾侪以世界的眼光观察，已认此书为有精读的必要。若专就本国文献论，则我族文化，实至春秋时代始渐成熟，其位置恰如个人之甫达成年。后此历史上各方面文物之演进，其渊源皆溯诸春秋。故吾以为欲断代的研究国史，当以春秋时代为出发点。若侈谈三代以前，则易为神话所乱，失史家严正态度。若仅注重秦汉以后，则中国国民性之根核，社会组织变迁之脉络等，将皆无从理解。故吾常谓治国史者，以清代史为最要，次则春秋战国。战国苦无良史（《战国策》文学臭味太浓，非严格的史），而春秋时代幸有一《左传》，吾侪宜如何珍惜而宝习也？

《左传》一书，内容极丰富，极复杂，作史料读之，可谓最有价值而且有趣味。在文献学上任何方面，皆可以于本书中得若干资料以为研究基础。盖此书性质虽属政治史，然对于社会情状，常能为摄影的记述。试以《资治通鉴》比之，当感《通鉴》纯为政治的，而《左传》实兼为社会的也。所以能如此者，固由《左氏》史识特高，抑亦历史本身使然。其一，春秋时代，各地方皆在较狭的区域内分化发展，政治上乃至文化上并无超越的中心点，故其史体与后来之专以京师政局作主脑者有异。其二，彼时代之社会组织，纯为阶级的。一切文化，皆贵族阶级之产物。贵族阶级，虽非多数的，然究竟已为复数的，故其史体与后来之专为皇帝一人作起居注者有异。《左传》所叙述之对象——史的实质如此，此其所以在古史中能有其特殊之价值也。

古今治《左传》者多矣。以研究方法论，吾以为莫良于顾栋高之《春秋大事表》。彼书盖先定出若干门类为自己研究范围，然后将全部书

拆散，撷取各部分资料以供自己驾驭。记曰："属辞比事，《春秋》之教。"顾书真能善属而善比者。吾以为凡读史皆当用此法，不独《左传》也。但吾对于此书稍觉不满者有三端：第一，嫌其体裁专限于表。用表法诚极善，顾书各表，惨淡经营，令人心折者诚极多。但仍有许多资料非用表的形式所能整理者，顾氏以"表"名其书，自不容不以能表者为限。吾侪赓续研治，则须广其意以尽其用也。第二，嫌其所表偏于政治。《左传》本属政治史，多表政治，固所当然。然政治以外之事项，可表者正自不少，是宜有以补之。第三，嫌其多表释经语。"《左氏》不传《春秋》"，为吾侪所确信。今对于刘歆引传释经之语，研究其义例，非惟枉费精力，抑亦使《春秋》之旨愈荒也。此三端吾以为对于顾著宜修正或增益者。但其方法则吾无间然，愿学者循其矩而神而明之也。

马骕《左传事纬》、高士奇《左传记事本末》，皆仿袁枢治《通鉴》之例，以一事之起讫编年，此亦读《左氏》之一法。惟其所分之事，或失诸细碎，而大者反割裂遗漏。学者如能用其法，而以己之律令断制之，所得或较多也。

吾侪今日治《左传》，最好以社会学者的眼光治之，不斤斤于一国一事件之兴亡得失，而多注意于当时全社会共同现象。例如，当时贵族阶级如何受教育法，所受者为何种教育；当时贵族政治之合议组织如何；其政权授受程序如何；当时地方行政状况如何；当时国际交涉之法例如何；当时财产所有权及其承袭与后来之异同奚若；当时婚姻制度与后来之异同奚若；当时人对于自然界灾变作何等观念；当时可称为宗教者有多少种类，其性质何如……如此之类，随时特拈出所欲研究之问题，通全书以搜索资料。资料略集，乃比次而论断之。所研究积数十题，则一时代之社会遗影，略可睹矣。

吾侪研究史料，往往有须于无文字中求之者。例如：（一）春秋时代是否已行用金属货币；（二）春秋时代是否有井田；（三）春秋时代是否用铁器；（四）春秋时代曾否有不行贵族政治之国家……诸如此类。留心研索，亦可以拈出若干题。若其可作反证之资料甚缺乏乃至绝无，则否定之断案，或遂可成立，此亦治古史之一妙用也。

以上所述，皆史学家应采之通法。无论读何史皆可用之，不独《左传》。但《左传》既为最古之史，且内容甚丰，取材较易，先从彼着手，最可引起趣味也。

读《左传》法之二

《左传》自宋以来，列于五经，形成国民常识之一部，故虽非专门史学家亦当一读。其中嘉言懿行，有益修养及应世之务者不少，宜谙记或抄录之。

《左传》文章优美，其记事文对于极复杂之事项——如五大战役等，纲领提挈得极严谨而分明，情节叙述得极委曲而简洁，可谓极技术之能事。其记言文渊懿美茂，而生气勃勃，后此亦殆未有其比。又其文虽时代甚古，然无佶屈聱牙之病，颇易诵习。故专以学文为目的，《左传》亦应在精读之列也。

第六节

《诗经》

《诗经》之年代

《诗经》为古籍中最纯粹可信之书，绝不发生真伪问题，故但考其年代已足。

孟子云："王者之迹熄而诗亡，诗亡然后《春秋》作。"未述《诗》之起原而惟概指其终局，似论三百篇皆春秋前作品也。今案：各篇年代最古而有征者为《商颂》五篇。《国语》云："正考父校商之名颂十二篇于周大师，以《那》为首。"郑司农云："自考父至孔子，又亡其七篇。"后世说《诗》者或以今《商颂》为考父作，此误读《国语》耳。此五篇乃至十二篇者，殆商代郊祀乐章，春秋时宋国沿用之，故得传于后。犹汉魏郊祀乐府，至今虽失其调而犹存其文也。其次则《豳风》之《七月》一篇，后世注家谓周公述后稷、公刘之德而作，然羌无实据。玩诗语似应为周人自豳迁岐以前之民间作品。且篇首"七月流火，九月授衣"云云，所用为夏正，故亦可推定为夏时代作品。果尔，则三百篇中此为最古，且现存一切文学作品中亦此为最古矣。其最晚者如《秦风》之"我送舅氏，曰至渭阳"，相传为秦襄公送晋文公之诗。如《陈风》之"胡为乎株林，从夏南"，相传为刺陈灵公暱夏姬之诗。果尔，则为春秋中叶作品。然尽人皆可有舅，不必秦康；夏南为夏姬虽极近似，亦无以证其必然。故《诗》讫何年，实难论定。惟《鲁颂·宫》篇“周公之孙，庄公之子”，其为鲁僖公时作品更无可疑。则三百篇中不乏春秋时作品，盖可推断。然《国风》有邶、鄘、唐、魏，皆春秋前旧国，二雅有多篇可考定为周厉宣时事。则假定全书诸篇以西周末、东周初——约西纪前九百年至七百年——时人所作为中坚，其间最古之若干篇，约距今三千四五百年前。最晚之若干篇，约距今二千六七百年前。虽不中不甚远矣。

然则何故惟彼时代独有诗——或诗独盛耶？其一，社会文化渐臻成熟之后，始能有优美的文艺作品出现。“周监二代，郁郁乎文。”中国社会脱离僿野状态，实自周始。周初犹属启蒙时代，故可传之作品尚少。至东迁前后，人文益进，名作乃渐多。又，诗本为表情之具。周初社会静谧，冲动情感之资料较少。东迁前后，乱离呻吟，不期而全社会强烈之感情被蒸发焉，此或亦多诗之一因也。其二，问者曰，若尔则春秋中叶以后诗宜更多，曷为反少？此问题复可作两种解答：一、文体本逐时代而变迁。此类之诗，盛行已数百年，或春秋中叶以后，渐为社会所厌倦，不复有名作。二、“轩采诗”之制度，传记屡言，吾侪应认为事实的存在。三百篇之辑集成书，殆由于此。此事本为周代美政之一，由王室行之。春秋以降，王室式微，斯典乃废。虽有歌什，莫为撷纂，遂至沦逸，孟子所谓“王迹熄而诗亡”也。

孔子删《诗》说不足信

《史记·孔子世家》云：“古者诗三千余篇，及至孔子，去其重，取可施于礼义，上采契、后稷，中述殷、周之盛，至幽、厉之缺，三百五篇。”此说若确，则今本《诗经》，实为孔子所手选，如徐孝穆之选《玉台新咏》、王介甫之选《唐百家诗》。然汉唐学者多不信此说，孔颖达云：“书传所引之诗，见在者多，亡逸者少。则孔子所录，不容十分去九，迁言未可信也。”谨案：《论语》云：“诗三百一言以蔽之……”又云：“诵诗三百授之以政不达……”此皆孔子之言，而述诗篇数，辄举三百，可见孔子素所诵习即止此数，而非其所自删明矣。《左传》记吴季札适鲁观乐，事在孔子前，而所歌之风，无出今十五国外者，益可为三百篇非定自孔子之明证。且孔子如删诗也，则以何为标准耶？如后人所谓“贞淫”耶？郑、卫言情之作具在，未尝删也。且如逸诗之见于传记者，如《论语》之“唐棣之华，偏其反而。岂不尔思，室是远而。”如《左传》之“虽有丝麻，无弃菅蒯。虽有姬姜，无弃憔悴。”“思我王度，式如玉，式如金。形发之力，而无醉饱之心。”凡此之类，何字何句悖于“礼义”而孔子乃删之哉？是故以吾侪所信，则孔子决无删诗之事。今三百篇，是否曾经一度有意识的编纂，不可深考。藉曰有之，则编纂者或史官太师之属，不能确指为谁。要之春秋时士大夫所同讽诵者即此三百余篇，纵有佚亡，亦不过百之一二，此则按诸故实而略可断言者也。

然则孔子于《诗经》未尝有所致力耶？曰：有之。《论语》述孔子言曰：“吾自卫反鲁，然后乐正，雅颂各得其所。”《孔子世家》曰：“诗三百篇，孔子皆弦而歌之，以求合韶武雅颂之音。”《庄子》曰“孔子诵诗三百，歌诗三百，弦诗三百，舞诗三百。”窃意前此之诗不皆能入乐，或入乐而沦紊其谱。孔子最嗜音乐，最通音乐，故反鲁之后，以乐理诏鲁太师，又取三百篇之谱阙者补之，舛者订之，故云乐正而雅颂得所，故云弦歌以求合韶武，是故雅颂之文犹昔也。失所得所，则弦之歌之舞之而始见，孔子正乐即正诗也。故乐无经，以诗为经，“雅言诗书执礼”而无乐，乐在诗中，不可分也。诗乐合体，其或自孔子始也（看魏源《古诗微》上编之《三夫子正乐论》）。

《诗序》之伪妄

《诗经》之传授，在汉初则有鲁、齐、韩三家立于学官，而古文《毛氏传》晚出。东汉以后，毛独行而三家废。今官书题此书为“毛诗”，而村学究且有呼为“毛经”者，可叹，亦可笑也。《毛传》真伪久成问题，吾于他书论今古文公案者已屡及之，今不再赘。而其伪中出伪，贻误后学

最甚者，尤莫如所谓“诗序”。《诗序》今附《毛传》以行，每篇之首，序说所以作此诗之意或并及作诗之人。首篇《关雎》之序特长，盖千数百言，总论全书旨趣，谓之大序。自余各篇，短者不及十言。较长者数十言，谓之小序。夫读诗者恒欲知作诗之人与作诗之旨，此人情也。而诗三百篇一一求其人与其旨以实之，殆不可能，故孟子贵“以意逆志”；《左传》称“断章取义”；申公之授《鲁诗》，“无传疑，疑者盖阙不传”；韩婴作《韩诗外传》；刘向作《新序》，皆实行逆志断章之教。西汉以前之说诗者类皆如此。今所谓《诗序》者，乃逐篇一一取其人与其旨凿言之若有所受焉。此所以为学者所共乐习，二千年奉为鸿宝以迄于兹也。

《诗序》谁所作耶？《后汉书·儒林传》述其来历甚明，传云：“谢曼卿善《毛诗》，乃为其训。卫宏从曼卿受学，因作《毛诗序》，善得风雅之旨，于今传于世。”则序为宏作，铁案如山，宁复有疑辩之余地？乃隋唐以后之传说则大可异，或云序之首句为大毛公作，次句以下为小毛公作；或云大序是子夏作，小序是子夏毛公合作。（《隋书·经籍志》称序为子夏所创，毛公及卫敬仲更加润益。）尤可骇者，宋程颐以大序为孔子所作，小序为当时国史所作。以《史记》、《汉书》从未齿及之诗序范蔚宗时“传于世”共知出卫宏手者，乃辗转攀引嫁名及于孔子、子夏，而千余年共认为神圣不可侵犯之宝典，真不可思议之怪象矣。

《诗》非必皆无作者主名，然断不能谓篇篇皆可得作者主名。《诗》非必皆无本事，然断不能谓篇篇皆有本事。以三百篇论，则无主名无本事者其数必远过于有主名有本事者，又至易见也。鲁、齐、韩三家书虽亡，其佚说时时见于他籍。间有述各篇之主名或年代或本事，则其义率较所谓《毛诗序》者为长。（如以《关雎》为康王时诗，以《采薇》为懿王时诗，以驺虞为主鸟兽之官，以《宾之初筵》为卫武公饮酒悔过作之类，盖有所受之也。）《毛诗》家所谓大毛公、小毛公者是否有其人，本已属问题。藉曰有之，然质诸刘歆、班固，亦未言二毛有作序之事。而卫宏生东汉之初，果何所受而能知申公、辕固、韩婴所不知，或另树一说以与为难者？

故但考明诗序之来历，则其书之无价值，本已不待辩。若细按其内容，则捧腹喷饭之资料更不可一二数。例如《郑风》，见有“仲”字则曰祭仲，见有“叔”字，则曰其共叔段，余则连篇累牍皆曰“刺忽”、“刺忽”。郑立国数百年，岂其于仲段忽外遂无他人？而诗人讴歌，岂其于美刺仲段忽外遂无他情感？凿空武断，可笑一至此极。其余诸篇，大率此类也。故欲治《诗经》者非先将《毛序》拉杂摧烧之，其蔀障不知所极矣。（看崔述《读风偶识》卷一《通论诗序》、卷二《通论十三国风》。）

《朱熹集传》，亦每篇述作诗之旨而颇纠正卫序，较洁净矣。而又别有其凿空武断之途，故学者宜并举而廓清之。

南、风、雅、颂释名

“四诗”之说，见于《孔子世家》。其说是否为后人附益，尚难断定。若古有此说，则甚易解。盖三百篇本以类从，分为四体，曰南、曰风、曰雅、曰颂。自《毛诗序》不得“南”之解，将周、召二南侪于邶、鄘以下之诸风，名为“十五国风”，于是四诗余其三，而析小、大雅为二以足之，诗体紊矣。今分释其名如下：

一、**释南**。《诗·鼓钟》篇：“以雅以南”。“南”与“雅”对举，雅既为诗之一体，则南亦必为诗之一体甚明。《礼记·文王世子》之“胥鼓南”、《左传》之“象箾南籥”，皆指此也。此体诗何以名之为“南”，无从臆断。毛氏于《鼓钟》传云：“南夷之乐曰南。”《周礼》旄人郑注、公羊昭二十五年何注皆云：“南方之乐曰任。”“南”、“任”同音，当本一字，乃至后此汉魏乐府所谓“盐”、所谓“艳”者（河鹊盐、归国盐、突厥盐、黄帝盐、疏勒盐、三妇艳），亦即此字所变术，盖未可知。但《毛诗序》必谓《鼓钟》之“南”非二南之“南”，其释二南则谓：“南，言王化自北而南。”则望文生义，极可笑，此如某帖括家选古诗解《昔昔盐》为食盐矣。窃意“南”为当时一种音乐之名，其节奏盖自为一体，与雅颂等不同。据《仪礼·乡饮酒礼》、《燕礼》皆于工歌间歌笙奏之后，终以合乐。

合乐所歌为《周南》之《关雎》、《葛覃》、《卷耳》,《召南》之《鹊巢》、《采薇》、《采》。《论语》亦云:"《关雎》之乱,洋洋乎盈耳哉!""乱"者曲终所奏也。综合此种资料以推测,"南"似为一种合唱的音乐,于乐终时歌之。歌者不限于乐工,故曰"其乱,洋洋盈耳"矣。

二、**释风**。《毛诗序》释"风"字之义,谓:"上以风化下,下以风刺上。"亦是望文生义。窃疑"风"者"讽"也,为讽诵之讽字之本文。《汉书·艺文志》云:"不歌而诵谓之赋。""风"殆只能讽诵而不能歌者,故《仪礼》、《礼记》、《左传》中所歌之诗,惟风无有。《左传》述宴享时所及之风诗则皆赋也,正所谓不歌而诵也。(《左传》季札观乐篇,遍歌各国风,其文可疑,恐是孔子正乐以后之学者所记。详《左传》解题。)后此风能歌与否不可知。若能,恐在孔子正乐后也。

三、**释雅**。雅者,正也,殆周代最通行之乐,公认为正声,故谓之雅。《仪礼·乡饮酒》云:"工歌《鹿鸣》、《四牡》、《皇皇者华》,笙《南陔》、《白华》、《华黍》,乃间歌《鱼丽》,签《由庚》;歌《南有嘉鱼》,笙《崇丘》;歌《南山有台》,笙《由仪》……工告于乐正曰:'正乐备……'"(笙诗六篇,有声无辞,晋束皙谓其亡而补之,妄也。窃疑歌与笙同时合作,相依而节,如今西乐所谓"伴奏"。例如歌《鱼丽》时,即笙《由庚》以为伴。《由庚》但有音符之谱,而无辞可歌,其音节则与所歌《鱼丽》相应也。《南陔》之与《鹿鸣》、《白华》之与《四牡》、《华黍》之与《皇皇者华》、《崇丘》之与《南有嘉鱼》、《由仪》之与《南山有台》并同。)凡小雅、大雅之诗皆用此体,故谓之正乐,谓之雅。

四、释颂。后人多以颂美之义释颂,窃疑不然。《汉书·儒林传》云:"鲁徐生善为颂。"苏林注云:"颂貌威仪。"颜师古注云:"颂读与容同。"颂字从页,页即人面,故容貌实颂字之本义也。然则《周颂》、《商颂》等诗何故名为颂耶?南、雅皆唯歌,颂则歌而兼舞。《周官》:"奏无射,歌夹钟,舞大武。"《礼记》:"朱干玉戚冕而舞大武。"《大武》为《周颂》中主要之篇,而其用在舞,舞则舞容最重矣,故取所重名此类诗曰颂。《乐记》云："夫武，始而北出，再成而灭商，三成而南，四成而南国是疆，五成而分，周公左，召公右，六成复缀以崇天子。夹振之而四伐，盛威于中国也。分夹而进，事蚤济也。久立于缀，以待诸侯之至也。"（今本《周颂》惟"于皇武王"一章下句标题为"武"。然据《左传》宣十二年，楚庄王云："武王克商，作《武》，其卒章曰'耆定尔功'。其三曰：'敷时绎思，我徂维求定。'其六曰：'绥万邦，屡丰年。'……"今本惟"耆定尔功"在《武》之章。"敷时绎思"云云，其章名曰《赉》，"绥万邦"云云，其章名曰《桓》，而春秋时人乃并指为《武》之一部，且确数其篇次，可见今本分章非古，而《大武》之诗不止一章矣。）观此则《大武》舞容何若，尚可仿佛想见。三颂之诗，皆重舞节，此其所以与雅、南之唯歌者有异，与风之不歌而诵者更异也。（略以后世之体比附之，则《风》为民谣，《南》、《雅》为乐府歌辞，《颂》则剧本也。）

上"四诗"之分析解释，前人多未道及，吾亦未敢遽自信，姑悬一说以待来者。

读《诗》法之一

诗三百篇，为我国最古而最优美之文学作品。其中颂之一类，盖出专门文学家、音乐家所制，最为典重斋皇。雅之一类，亦似有一部分出专门家之手。南与风则纯粹的平民文学也。前后数百年间各地方、各种阶级、各种职业之人，男女两性之作品皆有。所写情感对于国家社会、对于家庭、对于朋友个人相互交际、对于男女两性间之怨慕等等，莫不有其代表之作。

其表现情感之法，有极缠绵而极蕴藉者；例如："君子于役，不知其期，曷至哉？鸡栖于埘。君子于役，如之何勿思！"如："陟彼岵兮，瞻望父兮。父曰：'嗟，予子行役，夙夜无寐。上慎旃哉，犹来无止。'"如："习习谷风，以阴以雨。黾勉同心，不宜有怒。采葑采菲，无以下体。德音莫违，及尔同死。"有极委婉而实极决绝者；例如："泛彼柏舟，在彼

中河。髧彼两髦，实维我仪。之死矢靡他，母也天只，不谅人只。”有极沉痛而一发务使尽者；例如：“蓼蓼者莪，匪莪伊蒿。哀哀父母，生我劬劳。”如：“苕之华，其叶青青。知我如此，不如无生。”有于无字句处写其深痛或挚爱者；例如：“彼黍离离，彼稷之苗。行迈靡靡，中心摇摇。知我者谓我心忧，不知我者谓我何求。悠悠苍天，此何人哉？”如：“瞻彼日月，悠悠我思。道之云远，曷云能来？”有其辞繁而不杀以曲达菀结不可解之情者；例如：《谷风》、《载驰》、《鸱鸮》、《节南山》、《正月》、《十月之交》、《小弁》、《桑柔》诸篇（全文不录）。有极淡远而一往情深者；例如：“蒹葭苍苍，白露为霜。所谓伊人，在水一方，溯洄从之，道阻且长。溯游从之，宛在水中央。”有极旖旎而含情邈然者；例如：“春日载阳，有鸣苍庚。女执懿筐，遵彼微行，爰求柔桑。春日迟迟，采蘩祁祁。女心伤悲，殆及公子同归。”

凡此之类，各极表情文学之能事。（上所举例不过随感忆所及，随摭数章，令学者循此以注意耳，非谓表情佳什仅此，亦非谓表情法之种类仅此也。）故治《诗》者宜以全诗作文学品读，专从其抒写情感处注意而赏玩之，则《诗》之真价值乃见也。

孔子曰：“诗可以兴，可以观，可以群，可以怨。”孔子于文学与人生之关系看出最真切，故能有此言。古者以《诗》为教育主要之工具，其目的在使一般人养成美感有玩赏文学的能力，则人格不期而自进于高明。夫名诗仅讽诵涵泳焉，所得已多矣，况孔子举三百篇皆弦而歌之。合文学、音乐为一，以树社会教育之基础，其感化力之大云胡可量。子之武城，闻弦歌之声，子游对以“君子学道则爱人，小人学道则易使”，谓以诗教也，谓美感之能使社会向上也。吾侪学《诗》，亦学孔子之所学而已。

《诗》学之失，自伪《毛序》之言“美刺”始也。伪序以美刺释《诗》者十而八九，其中“刺时”、“刺其君”、“刺某人”云云者又居彼八九中之八九。夫感慨时政，僧嫉恶社会，虽不失为诗人情感之一，然岂舍此遂更无可抒之情感者？伪序乃悉举而纳之于刺。例如《邶风》之《雄

雉》,《王风》之《君子于役》，明为夫行役在外而妻念之之作，与时君何与？而一以为刺卫宣公，一以为刺周平王。《邶风》之《谷风》,《卫风》之《氓》，明是弃妇自写其哀怨，而一以为刺夫妇失道，一以为刺时。诸如此类，指不胜指。信如彼说，则三百篇之作者乃举如一黄蜂，终日以螫人为事，自身复有性情否耶？三百篇尽成“爰书”，所谓温柔敦厚者何在耶？又如男女相悦之诗十九释为刺淫，彼盖泥于孔子“思无邪”之言，以为“淫则邪，刺之则无邪”也。信如彼说，则构淫词以为刺，直“劝百讽一”耳。谓之无邪可乎？不知男女爱悦，亦情之正，岂必刺焉而始有合于无邪之旨也？是故自美刺之说行，而三百篇成为“司空城旦书”，其性灵之神圣没不曜者二千年于兹矣。学者速脱此梏，乃可与语于学《诗》也。

读《诗》法之二

前段所说，专就陶养情感一方面言。但古人学《诗》，尚有第二目的，在应用一方面。孔子曰：“不学《诗》，无以言。”又曰：“诵《诗》三百，授之以政，不达。使于四方，不能专对。虽多，亦奚以为。”学《诗》何故能言、能专对？授之以政何故能达耶？为政者不外熟察人情，批其窾郤，因而导之。而吾人所以御事应务，其本则在“多识前言往行以畜其德”。古人学《诗》，将以求此也。《左传》襄二十八年云：“赋诗断章，余取所求焉。”断章取所求，即学《诗》应用方面之法也。是故“缗蛮黄鸟，止于丘隅”，孔子读之则曰：“于止知其所止，可以人而不如鸟乎？”“高山仰止，景行行止。”孔子读之则曰：“诗之好仁如此，乡道而行，不知年数之不足。俛焉日有孳孳，毙而后已。”司马迁读之则曰：“虽不能至，而心向往之。”“如切如磋，如琢如磨。”子贡读之，悟所以处贫富者。“巧笑倩兮，美目盼兮，素以为绚兮。”子夏读之，明“礼后”之义，孔子并赞叹之曰：“赐也，商也，始可与言诗也已矣。”“彻彼桑土，绸缪牖户。今此下民，或敢侮予。”孟子读之则曰：“能治其国家谁敢侮之。”“鸤鸠在桑，其子七兮。淑人君子，其仪一兮。”荀子读之则曰：“故君子结于一也。”自余如《左传》所记列国卿大夫之赋诗言志，以及《韩诗外传》、《新序》之或述事或树义而引诗以证成之。凡此之类，并不必问其诗之本事与其本意，通吾之所感于作者之所感，引而申之，触类而长之，此亦锻炼德性增益才智之一法，古人所恒用而今后尚可袭用者也。

读《诗》法之三

现存先秦古籍，真赝杂糅，几于无一书无问题。其精金美玉字字可信可宝者，《诗经》其首也。故其书于文学价值外尚有一重要价值焉，曰可以为古代史料或史料尺度。

所谓可以为史料者，非谓如伪《毛序》之比附《左传》、《史记》强派某篇为某王某公之事云也。《诗经》关系政治者本甚希，即偶有一二属于当时宫廷事实者（如卫武公饮酒悔过，许穆夫人赋《载驰》之类），亦不甚足重轻，可置勿论。（《诗经》中关于具体的政治史料反不可尽信，盖文人之言华而不实者多也。如《鲁颂·宫》有“庄公之子”语，明为颂僖公无疑，而篇中又云“戎狄是膺，荆舒是惩”，僖公何从有此丰功伟烈耶？）虽然，历史决不限于政治，其最主要者在能现出全社会心的、物的两方面之遗影。而高尚的文学作品，往往最能应给此种要求。《左传》季札观乐一篇对于十五国风之批评，即从社会心理方面研究《诗经》也。（其果否为季札所批评，且勿论。）吾侪若能应用此方法而扩大之，则对于“《诗》的时代”——西纪前九〇〇至六〇〇年之中华民族之社会组织的基础及其人生观之根核，可以得较明确的概念。而各地方民性之异同及其次第醇化之迹，亦可以略见。其在物质方面，则当时动植物之分布、城郭宫室之建筑、农器兵器礼器用器之制造、衣服饮食之进步……凡此种种状况，试分类爬梳，所得者至复不少。故以史料读《诗经》几于无一字无用也。

所谓史料之尺度者，古代史神话与赝迹太多，吾侪欲严密鉴别，不能不择一两部较可信之书以为准据，以衡量他书所言以下真伪之判决，所

谓正日月者视北辰也。若是者，吾名之曰史料之尺度，例如研究孔子史迹当以《论语》为尺度是也。有诗时代及有诗以前之时代，正式之史未出现（诗亡然后《春秋》作），而传记谶纬所记古事多糅杂不可究诘。《诗经》既未经后人窜乱，全部字字可信，其文虽非为记事而作，而偶有所记，吾辈良可据为准鹄。例如，“天命玄鸟，降而生商。”“厥初生民，时维姜嫄。”乃商周人述其先德之诗。而所言如此，则稷契为帝喾子之说，当然成问题。例如，“帝作邦作对，自大伯王季。”明是周人历述其创业之主，则泰伯有无逃荆蛮之事，亦成问题（恐周人自文武以前，亦如殷制，兄终弟及）。例如，各篇中屡言夏禹，如“禹敷下土方”、“缵禹之绪”等，而尧舜无一字道及，则尧舜为何等人亦可成问题。诸如此类，若以史家极谨严的态度临之，宁阙疑勿武断。则以《诗经》为尺度，尚可得较洁净之史也。

说《诗》注《诗》之书

《诗》居六艺之首，自汉以来，传习极盛，解说者无虑千百家。即今现存之笺释等类书亦无虑千百种，略读之已使人头白矣，故吾劝学者以少读为妙。若必欲参考，则姑举以下各书：

西汉今文《诗》说有鲁、齐、韩三家，其传皆亡，仅余一《韩诗外传》为《韩诗》之别子。刘向之《新序》及《说苑》，说《诗》语极多。向固治《鲁诗》也。欲知西汉《诗》说之大概，此三书宜读。

清陈乔纵有《三家诗遗说考》，搜采三家说略备，可参考。

现行《十三经注疏》本《诗经》，为毛传、郑康成笺、孔颖达疏，所谓古文家言也。《毛序》之万不可信，吾已极言之。惟毛传于训访颇简洁，可读也。郑笺十九申毛，时亦纠之，穿凿附会者不少，宜分别观。孔疏颇博洽而断制少。清儒新疏，有陈奂《诗毛氏传疏》最精审，专宗毛，虽郑亦不苟同也。次则马瑞辰《毛诗传笺通释》、胡承珙《毛诗后笺》，亦好。而王引之《经义述闻》、《经传释词》中关于《毛诗》各条，皆极好。学者

读此类书，宜专取其关于训诂名物方面观之，其关于礼制者已当慎择，关于说《诗》意者，切勿为其所囿。

宋儒注释书，朱熹《诗经集传》颇洁净。其教人脱离传笺直玩诗旨，颇可学，但亦多武断处。其对于训诂名物，远不逮清儒之精审。

通论《诗》旨之书，清魏源《诗古微》、崔述《读风偶识》，极有理解，可读。姚际恒《九经通论》中《诗经》之部当甚好，但我尚未见其书。

吾关于整理《诗经》之意见有二：其一，训诂名物之部。清儒笺释，已十得八九。汇观参订，择善以从，泐成一极简明之新注，则读者于文义可以无阂。其二，《诗》旨之部。从《左传》所记当时士大夫之"赋诗断章"起，次《论语》、《孟子》、《礼记》及周秦诸子引《诗》所取义，下至《韩诗外传》、《新序》、《说苑》及两《汉书》各传中之引《诗》语止，博采其说分系本《诗》之下，以考见古人"以意逆志"、"告往知来"之法，俾《诗》学可以适用于人生。兹事为之并不难，惜吾有志焉而未之逮也。

第七节

《礼记》、《大戴礼记》附《尔雅》

《礼记》之名称及篇目存佚

《礼记》者，七十子后学者所记，而战国、秦汉间儒家言之一丛书，西汉中叶儒者戴德、戴圣所纂集传授也。今存者有东汉郑康成所注四十九篇，名曰《礼记》，实《小戴记》。有北周卢辩所注三十九篇，名曰《大戴礼记》。《大戴礼记》本八十五篇，佚其四十六，存者仅此而已。两记之名，盖自东汉后始立。《汉书·艺文志》礼家依《七略》著录，但云："《记》百三十一篇。"班固注云："七十子后学者所记。"至《隋书·经籍志》则云："汉初河间献王得仲尼弟子所记一百三十一篇，至刘向校经籍，检得一百三十篇，因第而叙之。又得《明堂》、《阴阳记》等五种，共二百十四篇。戴德删其繁重，合而记之，为八十五篇，谓之《大戴礼》。戴圣又删大戴之书为四十六篇，谓之《小戴记》。"（案：此说本诸晋司空长史陈邵，《经典释文·序录》引邵《周礼论序》云："戴德删《古礼》二百四篇为八十五篇，谓之《大戴礼》，圣删《大戴礼》为四十九篇，是为《小戴礼》。"《隋志》与邵异者《古礼》二百四篇作二百十四篇，《小戴记》四十九篇作四十六篇。）两记之传授分合，问题颇复杂，今先列其目，再加考证。

（一）今本《礼记》目录。

孔颖达《礼记正义》于每篇之下皆有"案郑《目录》云……"一段，

盖郑康成所撰各篇之解题也。郑录每篇皆有“于《别录》属某某”一语，是刘向本有分类而郑引之也。今节录彼文如下：

《曲礼》上下第一第二。（郑《目录》云：“名曰《曲礼》者，以其篇记五礼之事……此于《别录》属《制度》。”）

《檀弓》上下第三第四。（郑《目录》云：“名曰《檀弓》者，以其记人善于礼，故著姓名以显之……此于《别录》属《通论》。”）

《王制》第五。（郑《目录》云：“名曰《王制》者，以其记先王班爵、授禄、祭祀、养老之法度，此于《别录》属《制度》。”）

《月令》第六。（郑《目录》云：“名曰《月令》者，以其记十二月政之所行也，本《吕氏春秋·十二月纪》之首章也，以礼家好事抄合之……此于《别录》属《明堂》。”）

《曾子问》第七。（郑《目录》云：“名为《曾子问》者，以其记所问多明于礼，故著姓名以显之……此于《别录》属《丧服》。”）

《文王世子》第八。（郑《目录》云：“记文王为世子时之法，此于《别录》属《世子法》。”）

《礼运》第九。（郑《目录》云：“名为《礼运》者，以其记五帝三王相变易阴阳转旋之道，此于《别录》属《通论》。”）

《礼器》第十。（郑《目录》云：“名为《礼器》者，以其记礼使人成器之义也，此于《别录》属《制度》。”）

《郊特牲》第十一。（郑《目录》云：“……此于《别录》属《祭礼》。”）

《内则》第十二。（郑《目录》云：“名曰《内则》者，以其记男女居室事父母舅姑之法，此于《别录》属《子法》。”）

《玉藻》第十三。（郑《目录》云：“名曰《玉藻》者，以其记天子服冕之事也……此于《别录》属《通论》。”）

《明堂位》第十四。（郑《目录》云：“名曰《明堂位》者，以其记诸侯朝周公于明堂之时所陈列之位也……此于《别录》属《明堂阴阳》。”）

《丧服小记》第十五。（郑《目录》云：“名曰《丧服小记》者，以其记丧服之小义也，此于《别录》属《丧服》。”）

《大传》第十六。（郑《目录》云：“名曰《大传》者，以其记祖宗人亲之大义，此于《别录》属《通论》。”）

《少仪》第十七。（郑《目录》云：“名曰《少仪》者，以其记相见及荐羞之少威仪也，少犹小也，此于《别录》属《制度》。”）

《学记》第十八。（郑《目录》云：“名曰《学记》者，以其记人学教之义，此于《别录》属《通论》。”）

《乐记》第十九。（郑《目录》云：“名曰《乐记》者，以其记乐之义，此于《别录》属《乐记》。”）

《杂记》上下第二十第二十一。（郑《目录》云：“名曰《杂记》者，以其杂记诸侯以下至士之丧事，此于《别录》属《丧服》。”）

《丧大记》第二十二。（郑《目录》云：“名曰《丧大记》者，以其记人君以下始死小敛大敛殡葬之事，此于《别录》属《丧服》。”）

《丧服大记》第二十三。（原阙。）

《祭义》第二十四。（郑《目录》云：“名曰《祭义》者，以其记祭礼斋戒荐羞之义也，此于《别录》属《祭祀》。”）

《祭统》第二十五。（郑《目录》云：“名曰《祭统》者，以其记祭祀之本也，统犹本也，此于《别录》属《祭祀》。”）

《经解》第二十六。（郑《目录》云：“名曰《经解》者，以其记六义政教之得失也，此于《别录》属《通论》。”）

《哀公问》第二十七。（郑《目录》云：“名曰《哀公问》者，善其问礼，著谥显之也，此于《别录》属《通论》。”）

《仲尼燕居》第二十八。（郑《目录》云：“名曰《仲尼燕居》者，善其不倦，燕居犹使三子侍之，言及礼，著其字，言事可法，退朝而处曰燕居，此于《别录》属《通论》。”）

《孔子闲居》第二十九。（郑《目录》云：“名曰《孔子闲居》者，善其无倦而不亵，犹使一弟子侍，为之说诗，著其氏，言可法也，退燕避人曰闲居，此于《别录》属《通论》。”）

《坊记》第三十。（郑《目录》云：“名曰《坊记》者，以其记六艺之义，所以坊人之失者也，此于《别录》属《通论》。”）

《中庸》第三十一。（郑《目录》云：“名曰《中庸》者，以其记中和之为用也……此于《别录》属《通论》。”）

《表记》第三十二。（郑《目录》云：“名曰《表记》者，以其记君子之德见于仪表，此于《别录》属《通论》。”）

《缁衣》第三十三。（郑《目录》云：“名曰《缁衣》者，善其好贤者厚也……此于《别录》属《通论》。”）

《奔丧》第三十四。（郑《目录》云：“名曰《奔丧》者，以其居他国闻丧奔归之礼，此于《别录》属《丧服之礼》矣。”）

《问丧》第三十五。（郑《目录》云：“名曰《问丧》者，以其善问居丧之礼所由也，此于《别录》属《丧服》也。”）

《服问》第三十六。（郑《目录》云：“名曰《服问》者，以其善问以知有服而遭丧所变易之节，此于《别录》属《丧服》也。”）

《间传》第三十七。（郑《目录》云：“名曰《间传》者，以其记丧服之间轻重所宜，此于《别录》属《丧服》……”）

《三年问》第三十八。（郑《目录》云：“名曰《三年问》者，善其问以知丧服年月所由，此于《别录》属《丧服》。”）

《深衣》第三十九。（郑《目录》云：“名曰《深衣》者，以其记深衣之制也……此于《别录》属《制度》。”）

《投壶》第四十。（郑《目录》云：“名曰《投壶》者，以其记主人与客燕饮讲论才艺之礼，此于《别录》属《吉礼》。”）

《儒行》第四十一。（郑《目录》云：“名曰《儒行》者，以其记有道德者所行也……此于《别录》属《通论》。”）

《大学》第四十二。（郑《目录》云：“名曰《大学》者，以其记博学可以为政也，此于《别录》属《通论》。”）

《冠义》第四十三。（郑《目录》云：“名曰《冠义》者，以其记冠礼成人之义，此于《别录》属《吉事》。”）

《昏义》第四十四。（郑《目录》云：“名曰《昏义》者，以其记娶妻之义内教之所由成也，此于《别录》属《吉事》也。”）

《乡饮酒义》第四十五。（郑《目录》云：“名曰《乡饮酒义》者，以其记乡大夫饮宾于庠序之礼，尊贤养老之义，此于《别录》属《吉事》。”）

《射义》第四十六。（郑《目录》云：“名曰《射义》者，以其记燕射大射之礼，观德行取于士之义，此于《别录》属《吉事》。”）

《燕义》第四十七。（郑《目录》云：“名曰《燕义》者，以其记君臣燕饮之礼，上下相尊之义，此于《别录》属《吉事》。”）

《聘义》第四十八。（郑《目录》云：“名曰《聘义》者，以其记诸侯之国交相聘问之礼，重礼轻财之义也，此于《别录》属《吉事》。”）

《丧服四制》第四十九。（郑《目录》云：“名曰《丧服四制》者，以其记丧服之制，取于仁、义、礼、知也，此于《别录》旧说属《丧服》。”）

案：据此知刘向所编定之《礼记》实分类为次，其类之可考见者：一通论；二制度；三丧服；四吉礼或吉事；五祭祀；六子法或世子法；七乐记；八明堂或明堂阴阳。

（二）今本《大戴礼记》目录。

据《隋志》，《大戴礼记》八十五篇，今本自第三十八篇以上全佚，其下间佚，所存篇目如下：

《王言》第三十九

（以上三十八篇佚）。

《哀公问五仪》第四十。

《哀公问于孔子》第四十一。

《礼三本》第四十二

（以上今本卷一，此下佚三篇）。

《礼察》第四十六。

《夏小正》第四十七

（以上今本卷二）。

《保傅》第四十八

（今本卷三）。

《曾子立事》第四十九。

《曾子本孝》第五十。

《曾子立孝》第五十一。

《曾子大孝》第五十二。

《曾子事父母》第五十三

（以上今本卷四）。

《曾子制言》上中下第五十四至五十六。

《曾子疾病》第五十七。

《曾子天圆》第五十八

（以上今本卷五）。

《武王践阼》第五十九。

《卫将军文子》第六十

（以上今本卷六，此下佚一篇）。

《五帝德》第六十二。

《帝系》第六十三。

《劝学》第六十四

（以上今本卷七）。

《子张问入官》第六十五。

《盛德》第六十六

（以上今本卷八）。

《千乘》第六十七。

《四代》第六十八。

《虞戴德》第六十九。

《诰志》第七十

（以上今本卷九）。

《文王官人》第七十一。

《诸侯迁庙》第七十二。

《诸侯衅庙》第七十三

（以上今本卷十）。

《小辨》第七十四。

《用兵》第七十五。

《少间》第七十六

（以上今本卷十一）。

《朝事》第七十七。

《投壶》第七十八

（以上今本卷十二）。

《公冠》第七十九。

《本命》第八十。

《易本命》第八十一

（以上今本卷十三，此下佚四篇）。

《隋志》言《大戴》八十五篇，佚其四十七篇，存三十八篇，然今本实有三十九篇。《四库提要》云："盖《夏小正》一篇多别行，隋唐间录大戴者或阙其篇……存者宜为三十九篇。"《中兴书目》谓存四十篇者，《夏小正》外，又加《明堂》第六十七之一篇。实则此篇在《盛德篇》内，后人复写重出耳。其佚篇篇名可考者则有《谥法篇》、《王度记》、《三正记》、《别名记》、《亲属记》、《五帝记》（俱《白虎通》引），有《禘于太庙礼》（《少牢馈食礼》注引），有《王霸记》（《周礼》注引），有《佋穆篇》（《明堂月令论》引），有《号谥篇》（《风俗通》引），有《瑞命篇》（《论衡》引）。其与小戴重出者，除《投壶》、《哀公问》两篇现存外，尚有《曲礼》(《汉书·王式传》引)、《礼器》(《五经异义》引)、《文王世子》(《毛诗豳谱·正义》引)、《祭义》(《汉书·韦元成传》及《白虎通·耕桑篇》引)、《曾子问》(《白虎通·耕桑篇》引)、《间传》(《白虎通·性情篇》引)、《檀弓》(《白虎通·崩薨篇》及《明堂月令论》引)、《王制》(《白虎通·崩薨篇》引)。凡此或明引大戴,或仅引篇名,而所引文为今小戴本所无,宜推定为出大戴者。据此则所佚篇名亦可得三之一矣。

《礼记》内容之分析

《礼记》为儒家者流一大丛书,内容所函颇复杂。今略析其重要之类别如下:

(甲)记述某项礼节条文之专篇。如《诸侯迁庙》、《诸侯衅庙》、《投壶》、《奔丧》、《公冠》等篇,《四库提要》谓:"皆《礼古经》遗文。"虽无他证,要之当为春秋以前礼制书之断片,其性质略如《开元礼》、《大清通礼》等之一篇。又如《内则》、《少仪》、《曲礼》等篇之一部分,亦记礼节条文,其性质略如《文公家礼》之一节。

(乙)记述某项政令之专篇。如《夏小正》、《月令》等,其性质略如《大清会典》之一部门。

(丙)解释《礼经》之专篇。如《冠义》、《昏义》、《乡饮酒义》、《射义》、《燕义》、《聘义》、《丧服四制》等,实《仪礼》十七篇之传注。

(丁)专记孔子言论。如《表记》、《缁衣》、《仲尼燕居》、《孔子闲居》等,其性质略如《论语》。又如《哀公问》及《孔子三朝记》之七篇——《千乘》、《四代》、《虞戴德》、《诰志》、《小辨》、《用兵》、《少间》——皆先秦儒家所传孔子传记之一部。其专记七十子言论如《曾子问》、《子张问入官》、《卫将军文子》等篇,亦此类之附属。

(戊)记孔门及时人杂事。如《檀弓》及《杂事》之一部分,其性质略如《韩非子》之《内外储说》。

(己)制度之杂记载。如《王制》、《玉藻》、《明堂位》等。

（庚）制度礼节之专门的考证及杂考证。如《礼器》、《郊特牲》、《祭法》、《祭统》、《大传》、《丧服记》、《奔丧》、《问丧》、《间传》等。

（辛）通论礼意或学术。如《礼运》、《礼祭》、《经解》、《礼三本》、《祭义》、《三年问》、《乐记》、《学记》、《大学》、《中庸》、《劝学》、《本命》、《易本命》等。

（壬）杂记格言。如《曲礼》、《少仪》、《劝学》、《儒行》等。

（癸）某项掌故之专记。如《五帝德》、《帝系》、《文王世子》、《武王践阼》等。

《礼记》之原料及其时代

此一大丛书，当然非成于一人之手。《汉志》谓："七十子后学者所记。"七十子以后之学者，其范围可直至戴德、戴圣、刘向也。其中有录自官书者，如《诸侯迁庙》、《衅庙》等篇，虽未必《礼古经》遗文，要之当为某官守之掌籍也；如《文王官人》篇，与《逸周书》文略同，盖采自彼或与彼同采自某官书也；如《月令》与《吕览》、《淮南》文同，必三书同采一古籍也。有从诸子书中录出者，例如《大戴·中立事》至《天圆》十篇，皆冠以"曾子"，或即《汉志》、《曾子》十八篇中之一部也；《中庸》、《坊记》、《表记》、《缁衣》据沈约谓皆取《子思子》，或即《汉志》、《子思》二十三篇中之一部也；《史记正义》谓《乐记》为公孙尼子次撰，刘谓《缁衣》公孙尼子作，即或《汉志》、《公孙尼子》二十八篇之一部也；如《三年问》、《礼三本》、《乐记》、《乡饮酒义》、《劝学》等篇，或一部或全部文同《荀子》，盖录自《荀子》也；如《保傅》及《礼察》之一部，文同贾谊《新书》，盖录自《新书》也。（今本《新书》实赝品，但彼两篇文见贾生《陈政事疏》，可决为贾生作耳。）此外采自各专书者当尚多，惜古籍散佚，不能尽得其来历耳。

两记最古之篇，共推《夏小正》，谓与《禹贡》同为夏代遗文。果尔，则四千年之珍秘矣。然自朱熹、方孝孺已大疑之，谓恐出《月令》之后。其实《夏小正》年代勘验甚易，因篇中有纪星躔之文——如“正月，鞠则见，初昏参中，斗柄悬在下”、“三月，参则伏”、“四月昴则见，初昏南门正……”等，天文家一推算，当可得其确年也。其最晚者，如《王制》，据卢植云汉文帝时博士所作，虽尚有疑问（说详次条），如《礼察》、《保傅》之出汉人手，则证佐凿然（《礼察》篇有论秦亡语）。如《公冠》篇载“孝昭冠辞”，则为元凤四年以后所编著更不待问矣。要而论之，两戴记中作品，当以战国末西汉初百余年间为中心。其中十之七八，则代表荀卿一派之儒学思想也。

《礼记》之编纂者及删定者

手编《礼记》者谁耶？汉隋志、史汉儒林传及各注家皆未言及，惟魏张揖《上广雅表》云：“周公著《尔雅》一篇，爰暨帝刘，鲁人叔孙通撰置《礼记》，文不违古。”（《尔雅》为《礼记》中一篇，说详末段。）揖言必有所据，然则百三十一篇之编纂者或即叔孙通也。但通以后必仍多所增益，如《保傅》、《礼察》、《公冠》等明出孝文、孝昭后，是其显证。至次第续纂者何人，则不可考矣。

刘向校中书时所谓《礼记》，实合六部分而成。《隋志》云：“向检得一百三十篇，因第而叙之。又得《明堂阴阳记》、《孔子三朝记》、《王氏史氏记》、《乐记》五种，合二百十四篇。”案《汉志》礼家：“《记》百三十一篇，《明堂阴阳》三十三篇，《王史氏》二十一篇。”乐家：“《乐记》二十三篇。”《论语》家：“《孔子三朝记》七篇。”凡二百十五篇（《隋志》少一篇）。今《三朝》七篇，明载大戴，而郑康成《礼记目录》有“此于《别录》属《明堂阴阳》……此于《别录》属《乐记》……”等语，知今本《礼记》各篇，不仅限于“《记》百三十一篇”之范围内，而“明堂阴阳”等五种皆被采入，故《礼记》实合六部丛书为一部丛书也。《王氏史氏》盖皆叔孙通以后继续编纂之人，惟所纂皆在百三十一篇外耳。

大戴删刘向、小戴删大戴之说，起于《隋书·经籍志》（原文前引）。

二戴武宣时人，岂能删哀平间向、歆所校之书？其谬盖不待辨。至小戴删大戴之说，据《隋志》谓“小戴删定为四十六篇，马融益以《月令》、《明堂位》、《乐记》乃成今本之四十九篇”，后人因有以今本《礼记》除《月令》、《明堂位》、《乐记》外余四十六篇皆先秦旧籍，惟此三篇为秦汉人作者。此说之所由起，盖以四十六合大戴未佚本之八十五恰为百三十一篇，乃因此附会也。然此说之不可通有二：其一，两戴记并非专以百三十一篇为原料，如《三朝记》之七篇、《明堂阴阳》之三十三篇、《乐记》之二十三篇皆有所甄采，已具如前述。合两戴以就百三十一篇之数，则置书中所采《明堂》等五种诸篇于何地？其二，两戴各篇，并非相避。其最著者，《哀公问》、《投壶》两篇，二本今皆见存；《曲礼》、《礼器》等七篇（详见前大戴目录条附语），亦皆大戴逸目；又如大戴之《曾子大孝》篇全文见《小戴·祭义》，《诸侯衅庙》篇全文见《小戴·杂记》；《朝事》篇一部分（自“聘礼”至“诸侯务焉”）见《小戴·聘义》；《本事》篇一部分（自“有恩有义”至“圣人因杀以见节”）见《小戴·丧服四制》。其余互相出入之文尚多，然则二戴于百三十一篇之记，殆各以意去取，异同参差不必此之所弃即彼之所录，牵附篇数以求彼此相足，甚非其真也。

最后当讨论者，为马融补三篇之问题。云马融补三篇者，盖务节小戴为四十六篇，以合大戴之八十五，求彼此相足。其削趾适履之情况，既如前述。小戴四十六篇之说，不知何昉。藉曰有之，则《曲礼》、《檀弓》、《杂记》各有上下篇，故篇名仅四十六耳。《小戴》篇数之为四十九，则自西汉时已然。《后汉书·桥元传》云：“七世祖仁，著《礼记章句》四十九篇，号曰桥君学。”仁，即班固所说小戴授梁人桥仁季卿者也。《曹褒传》云：“父充持庆氏礼，褒又传《礼记》四十九篇教授诸生，庆氏学遂行于世。”则褒所受于庆普之《礼记》亦四十九篇也。孔颖达正义于《乐记》下云：“按《别录》，《礼记》四十九篇。”则刘向所校定者正四十九篇也。而郑《目录》于《王制》下云：“此于《别录》属《制度》。”《月令》、《明堂位》下并云：“此于《别录》属《明堂阴阳》。”益足明此三篇为《别录》

所原有非增自马融也。内中《王制》篇之来历，据正义引卢植云："汉孝文皇帝令博士诸生作此书。"(《经典释文》引同。)陈寿祺谓卢说本《史记·封禅书》。据索隐引刘向《别录》谓文帝所造书有《本制》、《兵制》、《服制》等篇，以《王制》参检绝不相合，非一书也(见《左海经辨》)。《月令》篇之来历，据郑《目录》云："本《吕氏春秋·十二月纪》之首章也，以礼家好事抄合之，后人因题之名曰《礼记》，言周公所作。其中官名时事，多不合周法。"(篇中有"命太尉"语，太尉，秦官，故郑君断此为秦人书。)寿祺亦力辩其非(文繁不引)。以吾论之，《王制》、《月令》非后汉人续补，殆为信谳，然恐是秦汉间作品。两戴记中秦汉作品甚多，又不独此二篇也。后儒必欲强跻诸周公、孔子之林，非愚则诬耳。尤有一事当附论者，《汉志》"《乐记》二十三篇"，今采入小戴者只有一篇。郑《目录》云"此于《别录》属《乐记》"，谓从二十三篇之《乐记》采出也。正义云："盖合十一篇为一篇，谓有《乐本》，有《乐论》，有《乐施》，有《乐言》，有《乐礼》，有《乐情》，有《乐化》，有《乐象》，有《宾牟贾》，有《师乙》，有《魏文侯》。"其余十二篇为戴所不采，其名犹见《别录》，曰则《奏乐》第十二、《乐器》第十三、《乐作》第十四、《意始》第十五、《乐穆》第十六、《说律》第十七、《季札》第十八、《乐道》第十九、《乐义》第二十、《昭本》第二十一、《昭颂》第二十二、《窦公》第二十三也(并见正义引)。观此尚可知当时与《礼记》对峙之《乐记》其原形何如。今此十一篇者见采于小戴而幸存，其中精粹语极多。余十二篇竟亡，甚可惜也。

以上关于《礼记》应考证之问题略竟。此书似未经刘歆、王肃之徒所窜乱，在古书中较为克葆其真者，此亦差强人意也。

《礼记》之价值

《礼记》之最大价值，在于能供给以研究战国、秦汉间儒家者流——尤其是荀子一派——学术思想史之极丰富之资料。盖孔氏之学，在此期间始确立，亦在此期间而渐失其真。其蜕变之迹与其几，读此两戴记八十余篇最能明了也。今略举其要点如下：

一、孔门本以“礼”为人格教育之一工具，至荀子则更以此为唯一之工具。其末流乃至极繁琐、极拘迂，乃至为小小仪节费几许记述、几许辩争。读《曲礼》、《檀弓》、《玉藻》、《礼器》、《郊特牲》、《内则》、《少仪》、《杂记》、《曾子问》等篇之全部或一部分，其琐与迂实可惊，观此可见儒学之盛即其所以衰。

二、秦汉间帝王好大喜功，“封禅”、“巡守”、“明堂”、“辟雍”、“正朔”、“服色”等之铺张的建设，多由儒生启之。儒生亦不能不广引古制以自张其军，故各篇中比较三代礼乐因革损益之文极多，而大抵属于虚文及琐节。但其间固自有发挥儒家之政法理想及理想的制度，极有价值者，如《王制》、《礼运》等篇是也。

三、为提倡礼学起见，一方面讲求礼之条节，一方面推阐制礼之精意及其功用，以明礼教与人生之关系，使礼治主义能为合理的存在。此种工作，在两戴记中，颇有重要之发明及收获，《礼运》、《乐记》、《礼察》、《礼三本》、《大传》、《三年问》、《祭义》、《祭统》等篇，其代表也。

四、孔子设教，惟重力行。及其门者，亲炙而受人格的感化，亦不汲汲以骛高玄精析之论。战国以还，“求知”的学风日昌，而各派所倡理论亦日复杂。儒家受其影响，亦竞进而为哲理的或科学的研究，孟、荀之论性、论名实，此其大较也。两戴记中亦极能表现此趋势，如《中庸》、《大学》、《本命》、《易本命》等篇，其代表也。

五、儒家束身制行之道及其教育之理论法则，所引申阐发者亦日多，而两戴记荟萃之。《大学》、《学记》、《劝学》、《坊记》、《表记》、《缁衣》、《儒行》及《曾子》十篇等，其代表也。

要之欲知儒家根本思想及其蜕变之迹，则除《论语》、《孟子》、《荀子》外，最要者实为两戴记，而《礼记》方面较多，故足供研究资料者亦较广。但研究《礼记》时有应注意两事：

第一，记中所述唐、虞、夏、商制度，大率皆儒家推度之辞，不可轻认为历史上实事。即所述周制，亦未必文、武、周公之旧，大抵属于当时一部分社会通行者半，属于儒家理想者半，宜以极谨严的态度观之。

第二，各篇所记“子曰……”、“子言之……”等文，不必尽认为孔子之言。盖战国、秦汉间孔子已渐带有“神话性”，许多神秘的事实皆附之于孔子，立言者亦每托孔子以自重，此其一。“子”为弟子述师之通称，七十子后学者于其本师，亦可称“子”。例如《中庸》、《缁衣》等或言采自《子思子》，则篇中之“子”亦可认为指子思，不必定指孔子，此其二。即使果为孔子之言，而辗转相传，亦未必无附益或失真，此其三。要之全两部《礼记》所说，悉认为儒家言则可，认为孔子言则须审择也。

就此两点而论，《礼记》一书，未经汉以后人窜乱，诚视他书为易读。但其著作及编纂者之本身，或不免有若干之特别作用及成见，故障雾亦缘之而滋，读者仍须加一番鉴别也。

读《礼记》法

读《礼记》之人有三种：一、以治古代礼学为目的者；二、以治儒家学术思想史为目的者；三、以常识及修养应用为目的者。今分别略论其法。

以治古代礼学为目的而读《礼记》者，第一，当知《礼记》乃解释《仪礼》之书，必须与《仪礼》合读。第二，须知《周礼》晚出不可信，万不可引《周礼》以解《礼记》或难《礼记》，致自乱其系统。第三，当知《礼记》是一部乱杂的丛书，欲理清眉目，最好是分类纂抄，此较研究，略如唐魏徵《类礼》、元吴澄《礼记纂言》、清江永《礼书纲目》之例。（魏徵书今佚，《唐书》本传云：“征以《小戴礼》综汇不伦，更作《类礼》二十篇。太宗美其书，录寘内府。”《谏录》载太宗诏书云：“以类相从，别为篇第，并更注解，文义粲然。”）第四，当知此丛书并非出自一人一时代之作，其中各述所闻见所主张，自然不免矛盾，故只宜随文研索，有异同者则并存之，不可强为会通，转生。以上四义，不过随举所见。吾未尝治此学，不敢谓有心得也。居今日而治古代礼学，诚可不必。然欲研究古代社会史或宗教史者，则礼学实为极重要之研究对象，未可以为僵石而吐弃之也。

以治儒家学术思想史为目的而读《礼记》者，当略以吾前段所举之五事为范围，其条目则：

（一）儒家对于礼之观念；

（二）儒家争辩礼节之态度及其结果；

（三）儒家之理想的礼治主义及其制度；

（四）礼教与哲学等等。先标出若干门目而鸟瞰全书综析其资料，庶可以见彼时代一家学派之真相也。

以常识或修养应用为目的而读《礼记》者，因《小戴记》四十九篇，自唐以来号为“大经”，自明以来列为五经之一，诵习之广，次于《诗》、《书》，久已形成国民常识之一部。其中精粹语有裨于身心修养及应事接物之用者不少，故吾辈宜宝而读之。惟其书繁重且干燥无味者过半，势不能以全读。吾故不避僭妄，为欲读者区其次第如下：

第一等，《大学》、《中庸》、《学记》、《乐记》、《礼运》、《王制》。

第二等，《经解》、《坊记》、《表记》、《缁衣》、《儒行大传》、《礼器》之一部分、《祭义》之一部分。

第三等，《曲礼》之一部分、《月令》、《檀弓》之一部分。

第四等，其他。

吾愿学者于第一等诸篇精读，第二、三等摘读，第四等或竟不读可也。上有分等，吾自知为极不科学的、极不论理的、极狂妄的，吾并非对于诸篇有所轩轻。问吾以何为标准，吾亦不能回答。吾惟觉《礼记》为青年不可不读之书，而又为万不能全读之书，吾但以吾之主观的意见设此方便耳。通人责备，不敢辞也。（上专就《小戴记》言，其《大戴记》各篇则三、四等居多也。）

《礼记》注释书

至今尚无出郑注、孔疏右者。若非专门研究家，则宜先读白文，有不解则参阅注疏可耳。若专治礼学，则清儒关于三礼之良著颇多，恕不悉举也。

《大戴礼记》因传习夙稀，旧无善注，且讹误滋多。清儒卢文弨、戴震先后校勘，始渐可读。孔广森《大戴礼记补注》、汪照《大戴礼记补注》，皆良著也。

附论《尔雅》

《尔雅》今列于十三经，陋儒竟相推挹，指为周公所作，甚可笑。其实不过秦汉间经师诂经之文，好事者编为类书以便参检耳。其书盖本为"《记》百三十一篇"中之一篇或数篇，而大戴曾采录之，张揖《进广雅疏》所谓"《尔雅》一篇，叔孙通撰置《礼记》，文不违古"也。臧庸列举汉人引《尔雅》称《礼记》之文，如《白虎通·三纲六纪篇》引《礼·亲属记》，文见今《尔雅·释亲》。《孟子》"帝馆甥于贰室"，赵岐注引《礼记》，亦《释亲》文。《风俗通·声音篇》引《礼·乐记》，乃《尔雅·释乐》文。《公羊》宣十二年何休注引《礼记》，乃《尔雅·释水》文。此尤《尔雅》本在《礼记》中之明证也。自刘歆欲立古文学，征募能为《尔雅》者千余人讲论庭中，自此《礼记》中之《尔雅》篇，不知受几许捋扯附益，乃始彪然为大国，骎骎与六艺争席矣。

中国中古文学史讲义

刘师培

概　论

物成而丽，交错发形，分动而明，刚柔判象，在物佥然，文亦犹之。惟是捈欲通，纮埏实同，偶类齐音，中邦臻极。何则？准声署字，修短揆均，字必单音，所施斯适。远国异人，书违颉诵，翰藻弗殊，侔均斯逊。是则音泮轾轩，象昭明两，比物丑类，泯踦从齐，切响浮声，引同协异，乃禹域所独然，殊方所未有也。

此一则明俪文律诗为诸夏所独有，今与外域文学竞长，惟资斯体。

《易大传》曰："物相杂故曰文。"《论语》曰："郁郁乎文哉。"由《易》之说，则青白相比、玄黄厝杂之谓也；由《语》之说，则会集众彩、含物化光之谓也。嗣则汶长《说文》，诂遣相诠；成国《释名》，即绣为辟。准萌造字之基，顾正名之指，文匪一端，殊途同轨。必重明丽正，致饰尽亨，缀兆舒疾，周旋矩规，然后考命物以极情性，观形容以况物宜，故能光明上下，劈措万类，未有志白贲而翰如，执素功以该缋事者也。

此一则申明文诂，俾学者顾名思义，非偶词俪语，弗足言文。

文区科臬，流衍万殊：董贾摛词，未均美绌；彦和综律，始阐音和。清浊周疏，间世斯审，后贤所闿，古或未昭。何则？人性之能，别声被色而已。声弗过五，而生变比音，弗可胜奏；色弗过五，而成文不乱，不可胜宣。故舞佾在庭，方员自形，蕤宾孔和，林钟遐应，因物而作，或秉自然。至若龙璪齐晖，上下异昭，笙节律，间代而鸣，彰彩谐音，率繇世巧。由是而言，前哲因情以纬文，后贤截文以适轨。故沉思翰藻，今古斯同，而美媲黄裳，六朝臻极。挽近论文，恒以后弗承前为诟，然六爻之位，皆繇左右，剪偶隆奇，曷云成列？况周冕玉藻，前后邃延，骤易夏收，必乖俯仰。至于律吕宫商，虽基沈沦，然锡銮失和，虽有金辂樊缨，末由昭其度，双璜错鸣，虽有缊韨幽衡，末由倂其娓。故文而弗俪，治丝以棼之说也；俪不和律，琴瑟壹之说也。

此一则证明齐梁文词于律为进，弗得援后世弗程律之作，上薄齐梁。

著诚去伪，从质舍文，两词颇似，旨弗同科。世儒瞀犹，以质诠诚。不知说而丽明，物睽斯类，明不可息，冥升奚贞？古入公门，必彰列彩，杂服是习，不愆安礼。火龙可贱，於昔蔑闻。夫蔑席之平，素衣之褋，犹必画纯钚其华，朱绣炜其裼，况于记久明远，经纬天地者乎？孔崇先进，旨主刺时，故有质无文，葛卢垂贬。质果可复，则是彪蒙匪吉，虎炳匪孚，子羽未可休，棘成未足绌也。又隋唐以前，便章文笔，五代而降，捊类翕观。袒裼在躬，袭蒙衮裳之名，土铏是饭，因云雕俎可齐。董仲舒有言："名生于真，非其真，弗以为名。"背厥真名，此万民所由丧察也。

此一则诠明沉思翰藻，弗背文律，归、茅、方、姚之伦，弗得以华而弗实相訾。

文崇六代，惟主考型。若夫宣究流衍，撢引绪耑，习肄所及，两汉实先。譬之大飨，丹漆丝纩，庭实旅陈，蒲越稿鞂，兼昭贵本，于礼有然，庸伤翩反？况复娴习雅故，底究六籍，扬、马、张、蔡，各臻厥茂，伐柯取则，执一封域，率迪众长，或庶几焉。

此一则明六朝以前之文，必当研习。

文学辨体

此篇以阮氏《文笔对》为主，特所引群书，以类相从，各附案词，以明文轨。

《晋书·蔡谟传》：文笔论议，有集行于世。

《宋书·傅亮传》：高祖登庸之始，文笔皆是记室参军滕演，北征广固，悉委长史王诞。

《北史·魏高祖纪》：有大文笔，马上口授。

《魏书·温子昇传》：台中文笔，皆子昇为之。

《北史·温子昇传》：张皋写子昇文笔，传于江外。

《北齐书·李广传》：毕义云集其文笔十卷。

《陈书·陆琰传》：其所制文笔多不存本。

《陈书·刘师知传》：工文笔。

《陈书·徐伯阳传》：年十五以文笔称。

据上九证，知古云文笔，犹今人所云诗文、诗词，确为二体。

《南史·颜延之传》：宋文帝问延之诸子才能。延之曰："竣得臣笔，测得臣文。"

据上一证，知文之与笔，弗必两工，犹今工文者，弗必工诗也。

梁元帝《金楼子·立言篇》云：夫子门徒，转相师受，通圣人之经者谓之儒。屈原、宋玉、枚乘、长卿之徒，止于辞赋，则谓之文。今之儒，博穷子史，但能识其事，不能通其理者，谓之学。至如不便为诗如阎纂，善为章奏如伯松，若此之流，泛谓之笔；吟咏风谣，流连哀思者谓之文。

又云：笔，退则非谓成篇，进则不云取义，神其巧惠，（案：惠、慧古通。）笔端而已。至如文者，惟须绮縠纷披，宫徵靡曼，唇吻道会，情灵摇荡。而古之文笔，今之文笔，其源又异。

刘勰《文心雕龙·总术篇》云：今之常言，有文有笔，以为无韵者笔也，有韵者文也。

据上三证，是偶语韵词谓之文，凡非偶语韵词概谓之笔。盖文以韵词为主，无韵而偶，亦得称文。《金楼》所诠，至为昭晰。

《汉书·楼护传》：长安号曰"谷子云笔札"。

《梁书·任昉传》：尤长载笔。

《南史·沈约传》：彦昇工于笔。

《陈书·徐陵传》：国家有大手笔，皆陵草之。

《陈书·陆琼传》：讨周迪、陈宝应等，都官符及诸大手笔，并敕付琼。

《唐书·蒋偕传》：三世踵修国史，世称良笔。

据上六证，是官牍史册之文，古概称笔。盖笔从“聿”声，古名“不聿”，“聿”、“述”谊同。故其为体，惟以直质为工，据事直书，弗尚藻彩。《礼·曲礼篇》曰：“史载笔。”孔修《春秋》亦曰“笔则笔，削则削。”后世以降，凡体之涉及传状者，均笔类也。陆机《文赋》，诠述诗赋十体，弗及传记，亦其明征。

《南史·孔珪传》：与江淹对掌辞笔。

《陈书·岑之敬传》：雅有辞笔。

据上二证，均辞笔并言，“辞”字作“词”，“词”与“文”同。《说文》云：“词，意内而言外也。”《周易·乾文言》曰：“修辞立其诚。”又《系辞上》曰：“系辞焉以尽其言。”修饰互文，系辍同情，是词之为体，迥异直言。屈宋之作，汉标《楚辞》，亦其证也。是知六朝之辞，亦以偶语韵文为限。

《梁书·刘潜传》：字孝仪，秘书监孝绰弟也。绰常曰“三笔六诗”，三即孝仪，六孝威也。

《梁书·庾肩吾传》载简文《与湘东王论文》曰：诗既若此，笔又如之。

《北史·萧圆肃传》：撰时人诗笔为《文海》四十卷。

《杜甫集·寄贾司马严使君诗》：贾笔论孤愤，严诗赋几篇。

赵璘《因话录》：韩文公与孟东野友善。韩公文至高，孟长于五言，时号“孟诗韩笔”。

据上五证，均诗笔并言。盖诗有藻韵，其类亦可称文；笔无藻韵，唐人散体概属此类。故昌黎之作，在唐称笔；后世文家，奉为正宗；是均误笔为文者也。

《南齐书·晋安王子懋传》：文章诗笔，乃是佳事。

据上一证，是笔与诗、文并殊。

刘禹锡《中山集·祭韩侍郎文》：子长在笔，予长在论。

据上一证，是笔与论殊。盖笔主直书，论则兼尚植指，故《文赋》隶论于文，于记事之体则否。

合前列各证观之，知散行之体，概与文殊。唐宋以降，此谊弗明，散体之作，亦入文集。若从孔子正名之谊，则言无藻韵，弗得名文，以笔冒文，误孰甚焉。又文苑列传，前史佥同。唐宋以降，文学陵迟，仅工散体，恒立专传，名实弗昭，万民丧察，因并辨之。

论汉魏之际文学变迁

建安文学，革易前型，迁蜕之由，可得而说：两汉之世，户习七经，虽及子家，必缘经术；魏武治国，颇杂刑名，文体因之，渐趋清峻，一也。建武以还，士民秉礼，迨及建安，渐尚通侻，侻则侈陈哀乐，通则渐藻玄思，二也。献帝之初，诸方棋峙，乘时之士，颇慕纵横，骋词之风，肇端于此，三也。又汉之灵帝，颇好俳词，（见杨赐《蔡邕传》）下习其风，益尚华靡，虽迄魏初，其风未革，四也。今摘史乘群书之文，涉及文学变迁者，条列如下：

《文心雕龙·时序篇》：自哀、平陵替，光武中兴，深怀图谶，颇略文华。然杜笃献诔以免刑，班彪参奏以补令，虽非旁求，亦不遐弃。及明帝叠耀，崇爱儒术，肄礼璧堂，讲文虎观，孟坚珥笔于国史，贾逵给札于瑞颂；东平擅其懿文，沛王振其通论，帝则藩仪，辉光相照矣。自安、和已下，迄至顺、桓，则有班、傅、三崔，王、马、张、蔡，磊落鸿儒，才不时乏，而文章之选，存而不论。然中兴之后，群才稍改前辙，华实所附，斟酌经辞，盖历政讲聚，故渐靡儒风者也。降及灵帝，时好辞制，造羲皇之书，开鸿都之赋，而乐松之徒，招集浅陋，故杨赐号为驩兜，蔡邕比之俳优，其余风遗文，盖蔑如也。自献帝播迁，文学蓬转。建安之末，区宇方辑。魏武以相王之尊，雅爱诗章；文帝以副君之重，妙善辞赋；陈思以公子之豪，下笔琳琅。并体貌英逸，故俊才云蒸。仲宣委质于汉南，孔璋归命于河北，伟长从宦于青土，公干徇质于海隅，德琏综其斐然之思，元瑜展其翩翩之乐，文蔚、休伯之俦，于叔（邯郸淳字，元作子俶）、德祖（杨修字）之侣，傲雅觞豆之前，雍容衽席之上，洒笔以成酣歌，和墨以藉谈笑。观其时文，雅好慷慨，良由世积乱离，风衰俗怨，并志深而笔长，故梗概而多气也。至明帝纂戎，制诗度曲，征篇章之士，置崇文之观，何（晏）、刘（劭）群才，迭相照耀。少主相仍，唯高贵英雅，顾盼合章，动言成论。于时正始余风，篇体轻澹，而嵇、阮、应、缪，并驰文路矣。

案：此篇略述东汉三国文学变迁，至为明晰，诚学者所当参考也。

《魏志·王粲传》：粲字仲宣，山阳高平人也。献帝西迁，粲徙长安。左中郎将蔡邕见而奇之。时邕才学显著，贵重朝廷，常车骑填巷，宾客盈坐。闻粲在门，倒屣迎之。粲至，年既幼弱，容状短小，一坐尽惊。邕曰："此王公孙也。有异才，吾不如也。吾家书籍文章，尽当与之。"年十七，司徒辟，诏除黄门侍郎，以西京扰乱，皆不就，乃之荆州依刘表。表以粲貌寝而体弱通侻，不甚重也。表卒，粲劝表子琮，令归太祖。太祖辟为丞相掾，赐爵关内侯，后迁军谋祭酒。魏国既建，拜侍中。博物多识，问无不对。时旧仪废弛，兴造制度，粲恒典之。初，粲与人共行，读道边碑，人问曰："卿能暗诵乎？"曰："能。"因使背而诵之，不失一字。观人围棋，局坏，粲为复之，棋者不信，以帊盖局，使更以他局为之，用相比较，不误一道。其强记默识如此。性善算，作《算术》，略尽其理。善属文，举笔便成，无所改定，时人常以为宿构，然正复精意覃思，亦不能加也。著诗、赋、论、议，垂六十篇。建安二十一年，从征吴。二十二年春，道病，卒，时年四十一。始文帝为五官将，及平原侯植，皆好文学。粲与北海徐干字伟长、广陵陈琳字孔璋、陈留阮瑀字元瑜、汝南应玚字德琏、东平刘桢字公干，并见友善。干为司空军谋祭酒掾属，五官将文学。琳前为何进主簿。进欲诛诸宦官，太后不听，进乃召四方猛将，并使引兵向京城，欲以劫恐太后，竟以取祸。琳避难冀州，袁绍使典文章。袁氏败，琳归太祖。瑀少受学于蔡邕。建安中，都护曹洪欲使掌书记，瑀终不为屈。太祖并以琳、瑀为司空军谋祭酒，管记室，军国书檄，多琳、瑀所作也。琳徙门下督，瑀为仓曹掾属。玚、桢各被太祖辟为丞相掾属。玚转为平原侯庶子，后为五官将文学。桢以不敬被刑，刑竟署吏。咸著文赋数十篇。瑀以十七年卒，干、琳、玚、桢二十二年卒。文帝书与元城令吴质曰："昔年疾疫，亲故多离其灾：徐、陈、应、刘，一时俱逝。观古今文人，类不护细行，鲜能以名节自立。而伟长独怀文抱质，恬淡寡欲，有箕山之志，可谓彬彬君子矣；著《中论》二十余篇，辞义典雅，足传于后。德琏常斐然有述作意，其才学足以著书，美志不遂，良可痛惜。孔璋章表殊健，微为繁富。公干有逸气，但未遒耳。元瑜书记翩翩，致足乐也。仲宣独自善于辞赋，惜其体弱，不起其文，至于所善，古人无以远过也。昔伯牙绝弦于钟期，仲尼覆醢于子路，痛知音之难遇，伤门人之莫逮也。诸子但为未及古人，自一时之也。"自颍川邯郸淳、繁钦，陈留路粹，沛国丁仪、丁廙，弘农杨修，河内荀纬等，亦有文采，而不在此七人之例。玚弟璩、璩子贞，咸以文章显。璩官至侍中，贞咸熙中参相国军事。瑀子籍，才藻艳逸，而倜傥放荡，行己寡欲，以庄周为模则，官至步兵校尉。时又有谯郡嵇康，文辞壮丽，好言老庄，而尚奇任侠，至景元中坐事诛。景初中，下邳桓威，出自孤微，年十八而著《浑舆经》，依道以见意，从齐国门下书佐、司徒署吏，后为安成令。吴质，济阴人，以文才为文帝所善，官至振威将军，假节都督河北诸军事，封列侯。（摘录）

附录

《卫觊传》：觊字伯儒。少夙成，以才学称，受诏典著作，又为《魏官仪》，凡所撰述数十篇。建安末，河南潘勗，黄初时，河内王象，亦与觊并以文章显。

《刘廙传》：廙字恭嗣，著书数十篇，及与丁仪共论刑礼，并传于世。

《刘劭传》：劭字孔才。凡所撰述《法论》、《人物志》之类百余篇。同时东海缪袭，亦有才学，多所述叙。袭友人山阳仲长统，汉末作《昌言》。陈留苏林、京兆韦诞、谯国夏侯惠、任城孙该、河东杜挚等，亦著文赋，颇传于世。

《陈思王植传》：撰录植前后所著赋、颂、诗、铭、《新论》，凡百余篇。

《中山恭王衮传》：能属文，凡所著文章二万余言。才不及陈思王，而好与之侔。

《王朗传》：朗著《易》、《春秋》、《孝经》、《周官》传，奏议、论、记咸传于世。

《刘放传》：善为书檄，三祖诏命，有所招喻，多放所为。

《蜀志·郤正传》：凡所著述，诗、论、赋之属垂百篇。

《吴志·韦曜、华覈传》：曜、覈所论事章疏，咸传于世也。

据以上诸传，可审三国人文之大略。

《魏志·文帝纪评》：文帝天资文藻，下笔成章，博闻强识，才艺兼该。

《陈思王植传评》：陈思文才富艳，足以自通后叶。

《王粲等传评》：昔文帝、陈王以公子之尊，博好文采，同声相应，才士并出。惟粲等六人，最见名目。

又云：卫凯亦以多识典故，相时王之式。刘劭该览学籍，文质周洽。刘廙以清鉴著。

《蜀志·秦宓传评》：文藻壮美。

《郤正传评》：文辞粲烂，有张、蔡之风。

《吴志·王蕃、楼玄、贺邵、韦曜、华覈传评》：薛莹称蕃弘博多通，玄才理条畅，邵机理清要，曜笃学好古，有记述之才。胡冲以为玄、贺、蕃一时清妙，略无优劣；必不得已，玄宜在先，邵当次之，华覈文赋之才，有过于曜，而典诰不及也。（节录）

据以上诸评，可审三国文体之大略。

魏文帝《典论》：文人相轻，自古而然。傅毅之于班固，伯仲之间耳，而固小之，与弟超书曰："武仲以能属文为兰台令史，下笔不能自休。"夫人善于自见，而文非一体，鲜能备善，是以各以所长，相轻所短。里语曰："家有弊帚，享之千金。"斯不自见之患也。今之文人，鲁国孔融文举、广陵陈琳孔璋、山阳王粲仲宣、北海徐干伟长、陈留阮瑀元瑜、汝南应玚德琏、东平刘桢公干，斯七子者，于学无所遗，于辞无所假，咸以自骋骥于千里，仰齐足而并驰，以此相服，亦良难矣。盖君子审己以度人，故能免于斯累而作论文。王粲长于辞赋，徐干时有奇气，然粲之匹也。如粲之《初征》、《登楼》、《槐赋》、《征思》，干之《玄猿》、《漏卮》、《圆扇》、《橘赋》，虽张、蔡不过也。然于他文，未能称是。琳、瑀之章、表、书记，今之隽也。应玚和而不壮，刘桢壮而不密。孔融体气高妙，有过人者，然不能持论，理不胜词，以至乎杂以嘲戏，及其所善，扬、班俦也。常人贵远贱近，向声背实，又患暗于自见，谓己为贤。夫文本同而末异，盖奏议宜雅，书论宜理，铭诔尚实，诗赋欲丽，此四科不同，故能之者偏也，唯通才能备其体。文以气为主，气之清浊有体，不可力强而致。譬诸音乐，曲度虽均，节奏同检，至于引气不齐，巧拙有素，虽在父兄，不能以移子弟。盖文章经国之大业，不朽之盛事，年寿有时而尽，荣乐止乎其身，二者必至之常期，未若文章之无穷。是以古之作者，寄身于翰墨，见意于篇籍，不假良史之辞，不托飞驰之势，而声名自传于后。故西伯幽而演《易》，周旦显而制礼，不以隐约而弗务，不以康乐而加思。夫然，则古人贱尺璧而重寸阴，惧乎时之过已。而人多不能强力，贫贱则慑于饥寒，富贵则流于逸乐，遂营目前之务，而遗千载之功，日月逝于上，体貌衰于下，忽然与万物迁化，斯志士之大痛也。融等已逝，唯干著论，成一家言。

案：此篇推论建安文学优劣，深切著明。文气之论，亦基于此。

魏文帝《与吴质书》：昔年疾疫，亲故多离其灾，徐、陈、应、刘，一时俱逝，痛可言邪！昔日游处，行则连舆，止则接席，何曾须臾相失？每至觞酌流行，丝竹并奏，酒酣耳热，仰而赋诗，当此之时，忽然不自知乐也。谓百年已分，可长共相保，何图数年之间，零落略尽，言之伤心！顷撰其遗文，都为一集，观其姓名，已为鬼录，追思昔游，犹在心目，而此诸子，化为粪壤，可复道哉！观古今文人，类不护细行，鲜能以名节自立。而伟长独怀文抱质，恬淡寡欲，有箕山之志，可谓彬彬君子者矣，著《中论》二十余篇，成一家之言，辞义典雅，足传于后，此子为不朽矣。德琏常斐然有述作之意，其才学足以著书，美志不遂，良可痛惜。间者历览诸子之文，对之抆泪，既痛逝者，行自念也。孔璋章表殊健，微为繁富。公干有逸气，但未遒耳，其五言诗之善者，妙绝时人。元瑜书记翩翩，致足乐也。仲宣独自善于辞赋，惜其体弱，不足起其文，至于所善，古人无以远过。昔伯牙绝弦于钟期，仲尼覆醢于子路，痛知音之难遇，伤门人之莫逮。诸子但为未及古人，自一时之隽也。今之存者，已不逮矣，后生可畏，来者难诬，然恐吾与足下不及见也。年行已长大，所怀万端，时有所虑，至通夜不瞑，志意何时复类昔日？已成老翁，但未白头耳。光武言："年三十余，在兵中十岁，所更非一。"吾德不及之，年与之齐矣。以犬羊之质，服虎豹之文；无众星之明，假日月之光，动见瞻观，何时易乎？恐永不复得为昔日游也！少壮真当努力，年一过往，何可攀援？古人思秉烛夜游，良有以也。（此篇据《文选》录）

曹子建《与杨德祖书》：仆少小好为文章，迄至于今，二十有五年矣。然今世作者，可略而言也。昔仲宣独步于汉南，孔璋鹰扬于河朔，伟长擅名于青土，公干振藻于海隅，德琏发迹于北魏，足下高视于上京。当此之时，人人自谓握灵蛇之珠，家家自谓抱荆山之玉。吾王于是设天网以该之，顿八纮以掩之，今悉集兹国矣。然此数子，犹复不能飞轩绝迹，一举千里。以孔璋之才，不闲于辞赋，而多自谓能与司马长卿同风，譬画虎不成反为狗也。前书嘲之，反作论盛道仆赞其文。夫钟期不失听，于今称之，吾亦不能妄叹者，畏后世之嗤余也。世人著述，不能无病。仆尝好人讥弹其文，有不善者，应时改定。昔丁敬礼常作小文，使仆润饰之，仆自以才不过若人，辞不为也。敬礼谓仆："卿何所疑难？文之佳恶，吾自得之。后世谁相知定吾文者耶？"吾尝叹此达言，以为美谈。昔尼父之文辞，与人通流，至于制《春秋》，游、夏之徒，乃不能措一辞。过此而言不病者，吾未之见也。盖有南威之容，乃可以论于淑媛；有龙泉之利，乃可以议其断割。刘季绪才不能逮于作者，而好诋诃文章，掎摭利病。昔田巴毁五帝、罪三王、呰五霸于稷下，一日而服千人，鲁连一说，使终身杜口。刘生之辩，未若田氏，今之仲连，求之不难，可无息乎？人各有好尚：兰茝荪蕙之芳，众人所同好，而海畔有逐臭之夫；《咸池》、《六茎》之发，众人所共乐，而墨翟有非之之论，岂可同哉？今往仆少小所著辞赋一通相与。夫街谈巷说，必有可采，击辕之歌，有应风雅，匹夫之思，未易轻弃也。辞赋小道，固未足以揄扬大义，彰示来世也，昔扬子云先朝执戟之臣耳，犹称壮夫不为也。吾虽德薄，位为蕃侯，犹庶几戮力上国，流惠下民，建永世之业，留金石之功，岂徒以翰墨为勋绩，辞赋为君子哉！又，德祖答书亦云：若仲宣之擅江表，陈氏之跨冀城，徐、刘之显青、豫，应生之发魏国，斯皆然矣。至于修者，听采风声，仰德不暇，自周章于省览，何遑高视哉！

案：以上数书，于建安诸子文学得失，足审大凡。

《文心雕龙·才略篇》：孔融气盛于为笔，祢衡思锐于为文，有偏美焉。潘勖凭经以骋才，故绝群于锡命；王朗发愤以托志，亦致美于序铭。然自卿、渊已前，多俊才而不课学；雄、向已后，颇引书以助文，此取与之大际，其分不可乱者也。魏文之才，洋洋清绮，旧谈抑之，谓去植千里，然子建思捷而才俊，诗丽而表逸；子桓虑详而力缓，故不竞于先鸣。而乐府清越，《典论》辩要，迭用短长，亦无懵焉。但俗情抑扬，雷同一响，遂令文帝以位尊减才，思王以势窘益价，未为笃论也。仲宣溢才，捷而能密，文多兼善，辞少瑕累，摘其诗赋，则七子之冠冕乎。琳、瑀以符檄擅声，徐干以赋论标美，刘桢情高以会采，应玚学优以得文，路粹、杨修颇怀笔记之工，丁仪、邯郸亦含论述之美，有足算焉。刘劭《赵都》，能攀于前修；何晏《景福》，克光于后进。休琏（应璩）风情，则《百壹》标其志；吉甫（璩子应贞字）文理，则《临丹》成其采。

《文心雕龙·体性篇》：仲宣躁锐，故颖出而才果；公干气褊，故言壮而情骇。

《文心雕龙·风骨篇》：故魏文称文以气为主，气之清浊有体，不可力强而致。故其论孔融则云体气高妙，论徐干则云时有齐气，论刘桢则云时有逸气。公干亦云孔氏卓卓，信含异气，笔墨之性，殆不可胜。并重气之旨也。

案：彦和所论三则，于建安文学得失，品评綦当。

《宋书·谢灵运传论》：若夫平子艳发，文以情变，绝唱高踪，久无嗣响。至于建安，曹氏基命，二祖、陈王，咸蓄盛藻，甫乃以情纬文，以文被质。自汉至魏，四百余年，辞人才子，文体三变：相如巧为形似之言，班固长于情理之说，子建、仲宣以气质为体，并标能擅美，独映当时。是以一世之士，各相慕习。源其飚流所始，莫不同祖《风》、《骚》，徒以赏好异情，故意制相诡。

案：此节独标气质为说，与彦和所论文气合。

《文心雕龙·明诗篇》：又古诗佳丽，或称枚叔，其《孤竹》一篇，则傅毅之词，比采而推，两汉之作乎。观其结体散文，直而不野，婉转附物，惆怅切情，实五言之冠冕也。至于张衡《怨篇》，清曲可味，《仙诗》、《缓歌》，雅有新声。暨建安之初，五言腾踊。文帝、陈思，纵辔以骋节；王、徐、应、刘，望路而争驱。并怜风月，狎池苑，述恩荣，叙酣宴，慷慨以任气，磊落以使才，造怀指事，不求纤密之巧，驱词逐貌，惟取昭晰之能，此其所同也。

案：此节明建安诗体殊于东汉中叶之作。

《文心雕龙·乐府篇》：至宣帝雅颂，诗效《鹿鸣》，迩及元、成，稍广淫乐，正音乖俗，其难也如此。暨后郊庙，惟杂雅章，辞虽典文，而律非夔、旷。至于魏之三祖，气爽才丽，宰割辞调，音靡节平。观其“北上”众引，“秋风”列篇，或述酣宴，或伤羁戍，志不出于淫荡，辞不离于哀思，虽三调之正声，实《韶》、《夏》之郑曲也。

案：此节明建安乐府变旧作之体。

《文心雕龙·铨赋篇》：及仲宣靡密，登端必道；伟长博通，时逢壮采。

《文心雕龙·颂赞篇》：魏晋辨颂，鲜有出辙。

《文心雕龙·诔碑篇》：至如崔骃诔赵，刘陶诔黄，并得宪章，工在简要。陈思叨名，而体实烦缓，《文皇诔》末，旨言自陈，其乖甚矣。

又云：自后汉以来，碑碣云起，才锋所断，莫高蔡邕。孔融所创，有慕伯喈，张、陈两文，辨给足采，亦其亚也。

《文心雕龙·哀吊篇》：建安哀辞，惟伟长差善，《行女》一篇，时有恻怛。

《文心雕龙·谐隐篇》：至魏文因俳说以著《笑书》，薛综凭宴会而发嘲调，虽抃推（疑“雅”字）席而无益时用矣。

又云：荀卿《蚕赋》，已兆其体。至魏文、陈思，约而密之。高贵乡公博举品物，虽有小巧，用乖远大。

《文心雕龙·论说篇》：魏之初霸，术兼名、法。傅嘏、王粲，校练名、理。

《文心雕龙·诏策篇》：建安之末，文理代兴。潘勖《九锡》，典雅逸群；卫《禅诰》（疑有脱字），符命炳耀，弗可加矣。

《文心雕龙·章表篇》：昔晋文受册，三辞从命，是以汉末让表，以三为断。曹公称为表不必三让，又勿得浮华。所以魏初表章，指事造实，求其靡丽，则未足美矣。

又云：文举之荐祢衡，气扬采飞；孔明之辞后主，志尽文畅，虽华实异旨，并表之英也。琳、瑀章表，有誉当时，孔璋称健，则其标也。陈思之表，独冠群才，观其体赡而律调，辞清而志显，应物掣巧，随变生趣，执辔有余，故能缓急应节矣。

《文心雕龙·奏启篇》：魏代名臣，文理迭兴，若高堂《天文》，黄观（即王观）《教学》，王朗《节省》，甄毅《考课》，亦尽节而知治矣。

《文心雕龙·书记篇》：公干笺记，丽而规益，子桓弗论，故世所共遗，若略名取实，则有美于为诗矣。

案：以上各条，于建安文章各体之得失，以及与两汉异同之故，均

能深切著明，故摘录之。（魏人所作文集，具详《隋经籍志》，兹不赘述。）

又案：建安文学，实由文帝、陈王提倡于上。观文帝《典论·选篇》云："所著书、论、诗、赋，凡六十篇。"（《御览》九十三引）又《与王朗书》曰："惟立德扬名，可以不朽，其次莫如著篇籍。故论撰所著《典论》、诗、赋，盖百余篇，集诸儒于肃城门内，讲论大义，侃侃无倦。"（《魏志·文帝纪注》）又作《叙诗》云："为太子时，北园及东阁讲堂并赋诗，命王粲、刘桢、阮瑀、应场称同作。"（《初学记》十引）此均文帝自述之词也。（卞兰《赞述太子赋》序，亦谓"沉思泉涌，发藻云浮"。）

又案：陈思王《前录·序》曰："故君子之作也。俨乎若高山，勃乎若浮云，质素也如秋蓬，摛藻也如春葩，泛乎洋洋，光乎皓皓，与《雅》、《颂》争流可也。余少而好赋，其所尚也，雅好慷慨，所著繁多，虽触类而作，然芜秽者众，故删定别撰，为《前录》七十八篇。"（《艺文类聚》五十五篇）此为思王自述之词。故明帝《追录陈思王遗文诏》亦曰："自少至终，篇籍不离于手。"又曰："撰录植前后所著赋、颂、诗、铭、著论，凡百余篇，副藏内外。"（《魏志·植传》）是思王之文，久为当世所传，故一时文人兴起者众。至于明帝，虽文采渐衰，然亦笃好艺文，观其《以所作〈平原公主诔〉手诏陈王植》曰："吾既薄才，至于赋、诔特不闲。从儿陵上还，哀怀未散，作儿诔，为田公家语耳。"（《御览》五百九十六引。案此诔不传。）陈王答表则言："文义相扶，章章殊兴，句句感切。"（《御览》五百九十六引）此为明帝工文之证。又高贵乡公《原和逌等作诗稽留诏》云："吾以暗昧，爱好文雅，广延诗赋，以知得失。"（《魏志》本纪）此又少王提倡文学之证也。故有魏一朝，文学独冠于吴、蜀。

又案：魏代名贤，于当时文学之士，亦多评品之词。如吴质《答魏太子笺》曰："陈、徐、应、刘，才学所著，于雍容侍从，实其人也。"（《文选》）《答东阿王书》亦曰："众贤所述，亦各有志。"（《文选》）均即七子之文言也。

又案：陈思王《王仲宣诔》曰："文若春华，思若涌泉，发言可咏，下笔成篇。”(《文选》) 王粲《阮文瑜诔》曰:“简书如雨，强力敏成。”(《艺文类聚》引) 鱼豢《魏略·武诸王传论》曰:“植之华采，思若有神。”(《魏志·任城王等传》裴注引) 亦均文章定论。自此以外，若陈思王《与吴季重书》云:“后所来讯，文采委曲，晔若春华，浏若清风。”(《文选》) 殷褒《荐朱俭表》曰:“飞辞抗论，骆驿奇逸。”(《艺文类聚》五十三引) 明帝诏何桢云:“扬州别驾何桢，有文章才。”(《御览》五百八十七引) 亦足补史传之缺。至若吴质论元瑜、孔璋，以为不能持论。(吴质《答魏太子笺》谓:“东方朔、枚皋之徒，不能持论，即阮、陈之俦也。”) 鱼豢论王、繁诸子，仅云“光泽足观。”(《魏志·王粲传》注引鱼豢《魏略·王、繁、阮、陈、路传论》曰:“寻省往者，鲁连、邹阳之徒，援譬引类，以解缔结，诚彼时文辨之隽也。今览王、繁、阮、陈、路诸人，前后文旨，亦何昔不若哉！其所以不论者，时世异耳。”又曰:“譬之朱漆，虽无桢干，其为光泽，亦壮观也。”) 虽为一时之言，亦千古之定说也。

又案：文章各体，至东汉而大备。汉魏之际，文家承其体式，故辨别文体，其说不淆。如魏文《答卞兰教》云:“赋者，言事类之所附也。颂者，美盛德之形容。”(《魏志·卞后传》注引) 又陈思王《上卞太后诔表》曰:“臣闻铭以述德，诔以述哀。”(《艺文类聚》十五) 均其证也。惟东汉以来，赞颂铭诔之文，渐事虚辞，颇背立诚之旨。故桓范《世要论·赞象篇》曰:“夫赞象所作，所以昭述勋德，思咏政惠。此盖诗颂之末流，宜由上而兴，非专下而作也。若言不足纪，事不足述，虚而为盈，亡而为有，此圣人之所疾，庶人之所耻。”又《铭诔篇》曰:“夫渝世富贵，乘时要世，爵以赂至，官以贿成。而门生故吏，合集财货，刊石纪功，称述勋德：高邈伊、周，下陵管、晏，远追豹、产，近逾黄、邵。势重者称美，财富者文丽，欺耀当时，疑误后世。”(以上二篇均见《群书治要》) 于当时文弊，诠论至详。(其《铭诔篇》又谓诔谥乃人主权柄，而汉世不禁，使私称与王命争流，臣子与君上俱用。盖谓诔文乃君上所锡，不

当私作，其说亦与古合。）盖文而无实，始于斯时，非惟韵文为然也，即作论著书，亦蹈此失。故《世要论·序作篇》曰：“世俗之人，不解作体，而务泛滥之言，不存有益之义。”（《群书治要》）文胜之弊，即此可睹。故援引其说，以见当时文学之得失，亦以见文章各体，由质趋华，非一朝一夕之故，其所由来者渐矣。（汉人惟为己书作序，未有为他书作序者。有之，自三国始。）

附录

汉魏之际，文学变迁，既如上课所述矣。然其变迁之迹，非证以当时文章各体，不足以考其变迁之由。今略录祢衡以下文章十二篇，以明概略。

一　祢衡《鲁夫子碑》：受天至精，纯粹睿哲。崇高足以长世，宽容足以广包，幽明足以测神，文藻足以辨物。然而敏学以求之，下问以诹之，虚心以受之，深思以咏之。愍周道之回遹，悼九畴之乖悖，故发愤忘食，应聘四方。鲁以大夫之位，任以国政之权，譬若飞鸿骞于中庭，骋骐骥于闾巷也。是以期月之顷，五教克谐，移风易俗，邦国肃焉，无思不服。懿文德以纡余，缀三五之纪纲，流洪耀之休赫，旷万世而扬光。夫文明以动，天则也；广大无疆，地德也；六经混成，洪式也。备此三者，圣极也。合吉凶于鬼神，遂殂落于梦寐。是以风烈流行，无所不通，故立石铭勋，以示昭明。辞曰：煌煌上天，笃降若人，邈矣幽哉，千祀一邻。明德弘监，情性存存，奕奕纯嘏，稽宪乾坤。曜彼灵祇，以训黎元，终日乾乾，配天之行。在险而正，在困而亨，穷达之运，委诸穹苍。日月则阴，天地不光，圣睿殂崩，大猷不纲。（《艺文类聚》二十。案：此篇《类聚》所引，似缺篇首数语。）

二　祢衡《吊张衡文》：南岳有精，君诞其姿，清和有理，君达其机，故能下笔绣辞，扬手文飞。昔伊尹值汤，吕尚遇旦，嗟矣君生，而独值汉。苍蝇争飞，凤凰已散，元龟可羁，河龙可绊。石坚而朽，星华而灭，唯道兴隆，悠悠永绝。□□靡滞，君音与浮，河水有竭，君声永流。

周旦先没，发梦孔丘，余生虽后，身亦存游，士贵知己，君其勿忧。（《太平御览》五百九十六）

案：东汉之文，均尚和缓。其奋笔直书，以气运词，实自衡始。《鹦鹉赋序》谓："衡因为赋，笔不停缀，文不加点。"知他文亦然。是以汉魏文士，多尚骋辞，或慷慨高厉，或溢气坌涌（孔融《荐祢衡疏》语），此皆衡文开之先也。（孔融引重衡文，即以此启。故融之所作，多范伯喈，惟荐衡表，则效衡体，与他篇文气不同。）

三　陈琳《为曹洪与魏文帝书》：十一月五日洪白：前初破贼，情奓意奢，说事颇过其实。得九月二十日书，读之喜笑，把玩无厌。亦欲令陈琳作报，琳顷多事，不能得为，念欲远以为欢，故自竭老夫之思。辞多不可一二，粗举大纲，以当谈笑。汉中地形，实有险固，四岳三涂，皆不及也。彼有精甲数万，临高守要，一夫挥戟，万夫不得进。而我军过之，若骇鲸之决细网，奔兕之触鲁缟，未足以喻其易。虽云王者之师，有征无战，不义而强，古今常有。故唐、虞之世，蛮夷猾夏，周宣之盛，亦仇大邦，《诗》、《书》叹载，言其难也。斯皆凭阻恃远，故使其然。是以察兹地势，谓为中材处之，殆难仓卒。来命陈彼妖惑之罪，叙王师旷荡之德，岂不信然！是夏、殷所以丧，苗、扈所以毙，我之所以克，彼之所以败也，不然，商、周何以不敌哉？昔鬼方聋昧，崇虎谗凶，殷辛暴虐，三者皆下科也。然高宗有三年之征，文王有退修之军，孟津有再驾之役，然后殪戎胜殷，有此武功。未有星流景集，飚奋霆击，长驱山河，朝至暮捷，若今者也。由此观之，彼固不逮下愚，则中才之守不然，明矣。在中才则谓不然，而来示乃以为彼之恶稔，虽有孙、田、墨、氂，犹无所救，窃又疑焉。何者？古之用兵，敌国虽乱，尚有贤人，则不伐也。是故三仁未去，武王还师；宫奇在虞，晋不加戎；季梁犹在，强楚挫谋。暨至众贤奔绌，三国为墟，明其无道有人，犹可救也。且夫墨子之守，萦带为垣，高不可登；折箸为械，坚不可入。若乃距阳平，据石门，摅八阵之列，骋奔牛之权，焉肯土崩鱼烂哉？设令守无巧拙，皆可攀附，则公输已陵宋城，乐毅已拔即墨矣，墨翟之术何称？田单之智何贵？老夫不敏，未之前闻。盖闻过高唐者，效王豹之讴；游睢、涣者，学藻缋之彩。间自入益部，仰司马、扬、王遗风，有子胜斐然之志，故颇奋文辞，异于他日。怪乃轻其家丘，谓为倩人，是何言欤？未骥垂耳于林坰，鸿雀戢翼于污池，亵之者固以为园囿之凡鸟，外厩之下乘也。及整兰筋，挥劲翮，陵厉清浮，顾盼千里，岂可谓其借翰于晨风，假足于六哉？恐犹未信丘言，必大噱也。洪白。(《文选》)

案：孔璋之文，纯以骋辞为主，故文体渐流繁富。《文选》所载《檄豫州》、《檄吴将校部曲》二文，亦与此同。文之由简趋烦，盖自此始。

四　吴质《答东阿王书》：质白：信到。奉所惠贶，发函伸纸，是何文采之巨丽，而慰喻之绸缪乎！夫登东岳者，然后知众山之逦迤也；奉至尊者，然后知百里之卑微也。自旋之初，伏念五六日，至于旬时，精散思越，惘若有失。非敢羡宠光之休，慕猗顿之富。诚以身贱犬马，德轻鸿毛，至乃历玄阙，排金门，升玉堂，伏虚槛于前殿，临曲池而行觞。既威仪亏替，言辞漏渫，虽恃平原养士之懿，愧无毛遂耀颖之才；深蒙薛公折节之礼，而无冯谖三窟之效；屡获信陵虚左之德，又无侯生可述之美。凡此数者，乃质之所以愤积于胸臆，怀眷而悁邑者也。若追前宴，谓之未究，倾海为酒，并山为肴，伐竹云梦，斩梓泗滨，然后极雅意，尽欢情，信公子之壮观，非鄙人之所庶几也。若质之志，实在所天，思投印释黻，朝夕侍坐，钻仲父之遗训，览老氏之要言，对清酤而不酌，抑嘉肴而不享，使西施出帷，嫫母侍侧，斯盛德之所蹈，明哲之所保也。若乃近者之观，实荡鄙心，秦筝发徽，二八迭奏，埙箫激于华屋，灵鼓动于座右，耳嘈嘈于无闻，情踊跃于鞍马。谓可北慑肃慎，使贡其楛矢；南震百越，使献其白雉。又况权、备，夫何足视乎！还治讽采所著，观省英玮，实赋颂之宗，作者之师也。众贤所述，亦各有志。昔赵武过郑，七子赋诗，《春秋》载列，以为美谈。质，小人也，无以承命，又所答贶，辞丑义陋，申之再三，赧然汗下。此邦之人，闲习辞赋，三事大夫，莫不讽诵，何但小吏之有乎？重惠苦言，训以政事，恻隐之恩，形乎文墨。墨子回车，而质四年，虽无德与民，式歌且舞，儒墨不同，固以久矣。然一旅之众，不足以扬名；步武之间，不足以骋迹，若不改辙易御，将何以效其力哉！今处此而求大功，犹绊良骥之足，而责以千里之任；槛猿猴之势，而望其巧捷之能者也。不胜见恤，谨附遗白答，不敢繁辞。吴质白。(《文选》)

五　应璩《与曹长思书》：璩白：足下去后，甚相思想。叔田有无人之歌，闱有匪存之思，风人之作，岂虚也哉！王肃以宿德显授，何曾以后进见拔，皆鹰扬雄视，有万里之望。薄援助者，不能追参于高妙，复敛翼于故枝，块然独处，有离群之志。汲黯乐在郎署，何武耻为宰相，千载揆之，知其有由也。德非陈平，门无结驷之迹；学非扬雄，堂无好事之客；才劣仲舒，无下帷之思；家贫孟公，无置酒之乐。悲风起于闺闼，红尘蔽于机榻。幸有袁生，时步玉趾，樵苏不爨，清谈而已，有似周党之过闵子。夫皮朽者毛落，川涸者鱼逝，春生者繁华，秋荣者零悴，自然之数，岂有恨哉？聊为大弟陈其苦怀耳。想还在近，故不益言。璩白。(《文选》)

六　陶丘一《荐管宁表》：臣闻龙凤隐耀，应德而臻；明哲潜遁，俟时而动。是以鸣岐，周道兴隆；四皓为佐，汉帝用康。伏见太中大夫管宁，应二仪之中和，总九德之纯懿，含章素质，冰洁渊清，玄虚澹泊，与道逍遥，娱心黄、老，游志六艺，升堂入室，究其阃奥，韬古今于胸怀，包道德之机要。中平之际，黄巾陆梁，华夏倾荡，王纲弛顿，遂避时难，乘桴越海，羁旅辽东，三十余年。在《乾》之《姤》，匿景藏光，嘉遁养浩，韬韫儒墨，潜化傍流，畅于殊俗。黄初四年，高祖文皇帝畴咨群公，思求隽乂，故司徒华歆举宁应选。公车特征，振翼遐裔，翻然来翔，行遇屯厄，遭罹疾病，即拜太中大夫。烈祖明皇帝嘉美其德，登为光禄勋。宁疾弥留，未能进道。今宁旧疾已瘳，行年八十，志无衰倦，环堵筚门，偃息穷巷，饭鬻糊口，并日而食，吟咏诗书，不改其乐。困而能通，遭难必济，经危蹈险，不易其节，金声玉色，久而弥彰。揆其终始，殆天所祚，当赞大魏，辅亮雍熙，衮职有阙，群下属望。昔高宗刻象，营求贤哲，周文启龟，以卜良佐。况宁前朝所表，名德已著，而久栖迟，未时引致，非所以奉遵明训，继成前志也。陛下践阼，纂承洪绪，圣敬日跻，超越周成，每发德音，动咨师傅。若继二祖，招贤故典，宾礼俊迈，以广缉熙，济济之化，侔于前代。宁清高恬泊，拟迹前轨，德音卓绝，海内无偶。历观前世，玉帛所命，申公、枚乘、周党、樊英之俦，测其渊源，览其清浊，未有厉俗独行若宁者也。诚宜束帛加璧，备礼征聘，仍授几杖，延登东序，敷陈坟索，坐而论道，上正璇玑，协和皇极，下阜群生，彝伦攸叙，必有可观，光益大化。若宁固执匪石，守志箕山，追迹洪崖，参踪巢、许，斯亦圣朝同符唐、虞，优贤扬历，垂声千载，虽出处殊途，俯仰异体，至于兴治美俗，其揆一也。(《魏志·管宁传》)

案：以上三文，体虽不同，然均词浮于意，足以考文体恢张之渐。盖东汉之文，虽多反复申明之词，然不以隶事为主，亦不徒事翰藻也。

七　丁仪《刑礼论》：天垂象，圣人则之。天之为岁也，先春而后秋；君之为治也，先礼而后刑。春以生长为德，秋以杀戮为动；礼以教训为美，刑以威严为用。故先生而后杀，天之为岁也；先教而后罚，君之为治也。天不以久远更其春冬，而人得以古今改其礼刑哉？太古之世，民故质朴，质朴之民，宜其易化。是以中古之君子，或结绳以治，或象刑惟明。夏后肉辟，民转奸诈，刑弥兹繁，礼亦如之。由斯言之，古之刑省，礼亦宜略。今所论辨，虽出传记之前，夫流东源不得西，景正形不得倾，自然之势也。后世礼刑，俱失于前，先后之宜，故自有常。今夫先刑者，用其末也，由礼禁未然之前，谓难明之礼，古人不能行也。按如所云礼，嫂叔不亲之属也，非太古之礼也。所云礼者，岂此也哉？古者民少而兽多，未有所争，民无患则无所思，故未有君焉。后民祸多，强暴弱，于是有贤人焉，平其多少，均其有无，推逸取劳，以身先之，民获其利，归而乐之，乐之得为君焉。夫刑之记君也，精具筋力，民畏其强，而不敢校，得为君也。恐上古未具刑罪之品，设逋亡之法，惧彼为我，而以勇力侵暴于己。能与则校，不能归奉之，明矣。且上古之时贼耳，非所谓君也。（此段有误文。）上古虽质，宜所以为君，会当先别男女，定夫妇，分土地，班食物，此先以礼也。夫妇定而后禁淫焉，万物正而后止窃，此后刑也。（《艺文类聚》五十四）

案：东汉论文，如《延笃》、《仁孝》之属，均详引经义，以为论断。其有直抒已意者，自此论始。魏代名理之文，其先声也。（又：《类聚》十一引王粲《难钟荀太平论》，二十引孔融《圣人优劣论》，亦与此体略同，惟非全文。）

八　刘廙《政论·疑贤篇》：自古人君，莫不愿得忠贤而用之也，既得之，莫不访之于众人也。忠于君者，岂能必利于人？苟无利于人，又何能保誉于人哉？故常愿之于心，而常失之于人也。非愿之之不笃而失之也，所以定之之术非也。故为忠者，获小赏而大乖违于人，恃人君之独知之耳，而获访之于人，此为忠者福无几，而祸不测于身也。得于君，不过斯须之欢；失于君，而终身之故患。荷赏名而实穷于罚也。是以忠者逝而遂，智者虑而不为。为忠者不利，则其为不忠者利矣。凡利之所在，人无不欲；人无不欲，故无不为不忠矣。为君者以一人而独虑于众奸之上，虽至明而犹困于见暗，又况庸君之能睹之哉？庸人知忠之无益于己，而私名之可以得于人，得于人可以重于君也，故笃私交，薄公义，为己者殖而长之，为国也抑而割之，是以直实之人黜于国，阿欲之人盈于朝矣。由是田、季之恩隆，而齐、鲁之政衰也。虽戒之市朝，示之刀锯，私欲益盛，齐、鲁日困，何也？诚威之以言，而赏之以实也。好恶相错，政令日弊。昔人曰：为君难，不其然哉？（《群书治要》）

九　蒋济《万机论·刑论篇》：患之巨者，狡猾之狱焉。狡黠之民，不事家事，烦贷乡党，以见厌贱，因反忿恨，看国家忌讳，造诽谤，崇饰戏言，以成丑语。被以叛逆，告白长吏，或内利疾恶尽节之名，外以为功，遂使无罪，并门灭族，父子孩耄，肝脑涂地，岂不剧哉！求媚之臣，侧人取舍，虽烝子啖君，孤已悦主，而不惮也。况因捕叛之时，无悦亲之民，必获尽节之称乎？夫妄造诽谤，虚书叛逆，狡黠之民也。而诈忠者，

知而族之，此国之大残，不可不察也。(《群书治要》)

案：上二篇足稔魏代子书，纯以推极利弊为主，不尚华词，与东汉异。

十　杜恕《请令刺史专民事不典兵疏》：帝王之道，莫尚乎安民；安民之术，在于丰财；丰财者，务本而节用也。方今二贼未灭，戎车亟驾，此自熊虎之士展力之秋也。然缙绅之儒，横加荣慕，扼腕抗论，以孙、吴为首；州郡牧守，咸共忽恤民之术，修将率之事。农桑之民，竞干戈之业，不可谓务本。帑藏岁虚，而制度岁广，民力岁衰，而赋役岁兴，不可谓节用。今大魏奄有十州之地，而承丧乱之弊，计其户口，不如往昔一州之民。然而二方僭逆，北虏未宾，三边遘难，绕天略匝。所以统一州之民，经营九州之地，其为艰难，譬策羸马以取道里，岂可不加意爱惜其力哉？以武皇帝之节俭，府藏充实，犹不能十州拥兵，郡且二十也。今荆、扬、青、徐、幽、并、雍、凉缘边诸州，皆有兵矣。其所恃内充府库，外制四夷者，惟兖、豫、司、冀而已。臣前以州郡典兵，则专心军功，不勤民事，宜别置将守，以尽治理之务。而陛下复以冀州宠秩吕昭。冀州户口最多，田多垦辟，又有桑枣之饶，国家征求之府，诚不当复任以兵事也。若以北方当须镇守，自可专置大将以镇安之。计所置吏士之费，与兼官无异。然昭于人才尚复易，中朝苟乏人，兼才者势不独多。以此推之，知国家以人择官，不为官择人也。官得其人，则政平讼理。政平，故民富实；讼理，故囹圄虚空。陛下践阼，天下断狱百数十人，岁岁增多，至五百余人矣。民不益多，法不益峻。以此推之，非政教陵迟，牧守不称之明效欤？往年牛死，通率天下，十能损二，麦不半收，秋种未下。若二贼游魂于疆场，飞刍挽粟，千里不及。究此之术，岂在强兵乎？武士劲卒愈多，愈多愈病耳。夫天下犹人之体，腹心充实，四支虽病，终无大患。今兖、豫、司、冀，亦天下之腹心也。是以愚臣，实愿四州之牧守，独修务本之业，以堪四支之重。然孤论难持，犯欲难成，众怨难积，疑似难分，故累载不为明主所察。凡言此者，类皆疏贱，疏贱之言，实未易听。若使善策必出于亲贵，固不

犯四难以求忠爱，此古今之所常患也。(《三国志·杜畿传》)

十一　夏侯玄《时事议》：夫官才用人，国之柄也。故铨衡专于台阁，上之分也；孝行存乎闾巷，优劣任之乡人，下之叙也。夫欲清教审选，在明其分叙，不使相涉而已。何者？上过其分，则恐所由之不本，而干势驰骛之路开；下逾其叙，则恐天爵之外通，而机权之门多矣。夫天爵下通，是庶人议柄也；机权多门，是纷乱之原也。自州郡中正品度官才之来，有年载矣，缅缅纷纷，未闻整齐，岂非分叙参错，各失其要之所由哉！若令中正但考行伦辈，伦辈当行均，斯可官矣。何者？夫孝行著于家门，岂不忠恪于在官乎？仁恕称于九族，岂不达于为政乎？义断行于乡党，岂不堪于事任乎？三者之类，取于中正，虽不处其官名，斯任官可知矣。行有大小，比有高下，则所任之流，亦焕然明别矣。奚必使中正干铨衡之机于下，而执机柄者有所委仗于上，上下交侵，以生纷错哉？且台阁临下，考功校否，众职之属，各有官长，旦夕相考，莫究于此。闾阎之议，以意裁处，而使匠宰失位，众人驱骇，欲风俗清静，其可得乎？天台县远，众所绝意，所得至者，更在侧近，孰不修饰以要所求？所求有路，则修己家门者，已不如自达于乡党矣。自达乡党者，已不如自求之于州邦矣。苟开之有路，而患其饰真离本，虽复严责中正，督以刑罚，犹无益也。岂若使各帅其分，官长则各以其属能否献之台阁；台阁则据官长能否之第，参以乡闾德行之次，拟其伦比，勿使偏颇；中正则唯考其行迹，别其高下，审定辈类，勿使升降。台阁总之，如其所简，或有参错，则其责负自在有司。官长所第，中正辈拟，比随次率而用之，如其不称，责负在外。然则内外相参，得失有所，互相形检，孰能相饰？斯则人心定而事理得，庶可以静风俗而审官才矣。(《三国志·玄传》。此上系议之首篇，《志》之所载，尚有《论官制》及《论文质》二篇，兹弗录。)

案：东汉奏疏，多含蓄不尽之词。魏人奏疏之文，纯尚真实，无不尽之词。观此二篇，足稔大概。

十二　王肃《请恤杀平刑疏》：大魏承百王之极，生民无几，干戈未哉，诚宜息民而惠之以安静遐迩之时也。夫务畜积而息疲民，在于省徭役而勤稼穑。今宫室未就，功业未讫，运漕调发，转相供奉。是以丁夫疲于力作，农者离其南亩，种谷者寡，食谷者众，旧谷既没，新谷莫继，斯则有国之大患，而非备豫之长策也。今见作者三四万人，九龙可以安圣体，其内足以列六宫。显阳之殿，又向将毕。惟泰极已前，功夫尚大，方向盛寒，疾疢或作。诚愿陛下发德音，下明诏，深愍役夫之疲劳，厚矜兆民之不赡，取常食廪之士，非急要者之用，选其丁壮，择留万人，使一期而更之，咸知息代有日，则莫不悦以及事，劳而不怨矣。计一岁有三百六十万夫，亦不为少。当一岁成者，听且三年，分遣其余，使皆即农，无穷之计也。仓有溢粟，民有余力，以此兴功，何功不立？以此行化，何化不成？夫信之于民，国家大宝也。仲尼曰："自古皆有死，民非信不立。"夫区区之晋国，微微之重耳，欲用其民，先示以信。是故原虽将降，顾信而归，用能一战而霸，于今见称。前车驾当幸洛阳，发民为营，有司命以营成而罢。既成，又利其功力，不以时遣。有司徒营其目前之利，不顾经国之体。臣愚以为：自今以后，傥复使民，宜明其令，使必如期，若有事以次，宁复更发，无或失信。凡陛下临时之所行刑，皆有罪之吏，宜死之人也，然众庶不知，谓为仓卒。故愿陛下下之于吏，而暴其罪，钧其死也，无使污于宫掖，而为远近所疑。且人命至重，难生易杀，气绝而不续者也，是以圣贤重之。孟轲称："杀一无辜以取天下，仁者不为也。"汉时，有犯跸惊乘舆马者，廷尉张释之奏使罚金。文帝怪其轻，而释之曰："方其时，上使诛之则已。今下廷尉。廷尉，天下之平也，一倾之，天下用法皆为轻重，民安所措其手足？"臣以为大失其义，非忠臣所宜陈也。廷尉者，天子之吏也，犹不可以失平，而天子之身，反可以惑谬乎？斯重于为己，而轻于为君，不忠之甚也。周公曰："天子无戏言。言则史书之，工诵之，士称之。"言犹不戏，而况行之乎？故释之之言，不可不察；周公之戒，不可不法也。（《魏志》本传）

案：此疏与前二疏同。

又案:《文心雕龙》诸书，或以魏代文学与汉不异。不知文学变迁，因自然之势。魏文与汉不同者，盖有四焉：书檄之文，骋词以张势，一也；论说之文，渐事校练名理，二也；奏疏之文，质直而屏华，三也；诗赋之文，益事华靡，多慷慨之音，四也。凡此四者，概与建安以前有异，此则研究者所当知也。

魏晋文学之变迁

魏代自太和以迄正始，文士辈出。其文约分两派：一为王弼、何晏之文，清峻简约，文质兼备，虽阐发道家之绪，实与名、法家言为近者也。此派之文，盖成于傅嘏，而王、何集其大成，夏侯玄、钟会之流，亦属此派。溯其远源，则孔融、王粲实开其基。一为嵇康、阮籍之文，文章壮丽，摠采骋辞，虽阐发道家之绪，实与纵横家言为近者也。此派之文，盛于竹林诸贤。溯其远源，则阮瑀、陈琳已开其始。惟阮、陈不善持论，孔、王虽善持论，而不能藻以玄思，故世之论魏晋文学者，昧厥远源之所出。今征引群籍，以著魏晋文学之变迁，且以明晋宋文学之渊源，以备参考。(凡论文学之变迁，当观其体势若何，然后文派异同，可得而说。)

甲　傅嘏及王何诸人

《三国志·魏·傅嘏传》：常论才性同异，钟会集而论之。

《三国志·嘏传》注引《傅子》曰：嘏既达治好正，而有清理识要，好论才性，原本精微，鲜能及之。司隶校尉钟会，年甚少，嘏以明智交会。

《世说新语·文学篇》：傅嘏善言虚胜，荀粲谈尚玄远，每至共语，有争而不相喻。裴冀州释二家之义，通彼我之怀，常使两情相得，彼此具畅。(案：刘注引《荀粲别传》云："粲到京邑与傅嘏谈，嘏善名理，粲尚玄远。")

案：与嘏同时善言名理者，为荀粲。裴松之《三国志·荀彧传注》引何邵《荀粲传》曰："粲字奉倩（即彧少子）。诸兄并以儒术论议，而粲独好言道。常以为子贡称‘夫子之言性与天道，不可得闻’，然则六籍虽存，固圣人之糠秕。粲兄俣难曰：‘《易》亦云圣人立象以尽意，系辞焉以尽言，则微言胡为不可得而闻见哉？’粲答曰：‘盖理之微者，非物象之所举也。今称立象以尽意，此非通于意外者也；系辞焉以尽言，此非言乎系表者也。斯则象外之意，系表之言，固蕴而不出矣。’当时能言者莫能屈。”（案：《世说注》摘引此文，称《荀粲别传》，知《别传》即邵所撰《粲传》也。）“粲与嘏善，夏侯玄亦亲。常谓嘏、玄曰：‘子等在世途间，功名自胜我，但识劣我耳。’嘏难曰：‘能盛功名者，识也。天下孰有本不足而末有余者耶？’粲曰：‘功名者，志局之所奖也。然则志局自一物耳，固非识之所独济也。’”此荀粲善言名理之证。又《世说·文学篇》刘注引《管辂传》曰：“裴使君（即谓裴徽，徽字文季，曾为冀州刺史。）有高才逸度，善言玄妙。”《世说·文学篇》亦曰：“王辅嗣弱冠诣裴徽。徽问曰：‘夫无者，诚万物之所资。圣人莫肯致言，而老氏申之无已，何耶？’弼曰：‘圣人体无，无又不可以训，故言必及有。老、庄未免于有，恒训其所不足。’”此裴徽喜言名理之证。徽、粲言理之文，今鲜可考，然清谈之风，实基于此。盖嘏、粲诸人，其辨理名理，均当明帝太和时，固较王、何为尤早也。

《文心雕龙·论说篇》：傅嘏、王粲，校练名理。

案：嘏文载于《魏志》本传者，有《征吴对》、《难邵考课法》各篇。（《难邵考课法》，语语核实，近于名、法家言。是知嘏言名理，实由综核名实为基。）又，《艺文类聚》所引，有《请立贵妃为皇后表》、《皇初颂》。其《才性论》不传。

又案：《雕龙》以嘏与王粲并言。《艺文类聚》所引粲文，有《难钟荀太平论》，其词曰：“圣莫盛于尧，而洪水方割，丹朱淫虐，四族凶佞矣。帝舜因之，而三苗畔戾矣。禹又因之，而防风为戮矣。此三圣，古之所大称也，继踵相承，且二百年，而刑罚未尝一世而乏也。然则此三圣能平，三圣能平则何世能致之乎？孔子称曰：‘唯上智与下愚不移。’不移者，丹朱、四凶、三苗之谓也。当纣之世，殷罔不小大，好草窃奸宄。周公迁殷顽民于洛邑，其下愚之人必有之矣。周公之于三圣，不能逾也。三圣有所不化矣，有所不移矣。周公之不能化殷之顽民，所可知也。苟不可移，必或犯罪，罪而弗刑，是失所也；犯而刑之，刑不可错矣。孟轲有言：'尽信书不如无书。'有大而言之者，'刑错'之属也。岂亿兆之民，历数十年而无一人犯罪，一物失所哉？谓之无者，尽信书之谓也。"又《安身论》曰："盖崇德莫盛乎安身，安身莫大乎存政，存政莫重乎无私，无私莫深乎寡欲。是以君子安其身而后动，易其心而后语，定其交而后行。然则动者，吉凶之端也；语者，荣辱之主也；求者，利病之几也；行者，安危之决也。故君子不妄动也，必适于道；不徒语也，必经于理；不苟求也，必造于义；不虚行也，必由于正。夫然，用能免或击之凶，厚自天之佑。故身不安则殆，言不顺则悖，交不审则惑，行不笃则危，四者存乎中，则忧患接乎外矣。忧患之接，必生于自私，而兴于有欲。自私者不能成其私，有欲者不能济其欲，理之至也。"观此二文，知粲工持论，雅似魏晋诸贤。其它所著，别有《儒吏论》、《务本论》、《爵论》，亦见《类聚》诸书所引，均于名法之言为近。《魏志·粲传》引《典略》曰："粲才既高，辩论应机。"岂不信哉？（王辅嗣为王业之子，业即粲之嗣子也。知辅嗣善持论，亦承仲宣之传。）

《三国志·魏·钟会传》：会弱冠，与山阳王弼并知名。弼好论儒道，辞才逸辩，注《易》及《老子》，为尚书郎，年二十余卒。（裴注云："弼字辅嗣。"）

又《曹爽传》：何晏，何进孙也。少以才秀知名，好老、庄言，作《道德论》及诸文赋，著述凡数十篇。（摘录。裴注："晏字平叔。"）《世说新语·文学篇》刘注引《魏氏春秋》曰：晏少有异才，善谈《易》、老。

又引《文章叙录》曰：晏能清言，而当时权势，天下谈士，多宗尚之。

又引《文章叙录》曰：自儒者论，以老子非圣人，绝礼弃学。晏说与圣人同，著论行于世也。

《三国志·魏·夏侯玄传》：玄字太初，少知名。裴注引《魏略》曰：玄尝著《乐毅》、张良》及《本无肉刑论》，辞旨通远，咸传于世。

《三国志·魏·钟会传》：少敏慧夙成。及壮，有才数技艺，而博学精练名理。会尝论《易》无互体、才性同异。及会死后，于会家得书二十篇，名曰《道论》，而实刑名家也，其文似会。（《世说·文学篇》刘注引《魏志》作："会论'才性同异'传于世。"）《三国志·会传》注引何劭《王弼传》曰：弼幼而察慧，年十余，好老氏，通辩能言。父业，为尚书郎。时裴徽为吏部郎，弼未弱冠，往造焉。徽一见而异之，问弼曰："夫无者，诚万物之所资也。然圣人莫肯致言，而老子申之无已者何？"弼曰："圣人体无，无又不可以训，故不说也。老子是有者也，故恒言无所不足。"寻亦为傅嘏所知。于时何晏为吏部尚书，甚奇弼，叹之曰："仲尼称后生可畏，若斯人者，可与言天人之际乎！"正始中，弼补台郎。初除，觐爽，请间。爽为屏左右，而弼与论道，移时，无所他及。淮南人刘陶，善论纵横，为当时所称，每与弼语，常屈弼。弼天才卓出，当其所得，莫能夺也。性和理，乐游宴，解音律，善投壶。其论道，附会文辞，不如何晏，自然有所拔得，多晏也。颇以所长笑人，故时为士君子所疾。弼与钟会善，会论议以校练为家，然每服弼之高致。何晏以为圣人无喜怒哀乐，其论甚精，钟会等述之。弼与不同，以为圣人茂于人者，神明也，同于人者，五情也。神明茂，故能体冲和以通无；五情同，故不能无哀乐以应物。然则圣人之情，应物而无累于物者也。今以其无累，便谓不复应物，失之多矣。弼注《易》，颍川人荀融难弼"大衍"义，弼答其意，白书以戏之曰："夫明足以寻极幽微，而不能去自然之性。颜子之量，孔父之所预在，然遇之不能无乐，丧之不能无哀。又常狭斯人，以为未能以情从理者也，而今乃知自然之不可革。足下之量，虽已定乎胸怀之内，然而隔逾旬朔，何其相思之多乎？故知尼父之于颜子，可以无大过矣。"弼注《老子》，为之指略，致有理统；著《道略论》，注《易》，往往有高丽言。太原王济好谈，病老庄，尝云："见弼《易注》，所悟者多。"然弼为人浅而不识物情。正始十年，曹爽废，以公事免。其秋遇疠疾亡，时年二十四。无子，绝嗣。弼之卒也，晋景王闻之，嗟叹者累日，其为高识所惜如此。（摘录。案：此传多为《世说》诸书所本。《世说》刘注引《魏氏春秋》亦云：“弼论道，约美不如晏，自然出拔过之。”所云论道约美，即指《老》、《易》诸注言。）

案：晏文传于今者，以《景福殿赋》（《文选》）、《瑞颂》（《艺文类聚》）、《论语集解序》为最著。其议礼之文，有《难蒋济叔嫂无服论》（《通典》）、祀五郊六宗厉殃议》（同上）。论古之文，有《白起论》（《史记·起传集解》）、《冀州论》（《御览》引）。据《世说·文学篇》，则晏曾注《老子》，后见弼注，改以所注为《道德二论》，今已不传。其析理之文传于今者，有《列子·仲尼篇》张注所引《无名论》，其文曰：“为民所誉，则有名者也；无誉，无名者也。若夫圣人，名无名，誉无誉，谓无名为道，无誉为大。则夫无名者可以言有名矣，无誉者可以言有誉矣，然与夫可誉可名者，岂同用哉？此比于无所有，故皆有所有矣，而于有所有之中，当与无所有相从，而与夫有所有者不同。同类无远而相应，异类无近而不相违。譬如阴中之阳，阳中之阴，各以物类自相求从。夏日为阳而夕夜远，与冬日共为阴；冬日为阴而朝昼远，与夏日同为阳，皆异于近而同于远也。详此异同，而后无名之论可知矣。凡所以至于此者何哉？夫道者，惟无所有者也。自天地已来，皆有所有矣。然犹谓之道者，以其能复用无所有也。故虽处有名之域，而没其无名之象，由以在阳之远体，而忘其自有阴之远类也。夏侯玄曰：天地以自然运，圣人以自然用。自然者道也，道本无名，故老氏曰‘强为之名’。仲尼称尧‘荡荡无能名焉’，下云‘巍巍成功’，则强为之名，取世所知而称耳，岂有名而更当云‘无能名焉’者邪？夫惟无名，故可得遍以天下之名名之，然岂其名也哉？唯此足喻而终莫悟。是观泰山崇崛，而谓元气不浩芒者也。”观晏此论，知晏之文学，已开晋、宋之先，而晏、玄所持之理，亦可悉其大略矣。

又案：弼文传于世者，今鲜全篇，惟《易注》、《易略例》、《老子注》

均为完书。其《易略例 · 明象篇》曰："自统而寻之，物虽众，则知可以执一御也；由本以观之，义虽博，则知可以一名举也。处旋机以观大运，则天地之动，未足怪也；据会要以观方来，则六合辐凑，未足多也。故举卦之名，义有主矣，观其彖词，则思过半矣。夫古今虽殊，军国异容，中之为用，故未可远也。品制万变，宗主存焉。"又《明爻篇》曰："情伪之动，非数之所求也。故合散屈伸，与体相乖。形躁好静，质柔爱刚，体与情反，质与愿违。巧历不能定其算数，圣明不能典要，法制所不能齐，度量所不能均也。召云者龙，命吕者律。二女相违，而刚柔合体。隆坻永叹，远壑必盈。投戈散地，则六亲不能相保；同舟而济，则胡、越何患乎异心。故苟择其情，不忧乖远；苟明其趣，不烦强武。"观此二则，可以窥辅嗣文章之略，盖其为文，句各为义，文质兼茂，非惟析理之精也。

又案：王、何注经，其文体亦与汉人迥异。如《易 · 乾卦》三爻，王注云："处下体之极，居上体之下，在不中之位，履重刚之险。上不在天，未可以安其尊也；下不在田，未可以宁其居也。纯修下道，则居上之德废；纯修上道，则处下之礼旷。故终日乾乾，至于夕惕，犹若厉也。"又《复卦 · 彖传》注云："复者，反本之谓也。天地以本为心者也。凡动息则静，静非对动者也；语息则默，默非对语者也。然则天地虽大，富有万物，雷动风行，运化万变，寂然至无，是其本矣。故动息地中，乃天地之心见也。若其以有为心，则异类未获具存矣。"又何晏《论语集解 · 为政篇》"百世可知"注云："物类相召，世数相生，其变有常，故可预知。"又《里仁篇》德不孤章注云："方以类聚，同志相求，故必有邻，是以不孤。"又《子罕篇》唐棣之华章注云："夫思者当思其反。反是不思，所以为远；能思其反，何远之有？言权可知，惟不知思耳。思之有次序，斯可知矣。"举斯数则，足审大凡。厥后郭象注《庄子》，张湛注《列子》，李轨注《法言》，范宁注《谷梁》，其文体并出于此，而汉人笺注文体无复存矣。

又案：玄之所著，有《夏侯子》，其遗文偶见《太平御览》。其《肉刑论》（见《通典》）、《乐毅论》（《艺文类聚》），至今具存。（余文详本传。)《御览》所引，别有《辨乐论》二则，盖与嗣宗辨难之文也。(其一则云:“阮生云:‘律吕协则阴阳和，音声适则万物类。天下无乐，而欲阴阳和调，灾害不生，亦以难矣。’此言律吕音声，非徒化治人物，可以调和阴阳，荡除灾害也。夫天地定位，刚柔相摩，盈虚有时。尧遭九年之水，忧民阻饥；汤遭七年之旱，欲迁其社。岂律吕不和，音声不通哉？此乃天然之数，非人道所协也。”)

又案：会文传于今者，以《檄蜀文》、《平蜀上言》(本传)、《母夫人张氏传》(本传注)为最著。其《御览》诸书所引，别有《刍荛论》，与《魏志》所云《道论》或即一书(《隋志》五卷)。其析论之文，如《魏志》所载“《易》无互体”、“才性同异”诸论，今均不传。《世说·文学篇》云:“钟会撰《四本论》，欲使嵇公一见。”刘注云:“四本者，有才性同、才性异、才性合、才性离也。尚书傅嘏论同，中书令李丰论异，侍郎钟会论合，屯骑校尉王广论离。”据刘说，则“才性同异论”即《四本论》，乃与嘏等同作，复集合其义而论之者也。(会作《老子注》，其逸文时见各家甄引。)

乙　嵇阮之文

《三国志·魏·王粲传》：阮瑀子籍，才藻艳逸，而倜傥放荡，行己寡欲，以庄周为模。(裴注：籍字嗣宗。)

案:《魏志》以“才藻艳逸”评籍，最为知言。籍为元瑜之子，瑜之所作，如《为曹公作书与孙权》诸篇，均尚才藻，多优渥之言，此即籍文所自出也。

嵇叔良《魏散骑常侍阮嗣宗碑》曰：先生承命世之美，希达节之度。得意忘言，寻妙于万物之始；穷理尽性，研几于幽明之极。(《广文选》、杨慎《丹铅总录》以此文为东平太守嵇叔良撰，是也。或作叔夜撰，非是。)

臧荣绪《晋书》曰：籍善属文论，初不苦思，率尔便成。(《文选·五君咏》李注引)

案：籍才思敏捷，盖亦得自元瑜。《世说·文学篇》谓魏封晋王为公，备礼九锡，就籍求文，籍时宿醉，书札为之，无所点定，足与臧书之说互明。（刘注引顾恺之《晋文章记》曰：“阮籍劝进，落落有弘致。”）

《三国志·魏·王粲传》：时又有谯郡嵇康，文辞壮丽，好言老庄，而尚奇任侠。（裴注：“康字叔夜。”）

案：《魏志》以“文辞壮丽”评康，亦至当之论。

《三国志》注引嵇喜所撰《康传》曰：家世儒学，少有隽才，旷迈不群，高亮任性，学不师授，博洽多闻。长而好老、庄之业，恬静无欲。善属文、弹琴、咏诗，自足于怀抱之中。著《养生篇》。撰录上古以来圣贤隐逸、遁心遗名者，集为传赞。（摘录）《三国志》注引《魏氏春秋》曰：康所著文论六七万言，皆为世所玩咏。

案：《世说注》诸书所引，有《嵇康集目录》，《太平御览》引作《嵇康集序》。

《御览》引李充《翰林论》曰：研求名理而论生焉。论贵于允理，不求支离。若嵇康之论，成文矣。

案：李氏以论推嵇，明论体之能成文者，魏、晋之间，实以嵇氏为最。

《文心雕龙·体性篇》：嗣宗俶傥，故响逸而调远；叔夜隽侠，故兴高而采烈。

案：彦和以“响逸调远”评籍文，与《魏志》“才藻艳逸”说合。盖阮文之丽，丽而清者也。以“兴高采烈”评康文，亦与《魏志》“文词壮丽”说合。盖嵇文之丽，丽而壮者也。均与徒事藻采之文不同。

《文心雕龙·时序篇》：正始余风，篇体轻澹，而嵇、阮、应、缪，并驰文路。

案：彦和此论，盖兼王、何诸家之文言，故言篇体轻澹。其兼及嵇、阮者，以嵇、阮同为当时文士，非以轻澹目嵇、阮之文也。即以诗言，嵇诗可以轻澹相目，岂可移以目阮诗哉？

《文心雕龙·才略篇》：嵇康师心以遣论，阮籍使气以命诗，殊声而合响，异翮而同飞。

案：此节以论推嵇，以诗推阮。实则嵇亦工诗，阮亦工论，彦和特互言见意耳。

《文心雕龙·明诗篇》：正始明道，诗杂仙心，何晏之徒，率多浮浅。惟嵇志清峻，阮旨遥深，故能标焉。（《明诗篇》又谓“叔夜含其润”。）

案：嵇、阮之文，艳逸壮丽，大抵相同。若施以区别，则嵇文近汉孔融，析理绵密，阮所不逮；阮文近汉祢衡，托体高健，嵇所不及，此其相异之点也。至其为诗，则为体迥异，大抵嵇诗清峻，而阮诗高浑。彦和所谓遥深，即阮诗之旨言，非谓阮诗之体也。

又案：钟氏《诗品》谓阮籍《咏怀》之诗，可以陶性灵，发幽思，言在耳目之内，情寄八荒之外，会于风雅，厥旨渊放，归趣难求。又谓康诗露才，颇伤渊雅之志，然托喻清远，良有鉴裁，亦未失高流。与彦和所评相近，亦嵇、阮诗体不同之证也。要之，魏初诗歌，渐趋轻靡，嵇、阮矫以雄秀，多为晋人所取法，故彦和评论魏诗，亦惟推重二子也。

又案：阮氏之文传于今者，有《东平赋》、《首阳山赋》、《鸠赋》、《猕猴赋》、《清思赋》、《元父赋》，大抵语重意奇，颇事华采。其意旨所寄，所为《大人先生传》，其体亦出于汉人设论（如《解嘲》之属），然杂以骚赋各体，为汉人所未有。若《文选》所录《为郑冲劝晋王笺》、《诣蒋公奏记辞辟命》，文虽雅健，非阮氏文章之本色也。其论文传于今者，若《通老论》诸文，今均弗完，惟见《御览》诸书所引。其见于明人所刻《阮集》者，（《阮集》，《隋志》十三卷，今其存者仅矣。）有《通易论》、《达庄论》、《乐论》三篇。《通易》综贯全经之义，以推论世变之由，其文体奇偶相成，间用韵语；《达庄论》亦多韵语，然词必对偶，以气骋词；《乐论》文尤繁富，辅以壮丽之词。（如首段云：“夫乐者，天地之体，万物之性也。合其体，得其性，则和；离其体，失其性，则乖。昔者圣人之作乐也，将以顺天地之体，作万物之性也。故定天地八方之音，以迎阴阳八风之声；均黄钟中和之律，开群生万物之情。故律吕协则阴阳和，音声适而万物类；男女不易其所，君臣不犯其位；四海同其观，九州一其节。奏之圜丘，而天神下降；奏之方岳，而地祇上应。天地合其德，则万物和其生，刑赏不用，而民自安矣。乾坤易简，故雅乐不烦；道德平淡，故五声无味。不烦，则阴阳自通；无味，则百物自乐。日迁善成化而不自知，风俗移易而同于是乐，此自然之道，乐之所始也。”）阮氏之文，盖以此数篇为至美。别有《答伏义书》一书，亦足窥阮氏文体之概略。其词曰：“承音览旨，有心翰迹。夫九苍之高，迅羽不能寻其巅；四溟之深，幽鳞不能测其底。矧无毛分，所能论哉！且玄云无定体，应龙不常仪。或朝济夕卷，翕忽代兴；或泥潜天飞，晨降宵升。舒体则八维不足以畅迹，促节则无间足以从容。是又瞽夫所不能瞻，蠖虫所不能解也。然则，弘修渊邈者，非近力所能究矣；灵变神化者，非局器所能察矣。何吾子之区区，而吾真之务求乎？人力势不能齐，好尚舛异。鸾凤凌云汉以舞翼，鸠悦蓬林以翱翔；螭浮八滨以濯鳞，鳖娱行潦而群逝。斯用情各从其好，以取乐焉。据此非彼，胡可齐乎？夫人之立节也，将舒网以笼世，岂樽樽以入罔？方开模以范俗，何暇毁质以通（或作适）检？若良运未协，神机无准，则腾精抗志，邈世高超。荡精举于玄区之表，摅妙节于九垓之外。而翔翱之乘景，跃踸踔，陵忽荒，从容与道化同逌，逍遥与日月并流。交名虚以齐变，及英祇以等化。上乎无上，下乎无下，居乎无室，出乎无门。齐万物之去留，随六气之虚盈。总玄网于太极，抚天一于寥廓。飘埃不能扬其波，飞尘不能垢其洁，徒寄形躯于斯域，何精神之可察？虽业无不闻，略无不称，而明有所逮，未可怪也。观君子之趋，欲衒倾城之金，求百钱之售，制造天之礼，拟肤寸之检。劳玉躬以役物，守臊秽以自毕；沉牛迹之浥薄，愠河汉之无根。其陋可愧，其事可悲。亮规略之悬逾，信大道之弘幽，且局步于常衢，无为思远以自愁。比连疹愦，力喻不多。”此文亦阮氏意旨所寄，观其文体，余可类推。

又案：嵇氏之文传于今者，以《琴赋》、《太师箴》为最著，别有

《卜疑》(文仿《卜居》)、《家诫》、《与山巨源绝交书》、《与吕长悌绝交书》，其文体均变汉人之旧。论文自《养生论》外，有《答向子期难养生论》、《无私论》、《管蔡论》、《明胆论》、《难宅无吉凶摄生论》、《答某氏难宅无吉凶摄生论》(本集作《答张辽叔》)，析理绵密，亦为汉人所未有。(嵇文长于辨难，文如剥茧，无不尽之意，亦阮氏所不及也。)其所著《声无哀乐论》，文词尤为繁富，今摘录其首节，其词曰："夫天地合德，万物贵生，寒暑代往，五行以成。故章为五色，发为五音。音声之作，其犹臭味在于天地之间。其善与不善，虽遭遇浊乱，其体自若而不变也，岂以爱憎易操，哀乐改度哉？及宫商集化，声音克谐，此人心至愿，情欲之所钟。古人知情不可恣，欲不可极，因其所用，每为之节，使哀不至伤，乐不至淫，斯其大较也。然乐云乐云，钟鼓云乎哉？哀云哀云，哭泣云乎哉？因兹而言，玉帛非礼敬之宝，歌舞非悲哀之主也。何以明之？夫殊方异俗，歌哭不同，使错而用之，或闻哭而欢，或听歌而戚，然而哀乐之情均也。今用均同之情，而发万殊之声，斯非音声之无常哉？然声音和比，感人最深者也。劳者歌其事，乐者舞其功。夫内有悲痛之心，则激切哀言，言比成诗，声比成音，杂而咏之，聚而听之，心动于和声，情感于苦言，嗟叹未绝，而泣涕流涟矣。夫哀心藏于苦心内，遇和声而后发，和声无象，而哀心有主。夫以有主之哀心，因乎无象之和声，其所觉悟，唯哀而已。岂复知吹万不同，而使其自已哉？风俗之流，遂成其政。是故国史明政教之得失，审国风之盛衰，吟咏情性，以讽其上，故曰亡国之音哀以思也。夫喜怒哀乐爱憎惭惧，凡此八者，生民所以接物传情，区别有属，而不可溢者也。夫味以甘苦为称，今以甲贤而心爱，以乙愚而情憎，则爱憎宜属我，而贤愚宜属彼也。可以我爱而谓之'爱人'，我憎而谓之'憎人'，所喜则谓之'喜味'，所怒则谓之'怒味'哉？由此言之，则外内殊用，彼我异名。声音自当以善恶为主，则无关于哀乐；哀乐自当以情感为主，则无系于声音。名实俱去，则尽然可见矣。"又，《难张辽叔自然好学论》曰："夫民之性，好安而恶危，好逸而恶劳。故不扰，则其愿得；不

逼，则其志从。洪荒之世，大朴未亏，君无文于上，民无竞于下；物全理顺，莫不自得；饱则安寝，饥则求食；怡然鼓腹，不知为至德之世也。若此，则安知仁义之端，礼律之文？及至人不存，大道陵迟，乃始作文墨，以传其意；区别群物，使有类族；造立仁义，以婴其心；制其名分，以检其外；勤学讲文，以神其教。故《六经》纷错，百家繁炽，开荣利之途，故奔骛而不觉。是以贪生之禽，食园池之粱菽；求安之士，乃诡志以从俗。操笔执觚，足容苏息；积学明经，以代稼穑。是以困而后学，学以致荣，计而后习，好而习成，有似自然，故令吾之谓之自然耳。推其原也，《六经》以抑引为主，人性以从欲为欢。抑引则违其愿，从欲则得自然。然则自然之得，不由抑引之《六经》；全性之本，不须犯情之礼律。故仁义务于理伪，非养真之要术；廉让生于争夺，非自然之所出也。由是言之，则鸟不毁以术驯，兽不群而求畜，则人之真性无为，正当自然，耽此礼学矣。论又云：'嘉肴珍膳，虽所未尝，尝必美之，适于口也。处在暗室，睹烝烛之光，不教而悦得于心。况以长夜之冥，得照太阳，情变郁陶，而发其蒙，虽事以未来，情以本应，则无损于自然好学。'难曰：夫口之于甘苦，身之于痛痒，感物而动，应事而作，不须学而后能，不待借而后有，此必然之理，吾所不易也。今子以必然之理，喻未必然之好学，则恐似是而非之议，学如一粟之论，于是乎在也。今子立《六经》以为准，仰仁义以为主，以规矩为轩驾，以讲诲为哺乳，由其途则通，乖其路则滞。游心极视，不睹其外，终年驰骋，思不出位，聚族献议，唯学为贵，执书摘句，俯仰咨嗟，使服膺其言，以为荣华。故吾子谓《六经》为太阳，不学为长夜耳。今若以讲堂为丙舍，以诵讽为鬼语，以《六经》为芜秽，以仁义为臭腐；睹文籍则目瞧，修揖让则变伛，袭章服则转筋，谭礼典则齿龋，于是兼而弃之，与万物为更始。则吾子虽好学不倦，犹将阙焉，则向之不学，未必为长夜，《六经》未必为太阳也。俗语曰：'乞儿不辱马医。'若遇上有无文之治，可不学而获安，不勤而得志，则何求于《六经》，何欲于仁义哉？以此言之，则今之学者，岂不先计而后学？苟计

而后动，则非自然之应也。子之云云，恐故得菖蒲耳。”观此二文，足审嵇氏论文之体矣。

又案：魏晋文章，其文体与阮氏相近者，为伏义《答阮籍书》(见明刊本《阮嗣宗集》。义字公表。)、张辽叔《自然好学论》(见明刊本《嵇中散集》。辽叔此文与阮为近。)、刘伶《酒德颂》(见《晋书》。伶文惟传此篇,《世说·文学篇》以为意气所寄。)、嵇叔良《阮嗣宗碑》(此文盖仿阮文为之)，其与嵇氏相近者，厥惟向秀一人。向氏论文，其传于今者，虽仅《难嵇氏养生论》一篇(见《嵇中散集》)，然其析理绵密，不减嵇氏诸难。(《隋志》有《向秀集》十二卷，知向氏之文，六朝之时传者甚众，然其所工，盖尤在析理一体。据《世说·言语篇》注引《向秀别传》谓:“弱冠著《儒道论》。”《世说·文学篇》又谓:“向秀于庄子旧注外为《解义》，妙析奇致，大畅玄风，郭象窃为己注。”是今所传《庄子注》，多属向氏之书也。) 自是以外，若李康《运命论》、曹元首《六代论》，虽较汉人论体为恢，然与嵇、阮所作异也。

又案：嵇、阮学术文章，其影响及于当时及后世者，实与王、何诸人异派。据《世说·文学篇》谓袁彦伯作《名士传》，刘氏注云:“宏以夏侯太初、何平叔、王辅嗣为正始名士；阮嗣宗、嵇叔夜、山巨源、向子期、刘伯伦，阮仲容、王濬仲为竹林名士；裴楷则、乐彦辅、王夷甫、庾子嵩、王安期、阮千里、卫叔宝、谢幼舆为中朝名士。”此即嵇、阮诸人与王、何异之确证也。迄于西晋，一时文士，盖均承王、何之风，以辨析名理为主，即干宝《晋纪·总论》所谓“学者以庄老为宗，谈者以虚薄为辨”者也。故史册所载当时人士，或云通《老》、《易》,《老》、《庄》。如王衍妙善玄言，惟说《老》、《庄》为事(《晋书·王衍本传》)；裴楷特精《易》义(《世说·德行篇》注引《晋诸公赞》)；阮修好《老》、《易》，能言理(《世说·文学篇》注引《名士传》)；谢鲲性通简，好《老》、《易》(《文学篇》注引《晋阳秋》)；郭象能言《庄》、《老》(《世说·赏誉篇》注引《名士传》)；庾敳自谓老、庄之徒(《世说·文学篇》注引《晋阳

秋》）是也。或以理识相高，如满奋清平有识（《世说·言语篇》注引荀绰《冀州记》），闾丘冲清平有鉴识（《世说·品藻篇》注引荀绰《衮州记》），乐广冲旷有理识（《世说·言语篇》注引虞预《晋书》），刘漠以清识为名（《世说·赏誉篇》注引《晋后略》），杨髦清平有贵识（《世说·品藻篇》注引《冀州记》）是也。或以善言名理相标，如裴善谈名理（《世说·言语篇》引王衍语，注引《冀州记》），王济能清言（《世说·言语篇》注引《晋诸公赞》），裴遐少有理称（《世说·文学篇》注引《晋诸公赞》），以辩论为业（《文学篇》注引邓粲《晋记》），王承言理辨物，但明旨要（《世说·品藻篇》注引《江左名士传》），王敦少有名理（《文学篇》注引《敦别传》），蔡洪有才辩（《世说·言语篇》注引《洪集录》）是也。又据《世说·文学篇》注引《晋诸公赞》云："自魏太常夏侯玄、步兵校尉阮籍等，皆著《道德论》，于时侍中乐广、吏部郎刘汉亦体道而言约，尚书令王夷甫讲理而才虚，散骑常侍戴奥以学道为业，后进庾敳之徒皆希慕简旷。裴疾世俗尚虚无之理，故著《崇有》二论以折之，才博喻广，学者不能究。"（《崇有论》见《晋书》。又《世说·文学篇》注引《惠帝起居注》云："著二论以规虚诞之弊，文词精富，为世名论。"）又据《言语篇》注引《晋诸公赞》谓："夷甫好尚清谈，为时人物所宗。"盖清谈之风成于王衍诸人，而溯其远源，则均王、何之余绪，迄于裴、（《世说·文学篇》注引《晋诸公赞》谓："裴谈理与王夷甫不相上下。"）乐广、卫玠（《世说·赏誉篇》注引《玠别传》云："玠少有名理，善通《老》、《庄》。"《文学篇》注引《玠别传》云："玠少有名理，善《易》、《老》。"）而其风大成。即王敦所谓"不悟永嘉之中，复开正始之音"者也（《世说·赏誉篇》注引《玠别传》）。故范宁之徒，即以王、何为罪人。孙盛《晋阳秋》亦曰："正始中，王弼、何晏好《庄》、《老》之谈，而俗遂贵玄。"（《文选》注引）其他晋人所论，并与相同，均其证也。然王、何虽工谈论，及著为文章，亦为后世所取法。迄于西晋，则王衍、乐广之流，文藻鲜传于世，用是言语、文章，分为二途。（《世说·文学篇》谓："乐令善于清言，而不长于手笔。

将让河南尹，请潘岳为表，述己所以为让，二百许语，潘直取错综，便成名笔。”又谓：“太叔广甚辩给，而挚仲治长于翰墨。每至公坐，广谈，仲治不能对。退著笔难广，广又不能答。”又谓：“江左殷太常父子并能言理，亦有辩讷之异。扬州口谈至剧，太常辄云：‘汝更思吾论。’”是当时言语、文学分为二事。）惟出口成章，便成文彩（具见《晋书》及《世说》各书）。迄于宋、齐，其风未替，亦足窥当时之风尚矣。至当时之文，其确能祖述王、何文体者，惟石崇《巢许论》（其词曰：“盖闻圣人在位，则群材必举，官才任能，轻重允宜。大任已备，则不抑大才使居小位；小才已极其分，则不以积久而令处过才之位。然则稷播嘉谷，契敷五教，皋陶、夔、龙，各已授职，其联属之官，必得其才，则必不重载兼置，斯可知也。巢、许则元、凯之俦。大位已充，则宜敦廉让以厉俗，崇无为以化世，然后动静之效备，隐显之功著。故能成巍巍之化，民莫能名，将何疑焉？”此文见《艺文类聚》引）以及郭象《庄子注序》、（《世说·文学篇》注引《文士传》：“郭象作《庄子注》，最有清词遒旨。”所评至尽，其序文尤佳。今录如下。其词曰：“夫庄子者，可谓知本矣。故未始藏其狂言，言虽无会而独应者也。夫应而非会，则虽当无用；言非物事，则虽高不行。与夫寂然不动，不得已而后起者，固有间矣，斯可谓知无心者也。夫心无为则随感而应，应随其时，言唯谨尔。故与化为体，流万代而冥物，岂曾设对独遘，而游谈乎方外哉？此其所以不经而为百家之冠也。然庄生虽未体之，言则至矣。通天地之统，序万物之性，达死生之变，而明内圣外王之道，上知造物无物，下知有物之自造也。其言宏绰，其旨玄妙，至至之道，融微旨雅，泰然遣放，放而不敖，故曰不知义之所适，猖狂妄行，而蹈其大方，含哺而熙乎澹泊，鼓腹而游乎混芒，至人极乎无亲，孝慈终于兼忘，礼乐复乎已能，忠信发乎天光，用其光则其朴自成，是以神器独化于玄冥之境，而源流深长也。故其长波之所荡，高风之所扇，畅乎物宜，适乎民愿，弘其鄙，解其悬，洒落之功未加，而矜夸所以散。故观其书，超然自以为已，当经昆仑，涉太虚，而游恍惚之庭矣。虽复贪婪之人，躁进之士，而揽其余芳，味其溢流，仿佛其音影，犹足旷然有忘形自得之怀，况探其远情而玩永年者乎？遂绵邈清遐，去离尘埃，而返冥极者也。”）欧阳建《言尽意论》（其词曰：“有雷同君子问于违众先生曰：‘世之论者，以为言不尽意，由来尚矣。至乎通才达识，咸以为然。若夫蒋公之论眸子，钟、傅之言才性，莫不引此为谈证，而先生以为不然，何哉？’先生曰：‘夫天不言而四时成焉，圣人不言而鉴识存焉，形不待名而方圆已著，色不俟称而黑白以彰。然则名之于物无施者也，言之于理无为者也。而古今务于正名，圣贤不能去言，其故何也？诚以理得于心，非言不畅；物定于彼，非名不辩。言不畅心，则无以相接；名不辩物，则鉴识不显。鉴识显而名品殊，言称接而情志畅。原其所以，本其所由，非物有自然之名，理有必定之称也。欲辩其实，则殊其名；欲宣其志，则立其称。名逐物而迁，言因理而变。此犹声发响应，形存影附，不得相与为二。苟其不二，则无不尽，吾故以为尽矣。’”此文亦见《艺文类聚》所引。）诸篇而已。

又案：西晋之士，其以嗣宗为法者，非法其文，惟法其行。用是清谈而外，别为放达。据《世说·德行篇》注引王隐《晋书》谓：“魏末，阮籍嗜酒荒放，露头散发，裸袒箕踞。其后贵游子弟阮瞻、王澄、谢鲲、胡毋辅之之徒，皆祖述于籍，谓得大道之本。”据《晋书》所载，则山简、张翰、毕卓、庾敳、光逸、阮孚之流，皆属此派，即傅玄所谓“魏氏虚无放诞之论，盈于朝野”（《文选·晋纪总论》注引干氏《晋纪》载玄上书），应詹所谓“以容放为夷达”（《文选·晋纪总论》注引刘谦《晋纪》所载詹表）是也。然山简以下，其文采亦少概见。其以文学著名者，首推张翰，（翰诗尤长于文。《文选》张季鹰《杂诗》注引王俭《七志》云：“翰字季鹰，文藻新丽。”）次则谢鲲、阮孚而已。即其推论名理，亦出乐广诸人之下。

丙　潘陆及两晋诸贤之文

《文选·文赋》李注引臧荣绪《晋书》曰：陆机字士衡，与弟云勤

学，天才绮练，当时独绝，新声妙句，系踪张、蔡。

案：臧书以机文为“绮练”，所评至精。

《文选·籍田赋》注引臧荣绪《晋书》：潘岳字安仁，总角辩慧，摛藻清艳。

《世说·文学篇》引孙兴公（即孙绰）云：潘文烂若披锦，无处不善；陆文若排沙简金，往往见宝。又引孙兴公云：潘文浅而净，陆文深而芜。

案：刘注引《文章传》曰：“机善属文。司空张华见其文章，篇篇称善，犹讥其作文大治，谓曰：‘人之作文，患于不才，至子为文，乃患太多也。’”又引《续文章志》曰：“岳为文，选言简章，清绮绝伦。”盖陆氏之文工而缛，潘氏之文虽绮而清，故孙氏论文，以为潘美于陆。（《御览》引《抱朴子》云：“欧阳生曰：‘张茂先、潘正叔、潘安仁文远过二陆。二陆文词源流，不出俗检。’”）

又案：《世说·文学篇》注引《晋阳秋》曰：“岳夙以才颖发名，善属文，清绮绝世，蔡邕不能过也。”亦以岳文为“清绮”，即《续文章志》之所本也。

《意林》、《北堂书抄》引葛洪《抱朴子》佚篇曰：吾见二陆之文，犹玄圃积玉，莫非夜光，方之他人，若江汉之与潢汙，及其精处，妙绝汉魏之人也。（又：每读二陆之文，未尝不废书而叹，恐其尽卷。又云：《陆子》十篇，词之富者，虽覃思不能损。）《文心雕龙·镕裁篇》曰：至如士衡才优，而缀辞尤繁；士龙思劣，而雅好清省。及云之论机，亟恨其多，而称清新相接，不以为病。（案：见云集《与兄平原书》。）

《文心雕龙·才略篇》曰：陆机才欲窥深，辞务索广，故思能入巧，而不制烦。士龙朗练，以识检乱，故能布采鲜净，敏于短篇。

案：诸家所论，均谓士衡之文偏于繁缛。又《雕龙·定势篇》云：“陆云自称往日论文，先词而后情，尚势而不取悦泽。及张公论文，则欲宗其言。（亦见《与兄书》。）可谓先迷后能从善。”亦足为士云之文定论。（案：云集《与兄平原书》其中数首，于机文评论极当，允宜参考。）

《初学记》引李充《翰林论》：潘安仁为文，犹翔禽之羽毛，衣被之绡縠。

《文心雕龙·才略篇》曰：潘岳敏给，辞自和畅，钟美于《西征》，贾余于哀诔，非自外也。

案：彦和以“敏给”推岳，与《时序篇》义同。

《文心雕龙·体性篇》曰：安仁轻敏，故锋发而韵流；士衡矜重，故情繁而词隐。

案：六朝论西晋文学者，必以潘、陆为首。故《宋书·谢灵运传论》以为降及元康，潘、陆特秀；《南齐书·文学传论》亦谓潘、陆齐名，机、岳之文永异也。然西晋一代，文士实繁。《雕龙·才略篇》于评论潘、陆外，又谓“张华短章，奕奕清畅”；“左思奇才，业深覃思，尽锐于《三都》，拔萃于《咏史》”。又谓“孙楚缀思，每直置以疏通；挚虞述怀，必循规以温雅，其品藻流别，有条理焉。傅玄篇章，义多规镜；长虞笔奏，世执刚中，并桢干之实才，非群华之韡萼也。成公子安选赋而时美，夏侯孝若具体而皆微，曹摅清靡于长篇，季鹰辨切于短韵，各其善也。孟阳、景阳，才绮而相埒，可谓鲁卫之政，兄弟之文也。刘琨雅壮而多风，卢谌情发而理昭，亦遇之于时势也。”（以上均《雕龙》语。）彦和所举，舍张华（张华之文，陆云《与兄平原书》评之甚详）、挚虞、傅玄、傅咸兼长学业，（时学人工文者，别有皇甫谧、束晳、葛洪诸家。）刘琨兼擅事功外，均以文学著名。彦和所未举者，别有应贞、潘尼、欧阳建、木华、王瓒诸人，亦长文学，今略摘史册所记，录之如左：（张翰见前。）

应贞字吉甫，《三国志·王粲传》：贞以文章显。

孙楚字子荆，《晋书·楚传》载：王济铨楚品状云：天才英博。

张载字孟阳，《文选·七哀诗》注引臧荣绪《晋书》：载有才华。

张协字景阳，载弟钟氏《诗品》谓：协诗雄于潘岳，靡于太冲，风流条达，实旷代之高手。（协弟亢，字季阳，与载、协并称三张。《晋书》谓其亦有文誉。）

潘尼字正叔，岳从子《文选·赠陆机诗》注引《文章志》：尼有清才。

何邵字敬祖，《文选·游仙诗》注引臧荣绪《晋书》：邵博学多闻，善属篇章。

左思字太冲，《世说·文学篇》注引《思别传》：博览名文，有文才。

夏侯湛字孝若，《世说·文学篇》引《文士传》：湛有盛才，文章巧思，名亚潘岳。（岳有《湛诔》。）

成公绥字子安，《文选·啸赋》注引臧荣绪《晋书》：绥少有俊才，辞赋壮丽。

嵇含字君道，《太平御览》引《嵇氏世家》：书檄云集，含不起草。（《北堂书抄》引《抱朴子》逸文：君道摛毫妙观，难与并驱。）

曹摅字颜远，《太平御览》引《晋书》：摅诗文多雄才。

卢谌字子谅，《文选·览古诗》注引徐广《晋纪》：谌有才理。

欧阳建字坚石，《御览》引《欧阳建别传》：文词美赡，构理精微。

木华字玄虚，《文选·海赋》引傅亮《文章志》云：玄虚为《海赋》，文甚隽丽。

王瓒字正长，《文选·杂诗》注引臧荣绪《晋书》：瓒博学有俊才。

又案：西晋人士，其于当时有文誉者，别有周处（石拓《周处碑》云："文章绮合，藻思罗开。"）、张畅（陆机《荐畅表》："畅才思清敏。"）、张赡（《晋书·陆云传》："移书荐赡云：言敷其藻。又曰：篇章光觌。"）、蔡洪（《世说·言语篇》注引洪集录："洪有才辩。"）、崔君苗（陆云《与兄平原书》："君苗自复能作文。"）诸人，其著作见《文选》者，见有石崇、枣据、郭泰机，其诗文集传于后世者，据《晋书》及《隋书·经籍志》所载，则王濬二卷、羊祜二卷以下，以及山涛五卷、杜预十八卷、司马彪四卷、何邵二卷、王浑五卷、王济二卷、贾充五卷、荀勗三卷、何曾五卷、裴秀三卷、裴楷二卷、刘毅二卷、庾峻二卷、薛莹三卷、盛彦五卷、刘实二卷、刘颂三卷、虞溥二卷、陈咸三卷、吴商五卷、曹志二卷、王沈五卷、卫展十五卷、江统十卷、庾儵二卷、袁准二卷、殷巨二卷、卞粹五卷、索靖三卷、嵇绍二卷、华峤八卷、江伟六卷、陆冲二卷、孙毓六卷、郭象二卷、裴九卷、山简二卷、庾敳五卷、邹谌三卷、王瓒五卷、张辅二卷、夏侯淳二卷、阮瞻二卷、阮修二卷、阮冲二卷、张敏二卷、刘宝三卷、宣舒五卷、谢衡二卷、蔡充二卷、刘弘三卷、牵秀四卷、卢播二卷、贾彬三卷、杜育二卷、孙惠十一卷、闾丘冲二卷之属，均有专集，（又：左贵嫔集四卷，王浑妻钟琰集五卷，亦见《隋志》。）足征西晋文学之盛矣。

又案：东晋人士，承西晋清谈之绪，并精名理，善论难，以刘琰、王蒙、许询为宗，其与西晋不同者，放诞之风，至斯尽革。又西晋所云名理，不越老、庄。至于东晋，则支遁、法深、道安、惠远之流，并精佛理。故殷浩、郄超诸人，并承其风，旁迄孙绰、谢尚、阮裕、韩伯、孙盛、张凭、王胡之，亦均以佛理为主，息以儒玄；嗣则殷仲文、桓玄、羊孚，亦精玄论。大抵析理之美，超越西晋，而才藻新奇，言有深致，即孙安国所谓“南人学问，精通简要”（见《世说·文学篇》）也。故其为文，亦均同潘而异陆，近嵇而远阮。《文心雕龙·才略篇》曰：“景纯艳逸，足冠中兴，《郊赋》既穆穆以大观，《仙诗》亦飘飘而凌云矣。庾元规之表奏，靡密以闲畅；温太真之笔记，循理而清通，亦笔端之良工也。孙盛、干宝，文胜为史，准的所拟，志乎典训，户牖虽异，而笔彩略同。袁宏发轸以高骧，故卓出而多偏；孙绰规旋以矩步，故伦序而寡状。殷仲文之孤兴，谢叔源之闲情，并解散辞体，缥缈浮音，虽滔滔风流，而大浇文意。”（以上均《雕龙》语）彦和所举，舍庾亮、温峤兼擅事功，孙盛、干宝尤长史才外，均以文学著名。（王隐诸人，亦长史才。）彦和所未举者，别有庾阐、曹毗、王珣、习凿齿、嵇含，亦长文学，今略摘史册所记，录之如左：

郭璞字景纯，《世说·文学篇》注引《璞别传》：文藻粲丽，诗赋赞颂，并传于世。

袁弘字彦伯，小名虎，《世说·文学篇》注引《续晋阳秋》：虎少有逸才，文章绝丽。（钟氏《诗品》云：“彦伯虽文体未遒，而鲜明紧健，去凡俗远矣。”）

孙绰字兴公，《世说·言语篇》注引《中兴书》：绰少以文称。

许询字玄度，《文选·杂体诗》注引《晋中兴书》：询有才藻，善属文。

庾阐字仲初，《世说·文学篇》注引《中兴书》：阐九岁便能属文。

曹毗字辅佐，《世说·文学篇》注引《中兴书》：毗好文籍，能属词。

王珣字元琳，《世说·文学篇》注引《续晋阳秋》：珣文高当世。（《赏誉篇》注又引《续晋阳秋》：“王珉才辞富赡。”珉字季琰，珣之弟。）

习凿齿字彦威，《世说·文学篇》注引《晋阳秋》：凿齿才情秀逸。（《言语篇》注引《中兴书》：“凿齿少以文称。”）

殷仲文字仲文，《世说·文学篇》：仲文天才弘赡。（注引《续晋阳秋》：“仲文雅有才藻，著文数十篇。”）

谢混字叔源，《文选·游西池诗》注引臧荣绪《晋书》：混善属文。

又案：东晋人士，其于当时有文誉者，别有孔坦（《世说·言语篇》注引王隐《晋书》：“坦有文辩。”）、伏滔（《世说·言语篇》注引《中兴书》：“滔少有才学。”）、袁乔（《世说·文学篇》注引《袁氏家传》：“乔有文才。”）、杨方（《晋书·方传》载贺遁书：“方文甚有奇致。”）、谢万（《世说·文学篇》注引《中兴书》：“万善属文，能谈论。”）、顾恺之（《世说·文学篇》引《晋阳秋》：“恺之博学有才气。”）、王修（《世说·赏誉篇》云：“谢镇西道敬仁文学锹镞，无能不新。”敬仁，即修字。）、桓玄（《世说·文学篇》注引《晋安帝纪》：“玄文翰之美，高于一世。”）。其诗文集传于后世者，据《晋书》及《隋志》所载，则彭城王纮二卷、谯王无忌九卷、会稽王道八卷、贺遁二十卷、顾荣五卷、周三卷、王导十一卷、王敦十卷、王廙三十四卷、应詹五卷、华谭二卷、郄鉴十卷、陶侃二卷、蔡谟四十三卷、刘隗二卷、刘超二卷、沈充二卷、卞壶二卷、荀崧一卷、殷蚀十卷、何允五卷、谷俭一卷、温峤十卷、傅纯二卷、梅陶二十卷、张闿二卷、诸葛恢五卷、戴邈五卷、王愆期一卷、熊远十二卷、孔坦十七卷、庾冰二十卷、庾翼二十二卷、谢尚十卷、江彪五卷、江逌九卷、桓温二十卷、殷浩五卷、范汪十卷、孔严十一卷、王彪之二十卷、荀组三卷、王旷五卷、张虞十卷、罗含三卷、王述五卷、王坦之七卷、郄愔四卷、范宁十六卷、顾和五卷、王濛五卷、李充十卷、王羲之十卷、虞预十卷、应亨二卷、孙统九卷、王胡之十卷、谢沈十卷、王忱五卷、李颙二十卷、庾和二卷、王洽五卷、郄超十卷、张望十二卷、范弘之六卷、刘恢二卷、徐禅六卷、王献之十卷、庾康之十卷、王谧十卷、殷允十卷、殷康五卷、黄整十卷、张凭五卷、徐彦十卷、庾统八卷、王恭五卷、孔汪十卷、应硕二卷、张悛五卷、韩伯十六卷、伏系之十卷、郑袭四卷、徐邈二十卷、戴逵十卷、袁崧十卷、殷仲堪十二卷、喻希一卷、苏希七卷、徐乾二十一卷、祖台之二十卷、何瑾十一卷、羊徽十卷、周祗二十卷、殷阐十卷，均有专集，（又，傅统妻辛萧集一卷，王凝之妻谢道韫集三卷，陶融妻陈窈集一卷，徐藻妻陈玢集一卷，刘臻妻陈璆集七卷，刘柔妻王邵之集十卷，钮滔母孙琼集二卷，亦见《隋志》。）足征东晋文学之盛矣。

丁　总论

《晋书·文苑传序》曰：金行纂极，文雅斯盛。张载擅铭山之美，陆机挺焚砚之奇，潘、夏连辉，颉颃名辈。至于吉甫、太冲，江右之才俊；曹毗、庾阐，中兴之时秀。信乃金相玉润，野会川冲。《晋书·夏侯湛、潘岳、张载等传论》曰：孝若掞蔚春华，时标丽藻；安仁思绪云骞，词锋景焕。贾论政范，源王化之幽赜；潘著哀词，贯人灵之情性。机文喻海，潘藻如江。

《宋书·谢灵运传论》曰：降及元康（晋惠帝年号），潘、陆特秀，律异班、贾，体变曹、王，缛旨星稠，繁文绮合，缀平台之逸响，采南皮之高韵，遗风余烈，事极江右。在晋中兴，玄风独秀，为学穷于柱下，博物止于七篇，驰骋文词，义殚乎此。自建武暨于义熙，历载将百（建武，

元帝年号。)，虽比响联词，波属云委，莫不寄言上德，托意玄珠，遒丽之词，无闻焉耳。仲文始革孙、许之风，叔源大变太元之气。(太元，孝武年号。)

案：休文以江左文学“遒丽无闻”，又谓“为学穷于柱下，博物止于七篇”，亦举其大要言之。若综观东晋诸贤，则休文之论，未为尽也。

《南齐书·文学传论》：属文之道，事出神思，感召无象，变化不穷。俱五声之音响，而出言异句；等万物之情状，而下笔殊形。吟咏规范，本之雅什，流分条散，各以言区。若陈思《代马》群章，王粲《飞鸾》诸制，四言之美，前超后绝。少卿离辞，五言才骨，难与争骛。“桂林湘水”，平子之华篇；“飞馆玉池”，魏文之丽篆，七言之作，非此谁先？卿、云巨丽，升堂冠冕；张、左恢廓，登高不继，赋贵披陈，未或加矣。显宗之述傅毅，简文之擒彦伯，分言制句，多得颂体。裴内侍，无规凤池，子章以来，章表之选。孙绰之碑，嗣伯喈之后；谢庄之诔，起安仁之尘。颜延《杨瓒》，自比《马督》，以多称贵，归庄为允。王褒《僮约》，束皙《发蒙》，滑稽之流，亦可奇玮。五言之制，独秀众品。习玩为理，事久则渎。在乎文章，弥患凡旧，若无新变，不能代雄。建安一体，《典论》短长互出；潘、陆齐名，机、岳之文永异。江左风味，盛道家之言，郭璞举其灵变，许询极其名理，仲文玄气，犹不尽除，谢混情新，得名未盛颜、谢并起，乃各擅奇，休、鲍后出，咸亦标世。朱蓝共妍，不相祖述。

案：萧氏亦以东晋文学变于殷仲文、谢混，与沈氏所论略同。

《文心雕龙·丽辞篇》曰：至魏晋群才，析句弥密，联字合趣，剖毫析厘。然契机者入巧，浮假者无功。

《文心雕龙·情采篇》曰：后之作者，采滥忽真，远弃风雅，近师词赋。故体情之制日疏，逐文之篇愈盛。

《文心雕龙·练字篇》曰：自晋以来，用字率从简易。时并习易，人谁取难？今一字诡异，则群句震惊；三人弗识，则将成字妖矣！

案：晋文异于汉、魏者，用字平易，一也；偶语益增，二也；论序益繁，三也。彦和所论三则，殆尽之矣。

《文心雕龙·时序篇》曰：逮晋宣始基，景、文克构，并迹沉儒雅，而务深方术。至武帝惟新，承平受命，而胶序篇章，弗简皇虑。降及怀、愍，缀旒而已。然晋虽不文，人才实盛：茂先摇笔而散珠，太冲动墨而横锦；岳、湛曜联壁之华，机、云标二俊之采；应、傅、三张之徒，孙、挚、成公之属，并结藻清英，流韵绮靡。前史以为运涉季世，人未尽才，诚哉斯谈，可为叹息。元皇中兴，披文建学，刘、刁礼吏而宠荣，景纯文敏而优擢。逮明帝秉哲，雅好文会，升储御极，孳孳讲艺，练情于诰策，振采于辞赋，庾以笔才逾亲，温以文思益厚，揄扬风流，亦彼时之汉武也。及成、康促龄，穆、哀短祚，简文勃兴，渊乎清峻，微言精理，函满玄席，澹思浓采，时洒文囿。至孝武不嗣，安、恭已矣，其文史则有袁、殷之曹，孙、于之辈，虽才或浅深，珪璋足用。自中朝贵玄，江左称盛，因谈余气，流成文体。是以世极迍邅，而辞意夷泰，诗必柱下之旨归，赋乃漆园之义疏。故知文变染乎世情，兴废系乎时序，原始以要终，虽百世可知也。

案：《雕龙》此节推论两晋文学之变迁，最为详尽。

《文心雕龙·通变篇》曰：魏之篇制，顾慕汉风。晋之词章，瞻望魏采。

又曰：魏、晋浅而绮。

案：《雕龙·通变篇》所论，于魏、晋文学亦得大凡。

又案：晋人文学，其特长之处，非惟析理已也。大抵南朝之文，其佳者必含隐秀，然开其端者，实惟晋文。又出语必隽，恒在自然，此亦晋文所特擅。齐、粱以下，能者鲜矣。（彦和以魏、晋之文为浅者，亦以用字平易，不事艰深，即《练字篇》所谓“自晋以来，用字率从简易”也。）

《文心雕龙·诠赋篇》曰：太冲、安仁，策勋于鸿规；士衡、子安，底绩于流制。景纯绮巧，缛理有余；彦伯梗概，情韵不匮。

（案：晋人词赋传今较多，惟张华、潘尼、夏侯湛、二傅、二张、孙楚、挚虞、束皙、嵇含、曹毗、顾恺之诸人。）

案：东汉以来，词赋虽逞丽词，左思《三都》矫之，悉以征实为主。自是以降，则庾阐《扬都》，于当时最有盛誉。然孙绰《天台山赋》，词旨清新，于晋赋最为特出。其他诸家所作，大抵规模前作，少有新体。其与时作稍异者，惟曹摅《述志赋》、庾敳《意赋》而已。

《世说·文学篇》注引《续晋阳秋》论许询曰：自司马相如、王褒、扬雄诸贤，世尚赋颂，皆体则《诗》、《骚》，傍综百家之言。及至建安，而诗章大盛。逮乎西朝之末，潘、陆之徒，虽时有质文，而宗归不异也。正始中，王弼、何晏好庄、老玄胜之谈，而世遂贵焉。至过江，佛理尤盛。故郭璞五言，始会合道家之言而韵之。询及太原孙绰，转相祖尚，又加以三世之辞，而《诗》、《骚》之体尽矣。询、绰并为一时文宗，自此作者悉体之，至义熙中，谢混始改。（《世说·文学篇》亦云："简文称许掾云：'玄度五言诗，可谓妙绝时人。'"）

《文心雕龙·明诗篇》曰：晋世群才，稍入轻绮。张、潘、左、陆，比肩诗衢。采缛于正始，力柔于建安，或析文以为妙，或流靡以自妍，此其大略也。江左篇制，溺乎玄风，嗤笑徇务之志，崇盛亡机之谈。袁、孙以下，虽各有雕采，而辞趣一揆，莫与争雄。所以景纯仙篇，挺拔而为俊矣。宋初文咏，体有因革，庄、老告退，而山水方滋。

案：晋代之诗如张华、张载之属，均与士衡体近。然左思、刘琨、郭璞所作，浑雄壮丽，出于嗣宗。东晋之诗，其清峻之篇，大抵出自叔夜。惟许询、支遁所作，虽多玄言，其体仍近士衡。自渊明继起，乃合嵇、阮之长，此晋诗变迁之大略也。

《文心雕龙·乐府篇》曰：逮于晋世，则傅玄晓音，创定雅歌，以咏祖宗；张华新篇，亦充庭万。然杜夔调律，音奏舒雅，荀勖改悬，声节哀急，故阮咸讥其离声，后人验其铜尺，和乐精妙，固表里而相资矣。

案：本篇又谓"子建、士衡咸有佳篇，并无诏伶人，故事谢丝管"。盖歌行或不入乐，自魏、晋始。

《文心雕龙·颂赞篇》：魏晋辨颂，鲜有出辙。陆机积篇，惟《功臣》最显，其褒贬杂居，固末代之讹体也。

又云：景纯注《雅》，动植赞之，义兼美恶，亦犹颂之变耳。《文心雕龙·铭箴篇》：张载《剑阁》，其才清采，迅足骎骎，后发前至，勒铭岷、汉，得其宜矣。

又云：至于潘勗《符节》，要而失浅；温峤《傅臣》，博而患繁。王济《国子》，引广事杂；潘尼《乘舆》，义正体芜。凡斯继作，鲜有克衷。（此段论箴。）

《文心雕龙·诔碑篇》曰：孙绰为文，志在碑诔，温、王、郄、庾，词多枝杂，《桓彝》一篇，最为辨裁。

案：晋人碑铭之文，如傅玄《江夏任君墓铭》、孙楚《牵招碑》、潘岳《杨使君碑》、潘尼《杨萧侯碑》、夏侯湛《平子碑》，均以汉作为楷模，然气清辞畅，则晋贤之特色，非惟孙绪、王导、郄凿、庾亮、庾冰、褚褒诸碑已也。（彦和以为枝杂，持论稍过。）碑铭以外，颂之佳者，则有江伟《傅浑颂》、孙绰《徐君颂》诸篇。（陆云《盛德》诸颂以及潘尼《释奠颂》，过于繁富。）箴之佳者，则有陆云《逸民箴》、李充《学箴》诸作。赞自夏侯湛《东方朔画赞》、袁弘《三国名臣赞》外，若庚亮《翟征君赞》、戴逵《闲游赞》，均有可观。（孙绰《列仙传》诸赞、郭元伯《列仙传赞》，均与郭氏赞体同。又陆云《登遐颂》，亦赞体。）诔则左贵嫔《元皇后诔》、陆机《愍怀太子诔》，（陆云各诔尤繁。）文之尤善者也。

王隐《晋书》：潘岳善属文，哀诔之妙，古今莫比，一时所推。《文心雕龙·祝盟篇》曰：潘岳之祭庾妇，奠祭之恭哀也。《文心雕龙·哀吊篇》：建安哀词，惟伟长差善，《行女》一篇，时有恻怛。及潘岳继作，实踵其美。观其虑善辞变，情洞悲苦，叙事如传，结言摹诗，促节四言，鲜有缓句，故能义直而文婉，体旧而趣新，《金鹿》、《泽兰》，莫之或继也。

又云：陆机之《吊魏武》，序巧而文繁。

案：晋代祭文传于今者，若庾亮《祭孔子文》、周祗《祭梁鸿文》。

（庾文清约，周文畅逸。）吊文传于今者，若李充《吊嵇中散文》、嵇含《吊庄周文》，均为佳作。惟晋人文集所载，别有吊书、（如《陆云集·吊陈永长书》五首、《吊陈伯华书》二首是也。）哀策文（张华、武帝及元皇后哀策文、潘岳《景献皇后哀策文》、郭璞《元帝哀策文》、王珣《孝武帝哀策》是也。）各体，文亦多工。

《文心雕龙·诏策篇》曰：晋氏中兴，惟明帝崇才，以温峤文清，故引入中书。自斯以后，体宪风流矣。(《艺文类聚》引《晋中兴书》："明帝元年，以峤为中书令，所下手诏，有'文清旨远，宜居机密'之语。")

又云：教者效也。若诸葛孔明之详约，庾稚恭之明断，并理得而辞中，教之善也。

《文心雕龙·檄移篇》曰：陆机之《移百官》，言约而事显。

案：晋代诏书，前后若一，惟明帝《讨钱凤诏》、简文帝《优恤兵士诏》，（晋明帝、简文帝、孝武帝均有文集。）较为壮美。诏书而外，教之佳者，王沈、虞溥、庾亮也；檄之佳者，庾阐、袁豹也。

《文心雕龙·论说篇》：迄至正始，务欲守文，何晏之徒，始盛玄论，于是聃、周当路，与尼父争途矣。详观兰石之《才性》，仲宣之《去伐》，叔夜之《辨声》，太初之《本玄》，辅嗣之两例，平叔之二论，并师心独见，锋颖精密，盖人伦之英也。至如李康《运命》，同《论衡》而过之；陆机《辨亡》，效《过秦》而不及，然亦其美矣。次及宋岱、郭象，锐思于几神之区；夷甫、裴，交辨于有无之域，并独步当时，流声后代。然滞有者全系于形用，贵无者专守于寂寥，徒锐偏解，莫诣正理。动极神源，其般若之绝境乎！逮江左群谈，惟玄是务，虽有日新，而多抽前绪矣。

案：晋代论文，其最为博大者，惟陆机《辨亡》、《五等》，干宝《晋纪·总论》诸篇。东晋之世，则纪瞻《太极》、庾阐《蓍龟》、殷浩《易象》、罗含《更生》、韩伯《辨谦》、支遁《逍遥》，均理精词隽，不事繁词。又，张韩《不用舌论》、王修《贤才论》、袁弘《去伐》、《明谦》二论、孙盛《太伯三让》、《老聃非大贤论》、戴逵《放达为非道论》、《释疑论》、殷仲堪《答桓玄四皓论》，亦均清颖有致，雅近王、何。若孙绰《喻道》，体近于嵇；王坦之《废庄》，体近于阮，亦其选也。至若刘寔《崇让》、潘尼《安身》，虽为史书所载，然文均繁缛。其论事之文，以江统《徒戎》、伏滔《正淮》为尤善。择而观之，可以得作论之式矣。

《文心雕龙·奏启篇》：晋氏多难，灾屯流移。刘颂殷勤于时务，温峤恳切于费役，并体国之忠规矣。

又云：傅咸劲直，而按词坚深；刘隗切正，而劾文阔略，各其志也。

《文心雕龙·议对篇》：何曾蠲出女之科，秦秀定贾充之谥，事实允当，可谓达议体矣。(《御览》引李充《翰林论》云："驳不以华藻为先。傅长虞每奏驳事，为邦之司直矣。")

又云：陆机断议，亦有锋颖，而谀词弗翦，颇累风骨。(《初学记》引李充《翰林论》云："士衡之议，可谓成文矣。")

《文心雕龙·章表篇》：晋初笔札，则张华为俊。其三让公封，理周辞要，引义比事，必得其偶，世珍《鹪鹩》，莫顾章表。及羊公之辞开府，有誉于前谈；庾公之让中书，信美于往载，序志显类，有文雅焉。刘琨《劝进》，张骏《自序》，文致耿介，并陈事之美表也。(《御览》引《翰林论》："裴公之辞侍中，羊公之让开府，可谓德音。")

案：昭明《文选》于晋人之文，惟录张悛、桓温诸表。然晋代表疏，或文词壮丽（如卢谌《理刘司空表》、刘琨《劝进表》是也），或择言雅畅（如王导《请修学校疏》、孙绰《请移都洛阳疏》是也），其弊或流于烦冗（刘毅《请罢中正疏》、刘颂《治淮南疏》），为汉、魏所无。又，晋代学人，如司马彪、傅咸、吴商、孙毓、束皙、挚虞、虞潭、虞喜、蔡谟、贺循、王敞、何琦、范汪、范宁、王彪之、范宣、徐邈、谢沈、郑袭之伦，其议礼之文，明辩畅达，亦文学之足述者也。

《文心雕龙·书记篇》曰：嵇康《绝交》，实志高而文伟矣；赵至《叙离》，乃少年之激切也。

又云：刘廙《谢恩》，喻切以至；陆机《自理》，情周而巧，笺之为善者也。

案：晋人之书，或质（如《法书要录》阁帖所载诸王诸帖，及陆云与兄书。）或文，（如赵至《与嵇茂齐书》、辛旷《与皇甫谧书》、孙楚《为石仲容与孙皓书》。）其辩论义理，（如罗含《答孙安国书》、孙盛《与罗君章书》、戴逵《答周居王书》、王洽《与林法同书》、王谧答桓玄诸书、桓玄与慧远、王谧各书是。）亦汉、魏所无。

《文心雕龙·杂文篇》曰：景纯《客傲》，情见而采蔚；庾敳《客咨》，意荣而文悴。

又云：自桓麟《七说》以下，左思《七讽》以上，枝附影从，十有余家。或文丽而义睽，或理粹而辞驳。

又云：自《连珠》以下，拟者间出。惟士衡运思，理新文敏，而裁章置句，广于旧篇。

案：晋代杂文传于今者，如夏侯湛《抵疑》、束景玄《居释》、王沈《释时论》、曹毗《对儒》，均为设论。（又：王该《日烛》，体虽特创，亦设论之变体。）自是以外，《骚》莫高于《九愍》（陆云作），“七”莫高于《七命》（张协作），《连珠》舍士衡所作外，传者鲜矣。

《文心雕龙·谐隐篇》曰：潘岳《丑妇》之属，束晳《卖饼》之类，尤而效之，盖以百数。魏晋滑稽，盛相驱扇。

案：晋人之文，如张敏《头责子羽文》、陆云《嘲褚常侍》、鲁褒《钱神论》，亦均谐文之属。

《文心雕龙·史传篇》曰：《后汉》纪传，发源《东观》。袁、张所制，偏驳不伦；薛、谢之作，疏谬少信。若司马彪之详实，华峤之准当，则其冠也。（袁谓袁弘，张谓张璠、张莹，谢谓谢承、谢沈，薛谓薛莹。）

又云：魏代三雄，记传互出。《阳秋》、《魏略》之属，《江表》、《吴录》之伦，或激抗难征，或疏阔寡要。惟陈寿《三志》，文质辨洽。（《阳秋》，谓习凿齿《汉晋阳秋》，非谓孔衍《汉魏春秋》及孙盛《魏氏春秋》也；《魏略》，谓鱼豢《魏略》；《江表传》，虞溥撰；《吴录》，张勃撰。）

又云：晋代之书，繁乎著作。陆机肇始而未备，王韶续末而不终。干宝述《纪》，以审正得序；孙盛《阳秋》，以约举为能。(《才略篇》："孙盛、干宝，文盛为史。"与此互见云。)

又云：邓粲《晋纪》，始立条例。又撮略汉、魏，宪章殷、周。及安国（即孙盛）立例，乃邓氏之规。

案：彦和此篇，于晋人所撰史传，舍推崇陈寿《三志》外，其属于后汉者，则崇司马彪、华峤之书，（司马彪撰《续汉书》，起于世祖，终于孝献，为纪志传八十篇，见《晋书·彪传》。华峤作《后汉书》，为帝纪十二卷，皇后纪二卷，十典十卷，传七十卷，及三谱序传目录，凡九十七卷，见《晋书·峤传》。今惟彪书八志存。）谓胜袁（弘，著《后汉纪》。）、谢（吴谢承著《后汉书》百三十卷，晋谢沈作《后汉书》八十五卷及外传。）、薛（薛莹，撰《后汉纪》百卷。）、张（张莹，撰《后汉南纪》五十五卷；张璠，撰《后汉纪》三十卷。）诸作。（晋袁山松亦撰《后汉书》。）其属于晋代者，惟举陆（机，撰《晋纪》四卷，《史通》谓其直叙其事，竟不编年。）、干（宝，作《晋纪》二十卷，《晋书》谓其书简略，直而能婉。）、邓（粲，撰《晋纪》十一卷。）、孙（盛，撰《晋阳秋》三十二卷，《晋书》谓其词直理正。）、王（宋王韶之，撰《晋安纪》十卷。）五家。于王隐（隐撰《晋书》九十三卷。）、虞预（预撰《晋书》四十四卷。）、朱凤（凤撰《晋书》十四卷。）、曹嘉之（嘉之作《晋纪》十卷。）之书，则略而弗举。是犹论魏、吴各史，深抑《阳秋》、（习凿齿撰《汉晋阳秋》四十七卷。）《吴录》（张勃作《吴录》三十卷。）诸书也。（晋环纪亦撰《吴纪》九卷。）刘氏《史通》外篇谓："中朝华峤、陈寿、陆机、束皙，江左王隐、虞预、干宝、孙盛，并史官之尤美，著作之茂撰。"亦与彦和之说互明。故《史通》一书，于晋人所作，惟推华峤（内篇谓："班固、华峤、子长之流。"又谓："创纪传者五家，推其所长，华氏居最。"）、干宝，（《序例篇》谓："令升先觉，远绍丘明，重立凡例，勒成《晋纪》，邓、孙以下，遂蹑其踪。"又谓："干宝理切多功。"）于王隐、何法盛、孙盛、习凿齿、邓粲均有微词。(《书事篇》谓:“王隐、何法盛专访州闾细事，委巷琐言，聚而编之。”《采撰篇》谓:“盛述《阳秋》，以刍荛鄙说，列为竹帛正言。”《论赞篇》谓:“孙安国都无可采，习凿齿时有可观。”《序例篇》谓:“邓粲词烦寡要。”均其证也。)盖汉、魏以降，史传一体，均由实趋华，而史才则有高下也。(《史通·烦省篇》谓:“魏、晋以还，烦言弥甚。”《模拟篇》谓:“自魏以前，多效二史，从晋已降，喜学五经。”又谓:“编字不只，捶句必双。”均足为晋人史传定评。)

《文心雕龙·诸子篇》:两汉以后，体势漫弱，虽明乎坦途，而类多依采。

案:晋人所撰子书，文体亦异。其以繁缛擅长者，则有葛洪《抱朴子外篇》;其质实近于魏人者，则有傅玄《傅子》及袁准《正论》。自是以外，若陆云(著《陆子新书》。)、杨泉(著《物理论》。)、杜夷(著《幽求子》。)、华谭、孙绰(谭作《新论》，绰作《孙子》。)、苏彦(著有《苏子》。)，均著子书。然隋、唐以下，存者仅矣。

又案:晋人论文之作，以陆机之赋为最先，观其所举文体，惟举赋、诗、碑、诔、铭、箴、颂、论、奏、说，不及传、状之属，是即文、笔之分也。又，陆云《答兄平原书》，多论文之作，于文章得失，诠及细微;其于前哲，则伯喈、仲宣之作，多所诠评;其于时贤，则张华、成公绥、崔君苗之文，并多评核。二陆工文，于斯可验。自是以外，其论及文体正变及各体源流者，晋人撰作，亦多可采:如傅玄《七谟序》、《连珠序》，推论二体之起源，旁及汉、魏作者之得失(均见《艺文类聚》引);皇甫谧《三都赋序》(《文选》)、左思《三都赋序》(《文选》)、卫权《三都序略解序》、刘逵《蜀都吴都赋注序》(并见《晋书·思传》)，推论赋体之起源，与汉儒“铺陈”之训，宛为符合。(又，郭象文《碑铭论》，今不传。)其著为一书者，则有挚虞《文章流别论》二卷，今群书所引尚十余则(见严辑《全晋文》)，于诗、赋、箴、铭、哀、词、颂、七、杂文之属，溯其起源，考其正变，以明古今各体之异同，于诸家撰作之得失，亦多评品，

集古今论文之大成。又，李充《翰林论》五十四卷，今群书所引亦仅七则（见《全晋文》），大抵于各体之文，均举佳篇为式。彦和论文，多所依据，亦评论文学之专书。汇而观之，足知晋代名贤于文章各体研核至精，固非后世所能及也。

宋齐梁陈文学概略

中国文学，至两汉、魏、晋而大盛，然斯时文学，未尝别为一科，（故史书亦无《文苑传》。）故儒生学士，莫不工文。其以文学特立一科者，自刘宋始。考之史籍，则宋文帝时，于儒学、玄学、史学三馆外，别立文学馆（《宋书》本纪），使司徒参军谢元掌之（《南史·雷次宗传》）。明帝立总明观，分儒、道、文、史、阴阳为五部（《宋书》本纪），此均文学别于众学之征也。故《南史》各传，恒以"文史"、"文义"并词，而"文章志"诸书，亦以当时为最盛。（《文章志》始于挚虞，嗣则傅亮著《续文章志》，宋明帝撰《江左文章志》，沈约作《宋世文章志》，均见《隋书·经籍志》，今遗文时见群书所引。）更即簿录之学言之：晋荀勗因魏《中经》区书目为四部，其丁部之中，诗、赋、图赞，仍与汲冢书并列；自齐王俭撰《七志》，始立"文翰"之名；梁阮孝绪撰《七录》，易称"文集"，（《七录》序云："王以诗赋之名，不兼余制，故改为文翰。窃以顷世文词，总谓之集，变翰为集，于名尤显。故序'文集录'为内篇第四。"）而"文集录"中，又区楚辞、别集、总集、杂文为四部，此亦文学别为一部之证也。

今将由宋迄陈文学，区为三期：一曰宋代，二曰齐、梁，三曰陈代。

甲　宋代文学

《文心雕龙·才略篇》：宋代逸才，辞翰鳞萃。

《文心雕龙·通变篇》：宋初讹而新。

《宋书·谢灵运传论》：爰逮宋氏，颜、谢腾声。灵运之兴会飙举，延年之体裁明密，并方轨前秀，垂范后昆。

《文心雕龙·时序篇》：自宋武爱文，文帝彬雅，秉文之德。孝武多才，英采云构。自明帝以下，文理替矣。尔其缙绅之林，霞蔚而飙起，王、袁联宗以龙章，颜、谢重叶以凤采，何、范、张、沈之徒，亦不可胜数也。

《齐书·文学传论》曰：颜、谢并起，乃各擅奇；休、鲍后出，咸亦标世，朱蓝共妍，不相祖述。（余见前课。）

案：宋代文学之盛，实由在上者之提倡。《南史·临川王义庆传》谓："文帝好文章，自谓人莫能及。"《南史·孝武纪》谓："帝少读书，七行俱下，才藻甚美。"《齐书·王俭传》亦谓："宋武帝好文章，天下悉以文采相尚。"又《宋书·明帝纪》亦谓："帝爱文义，（裴子野《雕虫论》谓："帝才思朗捷。"）撰江左以来《文章志》。"均其证也。（《前废帝纪》亦谓："帝颇有文才，自造《孝武诔》及杂篇章，往往有辞采。"）故一时宗室，自南平王休铄外，（《宋书·铄传》："有文才，未弱冠，拟古三十余首，时人以为迹亚陆机。"）若建平王弘、卢陵王爱真、江夏王义恭等，并爱文义（见《宋书》及《南史》本传）。又据《宋书·临川王义庆传》谓："其爱好文义，才学之士，远近必至。袁淑文冠当时，引为卫军咨议。其余吴郡陆展、东海何长瑜、鲍照等，并有辞章之美，引为佐吏国臣。"其《始兴王濬传》亦谓："濬好文籍，与建平王弘、侍中王僧绰，中书郎蔡兴宗等，并以文义往复。"又《建平王景素（弘之子）传》云："景素好文章，招集才义之士，以收名誉。"此均宋代文学兴盛之由也。

又案：晋、宋之际，若谢混、陶潜、汤惠休之诗，均自成派。至于宋代，其诗文尤为当时所重者，则为颜延之、谢灵运。（《宋书·灵运传》云："文章之美，与颜延之为江左第一，纵横俊发，过于延之，深密则不如也，所著文章传于世。"又，《南史·延之传》云："字延年，文章冠绝当时。"又云："延之与谢灵运俱以辞采齐名，而迟速悬绝。延之尝问鲍照，己与灵运优劣。照曰：'谢五言如初发芙蓉，自然可爱；君诗若铺锦列绣，亦雕缋满眼。’斯时议者，以延之、灵运自潘岳、陆机之后，文士莫及，江右称潘、陆，江左称颜、谢焉。”）颜、谢而外，文人辈出，（案：晋、宋之际，人才最盛。然当时人士，如孔淳之、臧寿、雷次宗、徐广、裴松之均通经史，宗少文、周续之、戴颙综达儒玄，不仅以文章著。）以傅亮（《宋书·颜延之传》：“傅亮自以文义一时莫及。”又《宋书》：“傅亮，字季友，博涉经史，尤善文辞。武帝受命，表策文诰，皆亮辞也。”）、范晔（《宋书·范泰传》：“好为文章，文集传于世。子晔，字蔚宗，善为文章，为《后汉书》，其《与甥侄书》，谓诸序论不减《过秦》，非但不愧班氏，赞无一字空设，奇变不穷。”）、袁淑（《宋书·淑传》：“字阳源，文采道逸，纵横有才辩，文集传于世。子觊，好学美才。”又《南史·临川王义庆传》亦谓：“太尉袁淑，文冠当时。”）、谢瞻（《宋书·瞻传》：“字宣远，六岁能属文，文章之美，与从叔琨、族弟灵运相抗。”又，《谢密传》云：“瞻等才词辩富。”）、谢惠连（《宋书·惠连传》：“十岁能属文，灵运见其新文，每叹曰：‘张华重生，不能易也。’文章并行于世。”）、谢庄（《宋书·庄传》：“字希逸，七岁能属文。袁淑叹曰：‘江东无我，卿当独步。’著文章四百余首行于世。”又，《殷淑仪传》谓：“谢庄作哀策文奏之。帝流涕曰：‘不谓当今复有此才。’都下传写，纸墨为之贵。”）、鲍照（《南史·临川王义庆传》云：“照字明远，文辞赡逸，尝为古乐府，文甚遒丽。元嘉中，为《河清颂》，其叙甚工。”《史通·人物篇》亦谓：“鲍照文学宗府，驰名海内，方之汉代，褒、朔之流。”）为尤工。（谢庄、鲍照诗文，尤为后世所祖述，次则傅亮诸人。）若陆展、何长瑜（《宋书·谢灵运传》：“东海何长瑜，才亚惠连。”）、何承天（《南史·承天传》：“所纂文及文集，并传于世。”）、何尚之（《宋书·尚之传》：“爱尚文义，老而不休。”）、沈怀文（《宋书·怀文传》：“少好玄理，善为文，集传于世。弟怀远，颇娴文笔。”）、王诞（《宋书·诞传》：“少有才藻。”）、王僧达（《宋书》本传云：“少好学，善属文。”）、王微（《宋书·微传》：“字景玄，少善属文，为文多古言，所著文集传于世。”）、张敷（《宋书·敷传》：“好

读玄言，兼属文论。”)、王韶之、王准之（《宋书·韶之传》：“博学有文辞。宋武帝使领西省事，凡诸诏，皆其词也。”又云：“宋庙歌词，韶之所制也。文集行于世。”又《王准之传》云：“赡于文词。”)、殷淳、殷冲、殷淡（《宋书·淳传》：“爱好文义，未尝违舍。弟冲，有学义文辞。冲弟淡，大明世以文章见知。”)、江智深（《宋书》本传：“爱好文雅，辞采清赡。”)、颜竣、颜测（《南史·颜延之传》：“延之曰：‘竣得臣笔，测得臣文。’”)、释慧琳（《南史·颜延之传》：“时沙门释慧琳，以才学为文帝所赏。”）亦其次也。

又案：宋代臣僚，若谢晦（《宋书》本传称：“晦涉猎文义，时人以方杨德祖。”)、蔡兴宗（《宋书》本传：“文集传于世。”)、张永（《宋书》本传：“能为文章。”)、江湛（《宋书·湛传》：“爱文义。”)、孔琳之（《宋书·琳之传》：“少好文义。”)、萧惠开（《宋书》本传云：“涉猎文史。”)、袁粲（《宋书》本传：“有清才，著《妙德先生传》。”)、刘勔（《宋书》本传：“兼好文义。”）亦有文学。自是而外，别有鲍令晖（工诗。)、荀伯子（《宋书》本传：“少好学，文集传世。”)、孔宁之（《宋书·王华传》：“会稽孔宁之，为文帝参军，以文义见赏。”)、谢恂（《宋书·恂传》：“少与族兄庄齐名。”)、荀雍、羊璿之（《宋书·谢灵运传》：“与族弟惠连、东海何长瑜、颍川荀雍、太山羊璿之以文章赏会。长瑜才亚惠连，雍、璿之不及也。”)、苏宝（《南史·王僧达传》：“时有苏宝者，生本寒门，有文义之美。”)、王昙生（《宋书·王弘之传》：“子昙生好文义。”)、顾愿（《宋书·顾恺之传》：“弟子愿，好学有才词。”)、江邃之（《南史·江秉之传》：“宗人邃之，有文义，撰《文释》传于世。”)、袁炳（《齐书·王智深传》：“陈郡袁炳，有文学，为袁粲所知。”)、卞铄（《南史·文学传》：“铄为袁粲主簿，好诗赋。”)、吴迈远（《南史·文学传》：“迈远好为篇章。”)、王素（《南史·素传》：“著《蚿赋》自况。”）诸人。（又《南史·宋武穆裴皇后传》：“妇人吴郡韩兰英，有文辞，宋孝武时，献《中兴赋》。”附志于此。）此可证宋代文学之盛矣。

乙　齐梁文学

《文心雕龙·时序篇》：暨皇齐驭宝，运集休明。太祖以圣武膺箓，高祖（即武帝）以睿文纂业，文帝（即文惠太子）以贰离含章，中宗（即明帝）以上哲兴运，并文明自天，缉熙景祚。今圣历方兴，文思充被，海岳降神，才英秀发，驭飞龙于天衢，驾骐骥于万里，经典礼章，跨周轹汉，唐、虞之文，以其鼎盛乎！

《南史·文学传序》云：自中原沸腾，五马南渡，缀文之士，无乏于时。降及梁朝，其流弥甚。盖由时主儒雅，笃好文章，故才秀之士，焕乎俱集。

《梁书·文学传序》曰：高祖旁求儒雅，文学之盛，焕乎俱集。其在位者，则沈约、江淹、任昉，并以文采妙绝当时。若彭城刘溉、吴兴邱迟、东海王僧孺、吴郡张率等，皆后来之秀也。（又《隋书·文学传序》云："太和、天保之间，洛阳、江左文学尤盛。于是作者江淹、任昉、沈约、温子昇、邢子才、魏伯起等，并学穷书圃，思极人文，英华秀发，波澜浩荡。"亦与此序互明。）

《南史·梁武帝本纪论》曰：自江左以来，年逾二百，文物之盛，独美于兹。（魏徵《梁论》亦谓："魏晋以来，未有若斯之盛。"）

《文心雕龙·明诗篇》：俪采百字之偶，争价一句之奇，情必极貌以写物，辞必穷力而追新，此近世之所竞也。（江淹《杂拟诗》自序曰："五言之兴，谅非变古。但关西邺下，既以罕同；河外江南，颇为异语。"亦齐、梁之诗与古不同之证。）

《文心雕龙·通变篇》：今才颖之士，刻意学文，多略汉篇，师范宋集，虽古今备阅，亦近附而远疏矣。（《情采篇》所云："后之作者，采滥忽真，远弃风雅，近师词赋，故体情之制日疏，逐文之篇愈甚。"亦兼赅魏、晋、宋及齐言。）

《文心雕龙·指瑕篇》：近代词人，率多猜忌，至乃比语求蚩，反音取瑕。

《文心雕龙·总术篇》：凡精虑造文，各竞新丽，多欲练辞，莫肯研术。（即《风骨篇》所谓“文术多门，明者弗授，学者弗师，习华随侈，流遁忘反”也。）

《南齐书·张融传》：融为《问律自序》曰：中代之文，道体阙变，尺寸相资，弥缝旧物。（又谓：“文岂有常体，但以有体为常。”）

《南齐书·文学传论》：今之文章，作者虽众，总而为论，略有三体：一则启心闲绎，托辞华旷，虽存巧绮，终致迂回。宜登公宴，本非准的，而疏慢阐缓，膏肓之病，典正可采，酷不入情。此体之源，出灵运而成也。次则缉事比类，非对不发，博物可嘉，职成拘制。或全借古语，用申今情，崎岖牵引，直为偶说。唯睹事例，顿失精采。此则傅咸《五经》、应璩《指事》，虽不全似，可以类从。次则发唱惊挺，操调险急，雕藻淫艳，倾炫心魂。亦犹五色之有红紫，八音之有郑卫。斯鲍照之遗烈也。三体之外，请试妄谈。若夫委自天机，参之史传，应思悱来，勿先构聚。言尚易了，文憎过意，吐石含金，滋润婉切。杂以风谣，轻唇利吻，不雅不俗，独申胸怀。轮扁斫轮，言之未尽，文人谈士，罕或兼工。非唯识有不周，道实相妨，谈家所习，理胜其辞，就此求文，终然翳夺。故兼之者鲜矣。

梁简文帝《与湘东王书》：比见京师文体，懦钝殊常，竞学浮疏，争事阐缓。玄冬修夜，思所不得，既殊比兴，正背风骚。若夫六典三礼，所施则有地；吉凶嘉宾，用之则有所。未闻吟咏情性，反拟《内则》之篇；操笔写志，更摹《酒诰》之作；“迟迟春日”，翻学《归藏》；“湛湛江水”，遂同《大传》。吾既拙于为文，不敢轻有掎摭。但以当世之作，历方古之才人，远则扬、马、曹、王，近则潘、陆、颜、谢，而观其遣辞用心，了不相似。若以今文为是，则古文为非；若以昔贤可称，则今体宜弃。俱为盍各，则未之敢许。又时有效谢康乐、裴鸿胪文者，亦颇有惑焉。何者？谢客吐言天拔，出于自然，时有不拘，是其糟粕；裴氏乃是良史之才，了无篇什之美。是为学谢，则不届其精华，但得其冗长；师裴，则蔑绝其所长，惟得其所短。谢故巧不可阶，裴亦质不宜慕。故胸驰臆断之侣，好名忘实之类，方分肉于仁兽，逞郤克于邯郸，入鲍忘臭，效尤致祸。决羽谢生，岂三千之可及？伏膺裴氏，惧两唐之不传。故玉徽金铣，反为拙目所嗤；《巴人》、《下里》，更合郢中之听。《阳春》高而不和，妙声绝而不寻。竟不精讨锱铢，核量文质，有异巧心，终愧妍手。是以握瑜怀玉之士，瞻郑邦而知退；章甫翠履之人，望闽乡而叹息。诗既若此，笔又如之。徒以烟墨不言，受其驱染；纸札无情，任其摇襞。甚矣哉，文之横流，一至于此！（裴鸿胪即裴子野。）

姚铉《唐文粹自序》曰：至于魏、晋，文风下衰，宋、齐以降，益以滋薄。然其间鼓曹、刘之气焰，耸潘、陆之风格，舒颜、谢之清丽，藹何、刘之婉雅，虽风兴或缺，而篇翰可观。（案：铉说简约，故附录于此。）

案：齐、梁文学之盛，虽承晋、宋之绪余，亦由在上者之提倡。据《齐书·高帝纪》谓："帝博学善属文。"（《南史》本纪谓："帝所著文诏，中书侍郎江淹撰次之。"）故高帝诸子，若鄱阳王锵好文章，江夏王锋能属文，并见《齐书》、《南史》，非惟豫章王嶷工表启、武陵王晔工诗已也。（《齐书·晔传》："好文章，与诸王共作短句，诗学谢灵运体。"）嗣则文惠太子、竟陵王子良（《南史·太子传》云："文武士多所招集，虞炎、范岫、周颙、袁廓，并以学行才能应对左右。"《梁书范岫传》云："文惠在东官，沈约之徒，以文才见引。"又，《齐书·子良传》云："礼才好士，天下才学，皆游集焉。士子文章，及朝贵辞翰，皆发教撰录。所著内外文笔数十卷。"又，《梁书·武帝纪》谓："齐竟陵王开西邸，招文学。帝与沈约、谢朓、王融、萧琛、范云、任昉、陆倕等并游，号曰八友。"沈约、范云各传并同。又，《南史·刘绘传》云："永明末，都下人士，盛为文章谈义，皆凑竟陵西邸。"又，《王僧孺传》云："子良开西邸，招文学，僧孺与虞羲、丘国宾、萧文琰、丘令楷、江洪、刘季孙，并以善辞藻游焉。"）、衡阳王钧（《南史·钧传》："善属文，与琅琊王智深以文章相会，齐阳江淹亦游焉。"）、随王子隆（《齐书·子隆传》："有文才。武帝以为‘我家东阿’。文集行于世。”又《谢朓传》云：“为子隆镇西文学。子隆好辞赋，朓尤被赏。”）均爱好文学，招集文士。又开国之初，王俭之伦，亦以文章提倡。（详任昉《王文宪集序》及《齐书》各传。）故宗室多才，（《梁书·萧几传》：“年十岁，能属文，十五撰《杨公则诔》。子为，亦有文才。”又《齐书·萧颖胄传》云：“好文义。”均其证也。）而庶姓之中，亦人文蔚起。梁承齐绪，武帝尤崇文学。（《南史》本纪谓：“帝博学多通，及登宝位，躬制赞、序、诏、诰、铭、诔、箴、颂、笺、奏诸文百二十卷。”又《文学传序》云：“武帝每所临幸，辄命群臣赋诗，其文之善者，赐以金帛。是以缙绅之士，咸知自励。”又《袁峻传》：“武帝雅好词赋，时献文章于南阙者相望焉。”《王筠传》亦云：“敕撰《中书表奏》三十卷，及所上赋颂，都为一集。”）嗣则昭明太子、简文帝、元帝，并以文学著闻，（《梁书·昭明太子传》：“每游宴祖道，赋诗至十数韵，或命作剧韵，皆属思便成。所著文集二十卷，又撰古今典诰文言为《正序》十卷，五言诗之善者为《文章英华》二十卷，《文选》三十卷。”又《南史·简文帝纪》谓：“帝六岁能文，及长，辞藻艳发，雅好赋诗。其自序云：‘七岁有诗，长而不倦。’所著文集一百卷行世。”又《元帝纪》谓：“帝天才英发，出言为论，军书羽檄，文章诏诰，点毫便就。著《词林》三卷，文集五十卷。世子方等有俊才，撰《三十国春秋》。”）而昭明、简文，均以文章为天下倡，（《梁书·昭明传》：“引纳才学之士，赏爱无倦，或与学士商榷古今，继以文章著述。于时名才并集，文学之盛，晋、宋以来所未有也。”又《王锡传》云：“武帝敕锡与张缵入宫与太子游宴，又敕陆倕、张率、谢举、王规、王筠、刘孝绰、到洽、张缅为学士十人。”《刘孝绰传》云：“昭明好士爱人，孝绰与殷芸、陆倕、王筠、到洽等同见礼。”此昭明重文之证。又《南史·简文纪》云：“及居监抚，弘纳文学之士。”《庾肩吾传》云：“简文开文德省置学士，肩吾子信、徐摛子陵、吴郎、张长公、北地傅弘、东海鲍至等充其选。”此简文重文士之征。）此即《南史·梁纪》所谓“文物之盛，独美于兹”也。（《雕龙》所云：“唐、虞

之文，其鼎盛乎。”亦与《南史》之说相合。）故武帝诸子能文者，有豫章王综（《梁书·综传》：“有才学，善属文。”）、邵陵王纶（《梁书·纶传》：“博学，善属文，尤工尺牍。”）、武陵王纪（《梁书·纪传》：“有文才。”）；其诸孙能文者，有后梁主詧（《周书·詧传》：“好文义，所著文集十五卷。子世宗岿，有文学，文集行世。后主琮，博学有文义。”）、南康王会理、建安县侯乂理（并南康王绩子。《梁书·会理传》：“少好文史。弟乂理，有文才，尝祭孔文举墓，并为立碑，制文甚美。”）、寻阳王大心、南郡王大连、乐良王大圜（并简文子。《梁书·大心、大连传》并云“能属文。”《周书·大圜传》：“有文集。”）；其宗室能文者，则有长沙王业（《梁书·业传》：“文集行于世。子孝俨，献《相风乌》、《华光殿》、《景阳山》等颂，其文甚美。孙南安侯骏，工文章。”）、安成王秀（《南史·秀传》：“精意学术。子机，所著诗赋数千言，元帝集而序之。机弟推，好属文，深为简文所亲赏。”）、南平王伟（《梁书·伟传》：“制《性情》、《几神》等论。”）、鄱阳王范（《南史·范传》：“招集文才，率意题章，时有奇致。弟谘，十一能属文。”）上黄侯晔（《南史·晔传》：“献《储德颂》。”），而安成、南平二王，尤好文士。（《南史·秀传》：“尤好人物，招刘孝标使撰《类苑》。当时高才游王门者：东海王僧孺，吴郡陆倕，彭城刘孝绰，河东裴子野。”又《伟传》云：“四方游士，当时知名者，莫不毕至。”）任昉之流，亦为当时文士所归。（《南史·陆倕传》云：“昉为中丞，预其宴者：殷芸、到溉、刘苞、刘孺、刘显、刘孝绰及陆倕而已，号曰龙门聚。”《南史·到溉传》：“任昉为御史中丞，后进皆宗之。时有彭城刘孝绰、刘苞、刘孺、吴郡陆倕、张率，陈郡殷芸，沛国刘显及溉、洽，车轨日至，号曰兰台聚。”《昉传》亦谓：“昉好交结，奖进士友。”）此亦梁代文学兴盛之由也。

又案：宋、齐之际，亦中古文学兴盛之时。齐初，臣僚如褚渊、王僧虔（《齐书·僧虔传》：“与袁淑、谢庄善，淑叹为文情鸿丽。”）之流，虽精文学，（又《齐书·崔元祖传》云：“善属文。”《沈文季传》云：“爱好

文章。”亦其证。）然集其大成者，惟王俭。（《齐书·俭传》：“字仲宝，甚闲辞翰。大典将行，礼仪诏策，皆出于俭。”又云：“手笔典裁，为当时所重。文集行于世。”任昉有《王文宪集序》。）自嗣而降，文士辈出，（据《齐书》各传，如刘绘诸人，均以文义擅盛一时。周显诸人，尤精谈议，不仅以文学名。至若臧荣绪、沈骥士、陆澄、刘、刘琎、明僧绍、刘虬、关康之诸人，兼通经业，所长不仅文章，然《齐书》等各传，并云“有文集行世”。嗣则崔慰祖、贾希镜、祖冲之，亦不仅以文章名。）其兼工诗文者，厥唯王融（《齐书·融传》：“字元长，博涉，有文才。武帝使为《曲水诗序》，当时称之。文辞捷速，有所造，援笔立就。”又云：“融文行于世。”又《南史·任昉传》：“王融有才俊，自谓无对。”）、谢朓（《南史·朓传》：“字玄晖，文章清丽，长五言诗。沈约常云：‘二百年来无此诗也。’敬皇后迁祔山陵，朓撰哀策文，齐世莫有及者。”钟氏《诗品》亦谓：“朓奇章秀句，往往惊遒，足使叔源失步，明远变色。”）。齐、梁之际，则沈约、范云、江淹、邱迟并工诗文，（《南史·约传》：“字休文，善属文。时谢玄晖善为诗，任彦昇工于笔，约兼而有之，然不能过。著《文章志》三十卷，文集一百卷。”又《范云传》：“字彦龙，善属文，下笔辄成，有集三十卷。”又《江淹传》：“字文通，留情文章。齐高帝让九锡及诸章表，皆淹制也。少以文章显，晚节才思微退。凡所著述，自撰为前后集。”又《邱迟传》：“字希范，八岁属文，辞采丽逸，劝进梁王及殊礼，皆迟文也。帝作连珠诏，群臣继作者数十人，迟文最美。”又据钟嵘《诗品》谓：“休文五言最优，辞密于范，意浅于江。”又谓：“范云婉转清便，如流风回雪；邱迟点缀映媚，似落花依草。”）任昉尤长载笔。（《南史·昉传》：“字彦升，八岁能属文。王俭每见其文，以为当时无辈。王融见其文，怳然自失。”又云：“昉尤长载笔，颇慕傅亮，才思无穷。当时王公表奏，莫不请焉，起草即成。沈约深所推挹。梁台建禅让文诰，多昉所具。所著文章数十万言，盛行于世。王僧孺谓过董生、扬子。”）嗣则刘孝绰（《梁书·孝绰传》：“七岁能属文。王融深赏异之，任昉尤相赏好。梁武览

其文，篇篇称赏，由是朝野改观。”又云：“孝绰辞藻，为后进所宗。时重其文，每作一篇，朝成暮遍，好事者咸传诵写，流闻河朔，亭苑挂壁，莫不题之。文集数十万言行于世。子谅，有文才。”)、刘峻（《梁书·峻传》：“字孝标，文藻秀出。为《山栖志》，文甚美。”)、裴子野（《梁书·子野传》：“字几原，善属文，武帝诸符檄皆令具草。”又云：“为文典而速，不尚靡丽，制多法古，与今文体异。当时或有诋诃者，及其末，翕然重之。文集二十卷行于世。”)、王筠（《梁书·筠传》：“字元礼，七岁能属文，十四为《芍药赋》，其辞甚美。又能用强韵，每公宴并作，辞必妍靡。沈约谓王志曰：‘贤弟子文章之美，可谓后来独步。’自撰文章，以一官为一集，凡百卷，行于世。”)、陆倕（《南史·陆慧晓传》：“三子僚、任、倕，并有美名，时人谓之三陆。倕字佐公，善属文。武帝雅爱倕文，敕撰《新漏刻铭》、《石阙铭》。”)，其诗文均为当时所法。其尤以诗名者，则柳恽、吴均（《梁书·柳恽传》：“字文畅，著《述先颂》，文甚哀丽。少工篇什，王融见而嗟赏。和武帝《登景阳楼》篇，深见赏美，当时咸相称传。”又《吴均传》：“字叔痒，有俊才。沈约见均文，颇相称赏。柳恽为吴兴，召补主簿，日引与赋诗。均文体清拔，有古气，好事者或效之，谓为吴均体。著文集二十卷。”)、何逊（《梁书·逊传》：“字仲言，八岁能赋诗。范云称为‘含清浊，中古今’。梁元帝论之云：‘诗多而能者沈约，少而能者谢朓、何逊。’文八卷。”）是也。

又案：宋、齐之际，有丘灵鞠、檀超、丘巨源（《南史·文学传》：“丘灵鞠，善属文，宋时文名甚盛，著《江左文章录》，文集行世。”“檀超，少好文学。”“丘巨源，有笔翰。”)、张融（《齐书·融传》：“字思光，至交州作《海赋》，文辞诡激，独与众异。为《问律自序》曰：‘吾文章之体，多为世人所惊。’又戒其子曰：‘吾文体屡变，变而屡奇。’文集数十卷行世。”)、谢超宗（《南史》：“凤子超宗，有文辞。宋殷淑仪卒，作诔奏之，帝大嗟赏。齐撰郊庙歌，作者十人，超宗辞独见用。”)、孔珪（《齐书·珪传》：“好文咏。高帝使与江淹对掌辞笔。”)、卞彬（《南史·文学传》:“卞彬,险拔有才,著《蚤》、《虱》等赋,文章传于闾巷。”)、顾欢(《南史·欢传》:“字景怡,六七岁作《黄雀赋》。善于著论,作《正名论》、《华夏论》。梁武帝诏欢诸子撰欢文议三十卷。”),均以文学擅名。若虞愿(《南史·愿传》:“撰《会稽记》、文翰数十篇。”)、苏侃(《南史·侃传》载所作《塞客吟》。)、江敩(《齐书》本传:“数好文辞。”)、袁彖(《南史·彖传》:“善属文及谈玄。”)、刘祥(《南史·祥传》:“少好文学,著连珠十五首寄怀。”)、谢颢、谢瀹、(《南史·谢庄传》:“子颢,守豫章,免官,诣齐高帝自占谢,言辞清丽。弟瀹,齐帝起禅灵寺,敕为碑文。”)、王僧佑(《南史》本传:“齐孝武时献《讲武赋》。”)、王摛(《南史·摛传》:“王俭示以隶事,操笔便成,文章既异,辞亦华美。”)、檀道鸾(《南史·檀超传》:“叔父道鸾,有文学。”),亦其次也。齐则陆厥(《梁书·厥传》:“字韩卿,善文章,文集行于世。”)、虞炎(《齐书·陆厥传》:“会稽虞炎,永明中以文学与沈约俱为文惠太子所遇。”)、王智深(《齐书·智深传》:“字云才,少从谢超宗学属文,成《宋书》三十卷。”)、虞羲(《文选注》引《虞羲集序》:“羲字子阳,七岁能属文。”),并以文著。若孔广、孔逭(《南史·文学传》:“会稽孔广、孔逭,皆才学知名。有才藻,制《东都赋》,于时才士称之。”)、诸葛勖(《南史·文学传》:“琅琊诸葛勖作《云中赋》。”)、袁嘏、高爽(《南史·文学传》:“又有陈郡袁嘏,自重其文。广陵高爽,博学多才,作《镬鱼赋》,其才甚工。”)、庾铣(《齐书·王智深传》:“颖川庾铣,善属文,见赏豫章王。”)、孔凯(《齐书·谢朓传》:“会稽孔,粗有才笔。”)、王斌(《南史·陆厥传》:“时有王斌者,初为道人,雅有才辩,善属文。”)、丘国宾、丘令楷、萧文琰、江洪(并见《南史·王僧孺传》。《吴均传》亦谓洪工属文。),亦其次也。齐、梁之际,则王僧孺(《梁书·王僧孺传》:“工属文,多识古事。其文丽逸,多用新事,人所未见者,时重其富博。文集三十卷。”)、萧子恪、萧子范、萧子显、萧子云(《南史·子恪传》:“字景冲,十二和竟陵王《高松赋》,王俭见而奇之。颇属文,随弃其本,故不传文集。弟

子范，字景则，南平王使制《千字文》，其词甚美，府中文笔，皆使具草。简文葬后，使制哀策，文理哀切。前后文集三十卷。子显，字景阳，工属文。著《鸿序赋》，沈约称为《幽通》之流。启撰《齐书》。武帝雅爱其才。尝为自序，略谓："颇好辞藻，屡上歌颂，每有制作，特广思功，须其自来，不以力构。文集二十卷。子云，字景乔，勤学有文藻，弱冠撰《晋书》。"）、陶弘景（《南史》："陶弘景，字通明，著《学苑》等书。"案：今传《弘景集》二卷。）、江革（《梁书·革传》："字休映，六岁解属文。王融、谢朓雅相敬重，竟陵王引为西邸学士。有集二十卷行世。"）、徐勉（《梁书·勉传》："六岁率尔为文，见称耆宿。长好学，善属文。凡所作前后二集，十五卷。"）、范缜（《南史·缜传》："字子直，作《伤暮诗》、《神灭论》，文集十五卷。"）、周舍（《南史·舍传》："字升逸，博学，精义理，文二十卷。"）、王巾（《文选》注引《姓氏英贤录》："巾字简栖，为《头陀寺碑》，文词巧丽，为世所重。"）、柳惔（《梁书·惔传》："字文通，工制文，尤晓音律。齐武帝称其属文道丽。著《仁政传》及诸诗赋。"）、袁峻（《南史·峻传》："字孝高，工文辞，拟扬雄《官箴》奏之，奉敕与陆倕各制《新阙铭》。"）、钟嵘（《南史·嵘传》："字仲伟，与兄岏并好学。衡阳王令作《瑞室颂》，辞甚典丽。"又云："嵘品古今诗。"）、刘勰（《南史·勰传》："字彦和，撰《文心雕龙》五十篇，论古今文体。为文长于佛理，都下寺塔及名僧碑志，必请制文。"）、谢朏（《南史·勰传》："字敬冲，谢庄子。十岁能属文。有文章行于世。"）、刘苞、刘孺、刘遵（《南史·刘苞传》："字孟尝，少能属文，受诏咏《天泉池荷》及《采菱调》，下笔即成。"又《刘孺传》："字孝稚，七岁能属文。沈约与赋诗，大为嗟赏。少好文章，性又敏速，受诏为《李赋》，文不加点。文集二十卷。弟遵，工属文，皇太子令称为辞章博瞻，玄黄成采。"）、刘昭（《梁书·昭传》："字宣卿，善属文，江淹早相称赏。集注《后汉》百八十卷，文集十卷。"）、周兴嗣（《梁书·兴嗣传》："字思纂，善属文。天监初，献《休平赋》，文甚美。武帝敕与陆倕各制《光宅寺碑》，帝用兴嗣所制。自是

《铜表铭》、《栅塘碣》、《北伐檄》、《次韵王羲之书千字》，并使兴嗣为文。文集十卷。”）、王籍（《南史·籍传》：“字文海，为诗慕谢灵运，至其合也，殆无愧色。湘东王集其文为十卷。”），并工文章。（案：齐、梁之际，若伏曼容、何佟之、贺玚、傅昭、何点、何胤、刘显、阮孝绪，均博于学术；张绪、张充、明山宾、庾诜，兼综儒玄，不仅以文学名，然其文亦均可观。）若范岫（《南史·岫传》：“文集行世。”）、裴邃（《梁书·邃传》：“十岁能属文。”）、袁昂（《南史·昂传》：“有集三十卷。”）、谢几卿（《南史·谢超宗传》：“子几卿，博学有文采，文集行于世。”）、王泰（《南史·泰传》：“每预朝宴，刻烛赋诗，文不加点。”）、孔休源（《南史·休源传》：“与王融友善，为竟陵王西邸学士。凡奏议弹文，勒成十五卷。”）、王彬（《南史·彬传》：“好文章。齐武帝起旧宫，彬献赋，文辞典丽。”）、顾宪之（《南史》本传：“所著诗赋铭赞并《衡阳记》，数十篇。”）、沈顗（《南史》本传：“著文章数十篇。”）、诸葛璩（《南史·璩传》：“所著文章二十卷，门人刘曒集而录之。”）、范述曾（《南史·述曾传》：“著杂诗赋数十篇。”）之流，亦其次也。梁则刘潜（《南史·潜传》：“字孝仪，工属文，敕制雍州平等寺金像碑，文甚弘丽。文集二十卷行世。弟孝威，大同中上《白雀颂》，甚美。”）、伏挺（《南史·挺传》：“长有才思，为五言诗，善效谢康乐体，任昉深加叹异。文集二十卷。”）、谢蔺（《南史·蔺传》：“字希如，献《甘露颂》，武帝嘉之，使制《萧楷德政碑》、《宣城王奉述中庸颂》。所制诗赋碑铭数十篇。”）、萧洽（《梁书·洽传》：“博涉，善属文。敕撰《当涂庙碑》，辞甚赡丽。文集二十卷行于世。”）、刘之遴（《梁书·之遴传》：“字思贞，八岁能属文，沈约、任昉异之。前后文集五十卷。”）、刘杳（《梁书·杳传》：“字士深，博综群书。沈约叹美其文。著《林庭赋》，王僧孺叹曰：‘《郊居》以后，无复此作。’文集十五卷。”）、张率（《梁书·率传》：“字士简，十二能属文，日限为诗一篇。稍进，作赋颂，武帝谓兼马、枚王速。自少属文，《七略》及《艺文志》所载诗赋今无其文者，并补作之。所著《文衡》十五卷，集四十卷。”）、陆云公（《梁

书·云公传》："字子龙，有才思。制《太伯庙碑》，张缵叹为'今之蔡伯喈'。文集行世。"）、谢微（《梁书·微传》："字玄度，善属文，于武德殿赋诗三十韵，二刻便成。又为临汝侯制《放生文》，亦见赏于世。文集二十卷。"）、萧琛（《梁书·琛传》："字彦瑜，有才辨，撰诸文集数十万言。又二子密，博学有文词。"）、谢览、谢举（《梁书·览传》："字景涤，与王、陈为时赠答，其文甚工。弟举，字言扬，年十四赠沈约诗，为约所赏。文集二十卷。"）、王规（《梁书·规传》："字威明，献《太极新殿赋》，其词甚工。于文德殿赋诗五十字，援笔立奏，其文又美。文集二十卷。"）、到沆、到溉、到洽（《梁书·沆传》："字茂瀣，善属文。武帝命为诗二百字，三刻便成，其文甚美。所著诗赋百余篇。溉字茂灌，善于应答，有集二十卷。洽字茂沿，有才学，谢朓深相赏好。梁武使与萧琛、任昉赋二十韵诗，以洽辞为工。奉敕撰《太学碑》。文集行世。"）、张缅、张缵（《梁书·缅传》："字元长，抄《江左集》未及成。文集五卷。弟缵，字伯绪，好学，为湘州刺史，作《南征赋》。文集二十卷。"）、徐摛（《梁书·摛传》："字士秀，属文好为新变，不拘旧体。为太子家令，文体既别，春坊尽学之。"）、徐悱、徐绲（《梁书·绲传》："为湘东王参军，辩于辞令，文冠一府，特有轻艳之才，新声巧变，人多讽习。"又《徐勉传》云："子悱，字敬业，聪敏能属文。悱妻刘孝绰妹，文尤清拔。"）、何思澄（《南史·思澄传》："字元静，少工文，为《游庐山诗》，沈约大相称赏，自谓弗逮。傅昭请制《释奠诗》，辞文典丽。文集十五卷。"又云："思澄与宗人逊及子朗，俱擅文名。子朗早有才思，尝为《败家赋》，文甚工，行于世。"）、任孝恭（《南史·孝恭传》："有才学，敕制《建陵寺刹下铭》，又启撰《武帝集序》，文并富丽，自是专掌公家笔翰。孝恭为文，敏速若不留思，每奏称善。文集行于世。"）、纪少瑜（《南史·少瑜传》："字幼场，十三能属文，王僧孺见而赏之曰：'此子才藻秀拔，方有高名。'"）、庾肩吾（《南史·肩吾传》："字慎之，八岁能赋诗，辞采甚美。"）、刘瑴（《南史》："瑴字仲宝，善辞翰，随湘东王在藩，当时文檄，皆其所为。"）、颜协（《南史·协传》：“字子和，文集二十卷，遇火湮灭。”）、鲍泉（《南史·泉传》：“字润岳，兼有文笔。元帝谓：‘我文之外，无出卿者。’”）蔡大宝（《周书·大宝传》：“善属文，文词赡速，詧之章表书记教令册诏，并大宝专掌之。著文集三十卷。”），并擅文词。（梁代士人，无不工文，而文人亦均博学，故有文名为学所掩者，如贺琛、殷芸、严植之、崔灵思、沈峻、孔子祛、皇侃之流是也。然览其遗文，均有可观。又以《南史》各传考之，如《顾协传》：“文集十卷行于世。”《朱异传》：“文集百余篇。”《许懋传》：“有集十五卷。”《司马褧传》：“废肩吾集其文为十卷。”协等诸人，亦不仅以文章著。）若萧子晖、萧滂、萧确，萧序恺（《南史》：“萧子云弟子晖，有文才。”又云：“子范、子滂、确，并有文才。”又云：“子显、子序恺，简文与湘东王令，称为才子。”）萧贲、（《南史·萧同传》：“弟贲，有文才。”）、萧介（《梁书·介传》：“武帝置酒赋诗，介染翰便成，文不加点。”）、臧严（《南史·严传》：“幼作《屯游赋》七章，辞并典丽。文集十卷。”）、谢侨（《南史·侨传》：“集十卷。”）、王承、王训（《南史·承传》：“以文学相尚。弟训，文章为后进领袖。”）、庾仲容（《南史》本传：“文集二十卷行于世。”）、江蒨（《南史·蒨传》：“文集十五卷。”）、江禄（《南史·禄传》：“有文章。”）、刘縠（《南史·縠传》：“善辞翰。”）、刘沼（《南史·沼传》：“善属文。”）、刘霁（《南史·霁传》：“文集十卷。”）、刘歊（《南史·歊传》：“博学有文才，著《笃终论》。”）、陆罩（《南史·罩传》：“善属文，撰《简文帝集序》。”）何僩、（《南史·何逊传》：“从叔僩，亦以才著闻，著《拍张赋》。”）、虞骞、孔翁归、江避（《南史·何逊传》：“时有会稽虞骞，工为五言诗，名与逊埒。又有会稽孔翁归，工为诗。济阳江避，博学有思理。并有文集。”）、罗研、李膺（《梁书·研传、膺传》并云：“有才辨，以文达。”）、吴规（《梁书·张缵传》：“吴兴吴规，颇有才学，邵陵王深相礼遇。”）、王子云、费昶（《南史·何思澄传》：“太原王子云，江夏费昶，并为闾里才子。昶善乐府，又作鼓吹曲，武帝重之。子云尝为《自吊文》，甚美。”）江子一、（《南史·子一传》：“辞赋文章数十篇行于世。”）刘慧斐、(《南史》本传：“能属文。”)、庾曼倩(《南史·庾诜传》：“子曼倩，所著文章凡九十五章。”)、傅准(《梁书·傅昭传》：“子准，有文才。”)、江从简(《南史·江德藻传》：“弟从简，少有文情。”)、谢侨(《南史·侨传》：“集十卷。”)、鲍行卿(《南史·鲍泉传》：“时有鲍行卿，好韵语，上《王璧铭》，武帝发诏褒赏。集二十卷。”)、甄玄成、岑善方、傅准、萧欣、柳信言、范迪、沈君游（准，后梁臣。《周书》云：玄成善属文，有文集二十卷。善方善辞令，著文集十卷。准有文才，善词赋，文集二十卷。欣善属文，与柳信言俱为一代文宗，有集二十卷。迪善属文，有文集十卷。君游有词采，有文集十卷。)，亦其次也。齐、梁文学之盛，即此可窥。

丙　陈代文学

《陈书·文学传》云：后主雅尚文词，傍求学艺，焕乎俱集。每臣下表疏，及献上赋颂者，躬自省览，其有辞工，则神笔赏激，加其爵位。是以搢绅之徒，咸知自励矣。

《南史·文学传序》：至有陈受命，运接乱离，虽加奖励，而向时之风流息矣。岂金陵之数将终三百年乎？不然，何至是也？

（案：此说与《陈书》相反。今以《陈书》各纪传考之，则此说实非。盖陈之文学，虽不及梁代之盛，然风流固未尝歇绝也。）

案：陈代开国之初，承梁季之乱，文学渐衰。然世祖以来，渐崇文学。（据《南史·世祖纪》及《陈书·世祖纪论》，并谓崇尚儒术，爱悦文义。）后主在东宫，汲引文士，如恐不及，(《陈书·姚察传》：“补东宫学士。于时江总、顾野王、陆琼、陆瑜、褚玠、傅縡等，皆以才学之美，晨夕娱侍。”）及践帝位，尤尚文章。(《陈书·后主纪论》云：“待诏之徒，争趋金马；稽古之秀，云集石渠。”是其证也。）故后妃宗室，莫不竞为文词。(《陈书·后主沈皇后传》：“涉猎经史。后主薨，自为哀词，文甚酸切。”《陈书》又谓：“后主以宫人有文学者为女学士。”又谓：“高

宗子岳阳王叔慎，后主子吴兴王胤，皆能属文，是时，后主尤爱文章，叔慎与衡阳王伯信，新蔡王伯齐等，每属诏赋诗，恒被嗟赏。”）又开国功臣如侯安都、孙玚、徐敬成，均结纳文士。(《陈书·侯安都传》：“为五言诗颇清靡。招聚文士褚玠、马枢、阴铿、张正见、徐伯阳、刘珊、祖孙登，或命以诗赋，第其高下。”《孙玚传》：“尝于山斋集玄儒之士。”《徐敬成传》：“结交文义之士。”）而李爽之流，以文会友，极一时之选。故文学复昌，迄于亡国。(《南史·徐伯阳传》：“太建初，与李爽、张见正、贺彻、阮卓、萧诠、王由礼、马枢、祖孙登、贺循、刘删等，为文会友，后有蔡凝、刘助、陈暄、孔范亦与焉，皆一时士也。游宴赋诗，动成卷轴。伯阳为其集序，盛传于世。”）然斯时文士，首推徐陵（《陈书·陵传》：“字孝穆，摛子，八岁能属文。自有陈创业，文檄军书及禅授诏策，皆徐陵所制，而《九锡》尤美，为一代文宗。世祖、高宗之世，国家有大手笔，皆陵草之。其文颇变旧体，缉裁巧密，多有新意。每一文出手，好事者已传写成诵，遂被之华夷，家藏其本。存者三十卷。弟孝克，亦善属文，而文不逮。子义、俭，梁元帝叹赏其诗，以为徐氏复有文。俭弟份，九岁为《梦赋》，陵谓：‘吾幼属文，亦不加此。’”）、沈炯（《陈书·炯传》：“字礼明，少有隽才，王僧辩羽檄军书，皆出于炯。上表江陵劝进，其文甚工，当时莫逮。为西魏所虏。魏人爱其文才，尝经行汉武通天台，为表奏陈思归之意，寻获东归。文帝重其文。有集二十卷行世。”《南史》亦曰：“沈炯才思之美，足以继踵前良。”），次则顾野王（《陈书·野王传》：“字希冯，九岁能属文，尝制《日赋》，朱异见而奇之，以笃学知之。著《玉篇》、《舆地志》等，及文集二十卷。”）、江总（《陈书·总传》：“字总持，笃学，有辞采。梁武览总诗，深降嗟赏。张缵等深相推重。”又云：“总能属文，于五言七言尤善，然伤于浮艳。文集三十卷行世。子溢，颇有文词。”）傅縡、(《陈书·傅縡传》：“字宜事，能属文。为文典丽，性又敏速，虽军国大事，下笔辄成，未尝起草，沉思者亦无以加。有集十卷。”）、姚察（《陈书·察传》：“字伯审，十二能属文。后主时，敕专知优册议等文笔。每有制述，多用新奇，人所未见，咸重富博。所撰寺塔及众僧文章，特为绮密，所著《汉书训纂》等，及文集二十卷行世。”）、陆琼（《陈书·琼传》：“字伯玉，云公子。六岁为五言诗，颇有词采，长善属文。后主即位，掌诏诰，有集二十卷。子从典，八岁拟沈约《回文砚铭》，便有佳致；十三为《柳赋》，其词甚美。”）、陆琰、陆瑜（《陈书·琰传》：“字温玉，琼从父弟。世祖使制《刀铭》，援笔即成。所制文笔多不存，后主求其遗文，撰成二卷。弟瑜，字干玉，美词藻。太建二年，命为《太子释奠诗序》，文甚赡丽。有集十卷。瑜从父兄玠，字润玉，能属文，有集十卷。从父弟琛，字洁玉，十八上《善政颂》，颇有词采。”），并以文著。若沈不害（《陈书·不害传》：“字孝和，治经术，善属文，每制文操笔立成，曾无寻检。文集十四卷。”）、孔奂（《陈书·奂传》：“字休文，善属文。王僧辩为扬州，笺表书翰，皆出于奂。有集十五卷，弹文四卷。”）、徐伯阳（《陈书·伯阳传》：“字隐忍，年十五，以文笔称。侯安都令为谢表，文帝见而奇之。又为《辟雍颂》，甚见嘉赏。”）、毛喜（《陈书·喜传》：“字伯武，高宗为骠骑，府朝文翰，皆喜词也。有集十卷。”）、赵知礼（《陈书·知礼传》：“字齐旦，为文赡速，每占授军书，下笔便就。高祖上表元帝及与王僧辩论述军事，其文并知礼所制。”）、蔡景历（《陈书·景历传》：“字茂世，好学，善尺牍。高祖镇朱方，以书要之。景历对使答书，笔不停缀。将讨王僧辩，草檄立成，辞义感激。”又云：“景历属文，不尚雕磨，而长于叙事，应机敏速，为当时所称。有文集二十卷。子征，聪敏才赡。”）、刘师知（《陈书·师知传》：“工文笔，善仪体，屡掌诏诰。”）、杜之伟（《陈书·之伟传》：“字子大，幼有逸才。徐勉见其文，重其有笔力。”又云：“之伟为文，不尚浮华，而温雅博赡，所制多遗失，存者十七卷。”）、颜晃（《陈书·晃传》：“字元明，少有辞采，献《甘露颂》，词义该典。其表奏诏诰，下笔立成，便得事理，而雅有气质。有集十二卷。”）、江德藻（《陈书·德藻传》：“字德藻，善属文，著文笔十五卷。子椿，亦善属文。”)、庾持(《陈书·持传》:“字允德,尤善书记,以才艺闻。持善字书,每属词,好为奇字,文士亦以此讥之。有集十卷。”)、许亨(《陈书·亨传》:“字亨道,少为刘之遴所重。撰《齐书》、《梁史》。所制文笔六卷。”)、褚玠(《陈书·玠传》:“字温理,长能属文,词义典实,不好艳靡,所制章奏杂文二百余篇,皆切事理。”)、岑之敬(《陈书·之敬传》:“字思礼,以经业进。雅有词笔,有集十卷行世。”)、蔡凝(《陈书·凝传》:“有文辞。”)、何之元(《陈书·之元传》:“有才思。著《梁典》。”)、章华(《陈书·傅縡传》:“吴兴章华,善属文。”)之流,或工诗文,或精笔翰,亦其选也。又梁代士大夫,多仕陈廷,以文学著,如萧允(《陈书·允传》:“经延陵季子庙,为诗叙意,辞理清典。”)、周弘正(《南史·弘正传》:“玄理为当时所宗。集二十卷。弟弘让、弘直。弘直幼聪敏,有集二十卷。”)、萧引(《陈书·引传》:“善属文。弟密,有文词。”)、张种(《南史·种传》:“有集十四卷。”)、王劢(《南史·劢传》:“从登北顾楼,赋诗,辞义清典。”)、沈众(《陈书·众传》:“沈约孙,有文才。梁武令为《竹赋》,手敕答曰:‘文体翩翩,可谓无忝尔祖。’”)、袁枢(《陈书·枢传》:“有集十卷行世。”)、谢嘏(《陈书·嘏传》:“善属文,文集行世。”虞荔、虞寄《陈书·荔传》:“善属文。梁武使制《士林馆碑》。弟寄,大同中上《瑞雨颂》,梁武谓其典裁清拔。”)是也。(又案:梁、陈之际,若王通、谢歧、袁敬、袁泌、刘仲威、王质、萧乾、韦载、韦鼎、王固、萧济、沈君公,虽不以文名,亦均工文。若夫沈文阿、沈洙、王元规、郑灼、顾超之流,博综经术;张讥、马枢兼善玄言,亦不仅以文名。)其有尤工诗什者,自徐、沈外,则有阴铿(《南史·铿传》:“字子坚,尤善五言诗,为当时所重。世祖使赋《新成安乐宫诗》,援笔立就。有集三卷行世。”)、张正见(《陈书·正见传》:“字见赜,年十三献颂,梁简文深赞赏之。有集十四卷。其五言诗尤善,大行于世。”)、阮卓(《陈书·卓传》:“尤工五言诗。”)、谢贞(《陈书·贞传》:“八岁为《春日闲居》五言诗,有‘风定花犹落’句,王筠以为追步惠

连。有集，值乱不存。”）诸人。若夫孔范、刘暄之流，惟工藻艳，（详下节。）亦又不足数矣。

丁　总论

宋、齐、梁、陈文学之盛，既综述于前。试合当时各史传观之：自江左以来，其文学之士，大抵出于世族，而世族之中，父子兄弟各以能文擅名。如《南史》称刘孝绰兄弟及群从子侄，当时有七十人，并能属文，近古未之有（《孝绰传》）。又王筠与诸儿论家门文集书谓："史传所称，未有七叶之中，人人有集如吾门者。"（《筠传》）此均实录之词。（当时文学之盛，舍琅琊王氏及陈郡谢氏、吴郡张氏外，则有南兰陵萧氏、陈郡袁氏、东海王氏、彭城到氏、吴郡陆氏、彭城刘氏、东莞臧氏、会稽孔氏、庐江何氏、汝南周氏、新野庾氏、东海徐氏、济阳江氏，均见《南史》。）惟当时之人，既出自世族，故其文学之成，必于早岁，（详前节。）且均文思敏速，或援笔立成，或文无加点，（亦详前节。故梁武集文士作诗文，均限晷刻。又《南史·王僧孺传》称："齐竟陵王，集学士为诗四韵，刻烛一寸。"亦其证也。若《徐勉传》："下笔不休。"《朱异传》："不暂停笔。"又当时诏诰书疏，词贵敏速之证。）此亦秦汉以来之特色。至当时文学得失，稽之史传及诸家各集，厥有四端：

一曰：矜言数典，以富博为长也。齐、梁文翰与东晋异，即诗什亦然。自宋代颜延之以下，侈言用事，（钟氏《诗品》谓："文符应资博古，驳奏宜穷往烈，至于吟咏情性，亦何贵乎用事？颜延之喜用古事，弥见拘束，于时化之。故大明、泰始中，文章殆同书抄。尔来作者，浸以成俗，遂句无虚韵，语无虚字，拘挛补纳，蠹文已甚。"）学者浸以成俗。齐、梁之际，任昉用事，尤多慕者，转为穿凿。（《南史·任昉传》云："既以文才见知，时人云，任笔沈诗。昉闻，甚以为病。晚节转好作诗，用事过多，属辞不得流便。自尔都下之士慕之，转为穿凿。"《诗品》亦云："任昉博物，动辄用事，是以诗不得奇。"）盖南朝之诗，始则工言景物，继则

惟以数典为工。（观齐、梁人所存之诗，自离合诗、回文诗、建除诗以外，有四色诗、八音诗、数名诗、州郡名诗、药名诗、姓名诗、鸟兽名诗、树名诗、草名诗、宫殿名诗各体，又有大言、小言诸诗，此均惟工数典者也。）因是各体文章，亦以用事为贵。（如王僧孺、姚察等传，并云“多用新事，人所未见”，是其证。）考之史传，《南史》称王俭尝使宾客隶事，（《南史·王谌传》：“王俭尝集才学之士，总校虚实，类物隶之，谓之隶事，自此始也。俭尝使宾客隶事，多者赏之。摛后至，俭以所隶示之，操笔便成，文章既奥，辞亦华美，举坐击赏。”）梁武集文士策经史事。（《南史·刘峻传》云：“武帝每集文士策经史事，范云、沈约之徒，皆引短推长。峻忽请纸笔，疏十余事，坐客皆惊。”）而类书一体，亦以梁代为盛，藩王宗室，以是相高，（《南史·刘峻传》：“安成王秀使撰《类苑》，凡一百二十卷。武帝即命诸学士撰《华林遍略》以高之。”《杜子伟传》：“补东宫学士，与刘陟等抄撰群书，各为题目。”《庚肩吾传》略同。《陆罩传》亦言：“简文撰《法宝联璧》，与群士抄掇区分。”均其证也。）虽为博览之资，实亦作文之助，即《诗品》所谓“文章略同书抄”，《齐书》所谓“缉事比类，非对不发，博物可嘉，职成拘制”也。（《南史·萧子云传》谓：“梁初，郊庙乐词，皆沈约撰。子云启宜改之，武帝敕曰：‘郊庙歌词，应须典诰大语，不得杂用子史文章浅言。’”此当时文章舛杂之征。又《萧贲传》：“湘东王为檄，贲读至‘偃师南望，无复储胥露寒；河阳北临，或有穹庐毡帐’，乃曰：‘圣制此句，非无过，似如体目朝廷，非关序赋。’王闻大怒。”此又文多溢词，不关实义之证也。举斯二事，足审其余。）故当时世主所崇，非惟据韵，兼重长篇。（如梁武诏群臣赋诗，或限据韵，或限五百字，均见《南史》各传。）诗什既然，文章亦尔。用是篇幅益恢，（梁代文章，以篇逾千字为恒。）偶词滋众，此必然之理也。

二曰：梁代宫体，别为新变也。宫体之名，虽始于梁，然侧艳之词，起源自昔。晋、宋乐府，如《桃叶歌》、《碧玉歌》、《白纻词》、《白铜鞮歌》，均以淫艳哀音，被于江左。迄于萧齐，流风益盛。（《南史·袁廓之

传》谓:"时何涧亦称才子，为文惠太子作《杨叛儿歌》，辞甚侧丽。廓之谏曰:夫《杨叛》者，既非典雅，而声甚哀。"亦其证。)其以此体施于五言诗者，亦始晋、宋之间，后有鲍照，(明远乐府，固妙绝一时，其五言诗亦多淫艳，特丽而能壮，与梁代之诗稍别。《齐书·文学传论》谓:"次则发唱惊挺，操调险急，雕藻淫艳，倾炫心魂，斯鲍照之遗烈。"其确证也。)前则惠休。(绮丽之诗，自惠休始。《南史·颜延之传》云:"延之每薄汤惠休诗，谓人曰:'惠休制作，委巷中歌谣耳，方当误后事。'"即据侧丽之诗言之。)特至于梁代，其体尤昌。《南史·简文记》谓:"帝辞藻艳发，然伤于轻靡，时号宫体。"(《南史·帝纪论》曰:"宫体所传，且变朝野。"魏徵《梁论》亦曰:"太宗神采秀发，华而不实，体穷淫靡，义罕疏通，哀思之音，遂移风俗。")《徐摛传》亦谓:"属文好为新变，文体既别，春坊尽学之，宫体之号，自斯而始。"盖当此之时，文士所作虽多艳词，(如徐摛特有轻艳之才，新声巧变，人多讽习是。)然尤以艳丽著者，实惟摛及庾肩吾，嗣则庾信、徐陵承其遗绪，而文体特为南北所崇。(《周书·庾信传》谓:"庾肩吾、徐摛、摛子陵及信，并为梁太子抄撮学士。既有盛才，文并绮丽，世号徐庾体。当时后进，竞相模范，每有一文，京都莫不传诵。"《隋书·文学传序》曰:"自大同以后，徐陵、庾信分路扬镳，而其意浅而繁，其文匿而采。"又唐杜确《岑嘉州集序》曰:"梁简文帝及庾肩吾之属，始为轻浮绮靡之辞，名曰宫体。自后沿袭，务为妖体。"均其证。)此则大同以后文体之一变也。(梁代妖艳之词，多施于词赋。至陈，则志铭书札，亦多哀思之音，绮靡之词。)又据《陈书》、《南史》"后主纪"及"张贵妃"各传，谓帝荒酒色，奏伎作诗，以宫人有文学者为女学士，与狎客共赋新诗，采其尤艳丽者以为曲调，被以新声，其曲有《玉树后庭花》、《临春乐》等。《江总传》谓其尤工五七言诗，溺于浮靡，日与后主游宴后庭，多为艳诗，好事者相传讽玩，于今不绝。又《孔范传》云:"文章赡丽，尤善五言诗，与江总等并为狎客。"《刘暄传》云:"后主即位，与义阳王叔达、孔范、袁权、王瑳、陈褒、沈瓘、王仪等陪侍游宴，暄以俳优自居，文章谐谬，语言不节。”是陈季艳丽之词，尤较梁代为盛，即魏徵《陈论》所谓“偏尚淫丽之文”也。故初唐诗什，竞沿其体，历百年而不衰。

三曰：士崇讲论，而语悉成章也。自晋代人士均擅清言，用是言语、文章虽分二途，而出口成章，悉饶词藻。（见前课。）晋、宋之际，宗炳之伦，承其流风，兼以施于讲学。宋则谢灵远、瞻之属，并以才辩辞义相高，王惠精言清理。（并见《宋书·王惠传》。）齐承宋绪，华辩益昌。《齐书》称张绪言精理奥，见宗一时，吐纳风流，听者皆忘饥疲（《绪传》）；又称周颙音辞辨丽，辞韵如流，太学诸生慕其风，争事华辨（《颙传》）；又谓张融言辞辩捷，周颙弥为清绮，刘绘音采不赡，丽雅有风则（《绘传》）。迄于梁代，世主尤崇讲学，国学诸生，惟以辩论儒玄为务，或发题申难，往复循环，具详《南史》各传。（梁代讲论之风，被于朝野，具详戚衮、周弘正、张讥、顾越、马枢、岑之敬各传。）用是讲论之词，自成条贯，及笔之于书，则为讲疏、口义、笔对，大抵辨析名理，既极精微，而属词有序，质而有文，为魏、晋以来所未有。当时人士，既习其风，故析理之文，议礼之作，迄于陈季，多有可观，则亦士崇讲论之效也。

四曰：谐隐之文，斯时益甚也。谐隐之文，亦起源古昔。宋代袁淑，所作益繁。惟宋、齐以降，作者益为轻薄，其风盖昌于刘宋之初。（《南史·谢灵运传》：“何长瑜寄书宗人何勖，以韵语序陆展染发，轻薄少年遂演之。凡人士并有题目，皆加剧言苦句，其文流行。”是其证。）嗣则卞铄、丘巨源、卞彬之徒，所作诗文，并多讥刺。（《南史·文学传》：“卞铄为词赋，多讥刺世人。丘巨源作《秋胡诗》，有讥刺语。卞彬拟《枯鱼赋》喻意，又著《蚤》、《虱》、《蜗》、《虫》等赋，大有指斥。永明中，诸葛勗为国子生，作《云中赋》，指祭酒以下，皆有形似之目。”）梁则世风益薄，士多嘲讽之文，（《梁书·临川王弘传》：“豫章王综，以弘贪吝，作《钱愚论》，其文甚切。”又《南史·江德藻传》：“弟从简，作《采荷调》刺何敬容，为当时所赏。”又《何敬容传》：“萧琛子巡，颇有轻薄才，制《卦名离合诗》嘲敬容。”）而文体亦因之愈卑矣。（孔稚珪《北山移文》、裴子野《雕虫论》亦属此派。）

要而论之，南朝之文，当晋、宋之际，盖多隐秀之词，嗣则渐趋缛丽。齐、梁以降，虽多侈艳之作，然文词雅懿，文体清峻者，正自弗乏。斯时诗什，盖又由数典而趋琢句，然清丽秀逸，亦自可观。又当此之时，张融之文，务为诡激；裴子野之文，制多法古。盖张氏既以新奇为贵，裴氏欲挽靡丽之风，然朝野文人，鲜效其体。观简文《与湘东书》，以为裴氏之文不宜效法，此可验当时之风尚矣。至当时文格所以上变晋、宋而下启隋、唐者，厥有二因：一曰声律说之发明，二曰文笔之区别。今粗引史籍所言，诠次如左。

（甲）声律说之发明

《南史·陆厥传》曰：永明末，盛为文章。吴兴沈约、陈郡谢朓、琅琊王融以气类相推毂。汝南周颙善识声韵，为文皆用宫商。以平上去入为四声，以此制韵，有平头、上尾、蜂腰、鹤膝。五字之中，音韵悉异，两句之内，角徵不同，不可增减，世呼为“永明体”。

《周颙传》云：颙始著《四声切韵》行于时。

《陆厥传》又曰：时有王斌者，不知何许人，著《四声论》行于时。

《沈约传》曰：约撰《四声谱》，以为在昔词人，累千载而不悟，而独得胸襟，穷其妙旨，自谓入神之作，武帝雅不好焉。尝问周舍曰：“何谓四声？”舍曰：“‘天子圣哲’是也。”然帝竟不遵用。（又《南史·陆厥传》：“约论四声，颇有铨辨，而诸赋亦往往与声韵乖。”）

案：音韵之学，不自齐、梁始。封演《闻见记》谓：“魏时有李登者，撰《声类》十卷，以五声命字。”《魏书·江式传》亦谓：“晋吕静仿品登之法作《韵集》五卷，宫、商、角、徵、羽各为一篇。”是宫羽之辨，严于魏、晋之间，特文拘声韵，始于永明耳。考其原因，盖江左人士，喜言双声，（如《宋书·谢庄传》载答王玄谟：玄、护为双声，磝、碻为叠韵，以为捷速如此。又《王玄保传》：“好为双声。”并其证。）衣冠之族，多解音律。（如《南史》："萧惠基解音律，尤好魏三祖曲及相和歌。"《颜师伯传》："颇解声乐。"又《齐书·齐临川王映传》及《南史》褚沄、谢恂、王冲各传，或云善声律，或云晓音乐，或云解音律、声律。是其证。）故永明之际，周、沈之伦，文章皆用宫商，又以此秘为古人所未睹也。

《庾肩吾传》曰：齐永明中，王融、谢朓、沈约文章，始用四声，以为新变。至是转拘声韵，弥为丽靡。

又案：唐封演《闻见记》亦云："周颙好为韵语，因此切字皆有平上去入之异。永明中，沈约文辞精拔，盛解音律，遂撰《四声谱》。时王融、刘绘、范云之徒，慕而扇之。由是远近文学，转相祖述，而声韵之道大行。"

沈约《宋书·谢灵运传论》：夫五色相宣，八音协畅，由乎玄黄律吕，各适物宜。欲使宫羽相变，低昂舛节，若前有浮声，则后须切响。一简之内，音韵尽殊；两句之中，轻重悉异。妙达此旨，始可言文。至于先士茂制，讽高历赏，子建"函京"之作，仲宣"灞岸"之篇，子荆"零雨"之章，正长"朔风"之句，并直举胸情，非傍诗史，正以音律调韵，取高前式。自灵均以来，多历年代，虽文体稍精，而此秘未睹。至于高言妙句，音韵天成，皆暗与理合，匪由思至。张、蔡、曹、王，曾无先觉；潘、陆、颜、谢，去之弥远。世之知音者，有以得之，此言非谬。如曰不然，请待来哲。

陆厥《与沈约书》曰：范詹事自序："性别宫商，识清浊，特能适轻重，济艰难。古今文人，多不全了斯处，纵有会此者，不必从根本中来。"沈尚书亦云："自灵均以来，此秘未睹。或暗与理合，匪由思至。张、蔡、曹、王，曾无先觉；潘、陆、颜、谢，去之弥远。"大旨"欲使宫羽相变，低昂舛节，若前有浮声，则后须切响。一简之内，音韵尽殊；两句之中，轻重悉异。"辞既美矣，理又善焉。但观历代众贤，似不都暗此处，而云"此秘未睹"，近于诬乎？案：范云"不从根本中来"，尚书云"匪由思至"，斯可谓揣情谬于玄黄，摘句差其音律也。范又云"时有会此者"，尚书云"或暗与理合"。则美咏清讴，有辞章调韵者，虽有差谬，亦有会合。推此以往，可得而言。夫思有合离，前哲同所不免；文有开塞，即事不得无之。子建所以好人讥弹，士衡所以遗恨终篇。既曰“遗恨”，非尽美之作，理可诋诃。君子执其诋诃，便谓合理为暗，岂如指其合理而寄诋诃为遗恨邪？自魏文属论，深以清浊为言；刘桢奏书，大明体势之致。岨峿妥怗之谈，操末续颠之说，兴玄黄于律吕，比五色之相宣，苟此秘未睹，兹论为何所指邪？故愚谓前英已早识宫徵，但未屈曲指的，若今论所申。至于掩瑕藏疾，合少谬多，则临淄所云“人之著述，不能无病”者也。非知之而不改，谓不改则不知，斯曹、陆又称“竭情多悔”，“不可力强”者也。今许以有病有悔为言，则必自知无悔无病之地，引其不了不合为暗，何独诬其一合一了之明乎？意者亦质文时异，古今好殊，将急在情物，而缓于章句。情物，文之所急，美恶犹且相半；章句，意之所缓，故合少而谬多。义兼于斯，必非不知，明矣。《长门》、《上林》，殆非一家之赋；《洛神》、《池雁》，便成二体之作。孟坚精正，《咏史》无亏于“东主”；平子恢富，《羽猎》不累于“凭虚”。王粲《初征》，他文未能称是；杨修敏捷，《暑赋》弥日不献。率意寡尤，则事促乎一日；翳翳愈伏，而理赊于七步。一人之思，迟速天悬；一家之文，工拙壤隔。何独宫商律吕，必责其如一邪？论者乃可言“未穷其致”，不得言“曾无先觉”也。（《齐书·厥传》）沈约《答陆厥书》：宫商之声有五，文字之别累万。以累万之繁，配五声之约，高下低昂，非思力所举，又非止若斯而已也。十字之文，颠倒相配，字不过十，巧历已不能尽，何况复过于此者乎？灵均以来，未经用之于怀抱，固无从得其仿佛矣。若斯之妙，而圣人不尚，何邪？此盖曲折声韵之巧，无当于训义，非圣哲立言之所急也。是以子云譬之“雕虫篆刻”，云“壮夫不为”。自古辞人，岂不知宫羽之殊，商徵之别？虽知五音之异，而其中参差变动，所昧实多。故鄙意所谓“此秘未睹”者也。以此而推，则知前世文士便未悟此处。若以文章之音韵，同弦管之声曲，则美恶妍蚩，不得顿相乖反。譬犹子野操曲，安得忽有阐缓失调之声？以《洛神》比陈思他赋，有似异手之作。故知天机启则律吕自

调，六情滞则音律顿舛也。士衡虽云“炳若缛锦”，宁有濯色江波，其中复有一片是卫文之服？此则陆生之言，即复不尽者矣。韵与不韵，复有精粗，轮扁不能言，老夫亦不尽辨此。（同上）

《文心雕龙·声律篇》：夫音律所始，本于人声者也。声含宫商，肇自血气，先王因之，以制乐歌。故知器写人声，声非学器者也。故言语者，文章神明，枢机吐纳，律吕唇吻而已。古之教歌，先揆以法，使疾呼中宫，徐呼中徵。夫商徵响高，宫羽声下；抗喉矫舌之差，攒唇激齿之异，廉肉相准，皎然可分。今操琴不调，必知改张，摛文乖张，而不识所调。响在彼弦，乃得克谐，声萌我心，更失和律，其故何哉？良由内听难为聪也。故外听之易，弦以手定；内听之难，声与心纷，可以数求，难以辞逐。凡声有飞沉，响有双叠。双声隔字而每舛，叠韵杂句而必睽；沉则响发而断，飞则声飏不还。并辘轳相往，逆鳞相比。迂其际会，则往蹇来连，其为疾病，亦文家之吃也。夫吃文为患，生于好诡，逐新趣异，故喉唇纠纷，将欲解结，务在刚断。左碍而寻右，末滞而讨前，则声转于吻，玲玲如振玉；辞靡于耳，累累如贯珠矣。是以声画妍蚩，寄在吟咏，滋味，流于字句，气力穷于和韵。异音相从谓之和，同声相应谓之韵。韵气一定，故余声易遣；和体抑扬，故遗响难契。属笔易巧，选和至难，缀文难精，而作韵甚易。虽纤毫曲变，非可缕言，然振其大纲，不出兹论。若夫宫商大和，譬诸吹籥；翻回取均，颇似调瑟。瑟资移柱，故有时而乖贰；籥含定管，故无往而不壹。陈思、潘岳，吹籥之调也；陆机、左思，瑟柱之和也。概举而推，可以类见。又诗人综韵，率多清切，《楚辞》辞楚，故讹韵实繁。及张华论韵，谓士衡多楚，《文赋》亦称知楚不易，可谓衔灵均之声余，失黄钟之正响也。凡切韵之动，势若转圜；讹音之作，甚于枘方。免乎枘方，则无大过矣。练才洞鉴，剖字钻响，识疏阔略，随音所遇，若长风之过籁，南郭之吹竽耳。古之佩玉，左宫右徵，以节其步，声不失序。音以律文，其可忘哉！

又案：《雕龙》本篇赞云：“标情务远，比音则近。吹律胸臆，调钟唇吻。声得盐梅，响滑榆槿。割弃支离，宫商难隐。”

钟嵘《诗品》下：昔曹、刘殆文章之圣，陆、谢为体贰之才，锐精研思，千百年中而不闻宫商之辨、四声之论。或谓前达偶然不见，岂其然乎？尝试言之曰：古诗颂皆被之金竹，故非调五音，无以谐会。若“置酒高堂上”、“明月照高楼”，为韵之首。故三祖之词，文或不工，而韵入歌唱，此重声韵之义也，与世之言宫商者异矣。今既不被管弦，亦何取于声韵耶？齐有王元长者，尝谓余云：“宫商与二仪俱生，自古词人不知之，唯颜宪子乃云律吕音调，而其实大谬，唯见范晔、谢庄颇识之耳，常欲进《知音论》未就。”王元长创其首，谢朓、沈约扬其波。三贤或贵公子孙，幼有文辩，于是士流景慕，务为精密，襞积细微，转相凌架，故使文多拘忌，伤其真美。余谓：文制本须讽读，不可蹇碍，但令清浊通流，口吻调利，斯为足矣。至于平上去入，则余病未能，蜂腰鹤膝，闾里已具。

案：四声之说，盛于永明。其影响及于文学者，《南史》以为转拘声韵，而近人顾炎武《音论》又谓：“江左之文，自梁天监以前，多以去人二声同用，以后则绝不相通。”其说至确。然沈、周之说，所谓判低昂，审清浊者，非惟平侧之别已耳，于声韵之辨，盖亦至精。彦和谓“响有双叠”，“双声隔字而每舛，叠韵杂句而必睽”，即沈氏所谓“一简之内，音韵尽殊”，（故彦和又云：“异音相从谓之和，同声相应谓之韵。”）谓一句之内，不得两用同纽之字及同韵之字也。彦和谓“声有飞沉，沉则响发而断，飞则声飏不还”，即沈氏所谓“前有浮声，后须切响”，“两句之中，轻重悉异”，谓一句之内，不得纯用浊声之字，或清声之字也。至当时五言诗律，舍《南史》所举平头、上尾、蜂腰、鹤膝外，别有大韵、小韵、旁纽、正纽四端，是为八病。（平头，谓第二字不与第七字同声；上尾，谓第五字不与第十字同声；蜂腰，谓第二字不与第五字同声；鹤膝，谓第五字不与第十五字同声；大韵，谓五言诗两句除韵而外，余九字不与韵犯；小韵，谓五言诗两句不得互用同韵之字；旁纽，谓五言诗两句不得两用同纽之字；正纽，谓一纽四声不得两句杂用。）此即永明声律之大略也。

《南史》以为“弥为丽靡”,《诗品》以为“转伤真美”，斯固切当之论。然四声八病，虽近纤微，当时之人，亦未必悉相遵守。惟音律由疏而密，实本自然，非由强制。试即南朝之文审之，四六之体，粗备于范晔、谢庄，成于王融、谢朓，而王、谢亦复渐开律体。影响所及，迄于隋、唐，文则悉成四六，诗则别为近体，不可谓非声律论开其先也。又四六之体既成，则属对日工，篇幅益趋于恢广，此亦必然之理。试以齐、梁之文上较晋、宋，陈、隋之文上较齐、梁，其异同之迹，固可比较而知也。

（乙）文笔之区别

《南史·范晔传》：晔《与诸甥侄书》曰：常谓情志所托，故当以意为主，以文传意。以意为主，则其旨必见；以文传意，则其词不流。然后抽其芬芳，振其金石耳。观古今文人，多不全了此处。年少中谢庄最有其分，手笔差易，于文不拘韵故也。吾思乃无定方，但多公家之言，少于事外远致，以此为恨，亦由无意于文名故也。

《南史·颜延之传》：帝尝问以诸子才能，延之曰：“竣得臣笔，测得臣文，得臣义。”（又曰：“长子竣为孝武造书檄。元凶劭召延之，示以檄文，问曰：‘此笔谁造？’延之曰：‘竣之笔也。’又问‘何以知之？’曰：‘竣笔体，臣不容不识。’”）

梁元帝《金楼子·立言篇》云：今之门徒，转相师受，通圣人之经者谓之儒。屈原、宋玉、枚乘、长卿之徒，止于辞赋，则谓之文。今之儒，博穷子史，但能识其事，不能通其理者，谓之学。至如不便为诗如阎纂，善为章奏如伯松，若此之流，泛谓之笔；吟咏风谣，流连哀思者谓之文。

又云：笔退则非谓成篇，进则不云取义，神其巧惠，（案：惠、慧古通。）笔端而已。至如文者，惟须绮縠纷披，宫徵靡曼，唇吻道会，情灵摇荡。而古之文笔，今之文笔，其源又异。

《文心雕龙·序志篇》：若乃论文取笔，则囿别区分。（案：《雕龙》他篇区别文笔者，如《时序篇》云：“庾以笔才逾亲，温以文思益厚。”《才略篇》云：“孔融气盛于为笔，祢衡思锐于为文。”并文笔分言之证。又

《风骨篇》云："若风骨乏采，则鸷集翰林；采乏风骨，则雉窜文囿。惟藻耀之高翔，固文笔之鸣凤也。"

《章句篇》云："是以搜句忌于颠倒，裁章贵于顺序，斯固情趣之指归，文笔之同致也。"亦文笔并词之证。）

《文心雕龙·总术篇》：今之常言，有文有笔，以为无韵者笔也，有韵者文也。夫文以足言，理兼诗书，别目两名，自近代耳。颜延年以为：笔之为体，言之文也。经典则言而非笔，传记则笔而非言。请夺彼矛，还攻其盾矣。何者？《易》之《文言》，岂非言文？若笔不言文，不得云经典非笔矣。将以立论，未见其论立也。予以为发口为言，属笔曰翰，常道曰经，述经曰传。经传之体，出言入笔，笔为言使，可强可弱。分经以典奥为不刊，非以言笔为优劣也。（又本篇赞曰："文场笔苑，有术有门。"亦分言文笔。）

案：自《晋书》张翰、曹毗、成公绥各传，均以文笔并词，或云诗赋杂笔。自是以降，如《宋书·沈怀文传》："弟怀远，颇闲文笔。"《齐书·晋安王子懋传》："世祖敕子懋曰：'文章诗笔，乃是佳事。'"又《竟陵王传》："所著内外文笔数十卷，虽无文采，多是劝戒。"《梁书·鲍泉传》："兼有文笔。"《陈书·陆琰传》："所制文笔多不存。"《陈书·姚察传》："每制文笔，后主敕便索本。后主所制文笔甚多，别写一本付察。"《虞寄传》："所制文笔，遭乱多散失。"《刘师知传》："工文笔。"《江德藻传》："著文笔十五卷。"《许亨传》："所制文笔六卷。"均文笔分言之证。其有诗笔分言者，如《南史·刘孝绰传》："弟孝仪、孝威，工属文诗。孝绰尝云：'三笔六诗。'三即孝仪，六谓孝威。"《沈约传》谓："谢玄晖善为诗，任彦昇工于笔，约兼而有之，然不能过。"《任昉传》谓："时人云：'任笔沈诗'。昉闻，甚以为病。"（又《庾肩吾传》："简文《与湘东王书》云：'诗既若此，笔亦如之。'"又云："谢朓、沈约之诗，任昉、陆倕之笔，斯文章之冠冕，述作之楷模。"）并其证也。亦或析言词笔，如《陈书·岑之敬传》"雅有辞笔"是也。（《谢朓传》亦云："孔粗有才笔。"）至文笔区别，盖汉、魏以来，均以有藻韵者为文，无藻韵者为笔。东晋以还，说乃稍别：据梁元《金楼子》，惟以吟咏风谣，流连哀思者为文；据范晔《与甥侄书》及《雕龙》所引时论，则又有韵为文，无韵为笔。今以宋、齐、梁、陈各史传证之：据《宋书·傅亮传》谓："武帝登庸之始，文笔皆是参军滕演。北征广固，悉委长史王诞。自此之后，至于受命，表册文诰，皆亮词也。"又据《齐书·孔珪传》云："为齐高帝骠骑记室，与江淹对掌辞笔。"又据《齐书·谢朓传》谓："明帝辅政，掌霸府文笔，又掌中书诏诰。"《梁书·任昉传》谓："武帝克建邺，以为骠骑记室，专主文翰。每制书草，沈约辄求同署。尝被急召，昉出而约在，是后文笔，约参制焉。"（又《任昉传》："昉尤长载笔，当时王公表奏，莫不请焉。梁台建，禅让文诰，多昉所具。"）《南史·萧子范传》谓："南平王府中，文笔皆令具草。"《陈书·姚察传》亦云："又敕专知优册谥议等文笔。"其文笔、辞笔并言，并与沈怀文各传相合。自是以外，或云手笔，（史传所载，有仅言手笔者，如《齐书·邱灵鞠传》："敕知东宫手笔。"《王俭传》："手笔典裁，为当时所重。"《陈书·姚察传》："后主称姚察手笔，典裁精当。"是也。有云大手笔者，《南史·陆琼传》谓："陈文帝讨周迪等，都官符及诸大手笔，并中敕付琼。"《徐陵传》："国家有大手笔，必令陵草之。"是也。）或云笔翰。（《南史·任孝恭传》："专掌公家笔翰。"《丘巨源传》："有笔翰。太祖使于中书省撰符檄。巨源与袁粲书谓：'朝廷洪笔，何故假手凡贱？又有羽檄之难，必须笔杰。'"等说，是其证。）合以颜延之各传，知当时所谓笔者，非徒全任质素，亦非偶语为文，单语为笔也。盖当时世俗之文，有质直序事，悉无浮藻者，如今本《文选》任昉《弹刘整文》所引刘寅妻范氏诣台诉词是也；亦有以语为文，无复偶词者，如齐世祖《敕晋安王子懋》诸文是也。（如刘《与张融王思远书》，亦质直不华。齐、梁之文类此者，正复弗乏。）然史传诸云"文笔"、"词笔"，以及所云"长于载笔"、"工于为笔"者，笔之为体，统该符、檄、笺、奏、表、启、书、札诸作言，其弹事议对之属，亦属于史笔，册亦然。凡文之偶而弗韵者，皆

晋、宋以来所谓笔类也。故当时人士于尺牍、书记之属，词有专工，（今以史传考之，所云尺牍，如《宋书 · 刘穆之传》："与朱龄石并便尺牍。"《臧质传》："尺牍便敏。"《梁书 · 徐勉传》："既闲尺牍。"《邵陵王纶传》："尤工尺牍。"《陈书 · 蔡景历传》："善尺牍。"是也。所云书记，如《陈书 · 陈详传》："善书记。"《庾持传》："尤善书记，以才艺闻。"是也。自是以外，或云书疏，如《陈书 · 陆山才传》："周文育出镇南豫州，不知书疏，乃以山才为长史。"是也。或云书翰，如《齐书 · 王晏传》："齐高帝时，军旅书翰皆见委。"《陈书 · 孙玚传》："尤便书翰。"是也。）而刀笔（刀笔之名见于史传者，如《南史 · 虞玩之传》："少闲刀笔。"《王球传》谓："彭城王义康，专以政事为本，刀笔干练者多被意遇。"《吴喜传》："齐明帝以喜刀笔吏，不当为将。"是也。斯时所云刀笔，盖官府文书成于吏手者。）、笔札（笔札之名见于史传者，如《南史 · 宗夬传》："齐郁林为南郡王，使管书记，以笔札贞正见许。"又《沈庆之传》云："庆之谓颜竣曰：'君但当知笔札之事。'"皆其证也。）、笔记（如《齐书 · 丘巨源传》："巨源与袁粲书：'笔记贱伎，非杀活所待。'"是也。又《文心雕龙 · 才略篇》云："路粹、杨修，颇怀笔记之工。"又云："温太真之笔记，循理而清通。"亦笔记之名见于齐、梁著作者。）、笔奏（《雕龙 · 才略篇》："长虞笔奏，世执刚中。"）之名，或详于史册，或杂见群书。又王僧孺、徐勉、孔奂诸人，其弹事之文，各与集别，（《南史 · 王僧孺传》："文集三十卷，两台弹事不入集，别为五卷。"又《徐勉传》云："左丞弹事五卷，所著前后二集五十卷，又为人章表集十卷。"《孔奂传》云："有集十五卷，弹文集。"此均弹文别于文集之证。又《南史 · 孔休源传》云："凡奏议弹文，勒成十五卷。"亦其证也。又案：《南史 · 刘璠传》云："刘璃为御史中丞，弹萧惠开、王僧达，朝士莫不畏其笔端。"此亦弹事之体，南朝称笔之证也。）均足为文、笔区分之证。更即《雕龙》篇次言之，由第六迄于第十五，以《明诗》、《乐府》、《诠赋》、《颂赞》、《祝盟》、《铭箴》、《诔碑》、《哀吊》、《杂文》、《谐》诸篇相次，是均有韵之文也；由第十六迄于第二十五，以《史传》、《诸子》、《论说》、《诏策》、《檄移》、《封禅》、（篇中所举扬雄《剧秦美新》，为无韵之文。相如《封禅文》惟颂有韵。班氏《典引》，亦不尽叶韵。又东汉《封禅仪记》，则记事之体也。）《章表》、《奏启》、《议对》、《书记》诸篇相次，是均无韵之笔也。此非《雕龙》隐区文笔二体之验乎？（《雕龙·章表篇》，以左雄奏议，胡广章奏，并当时之笔杰。又《才略篇》云："庾元规之表奏，靡密而闲畅，温太真之笔记，循理而清通，亦笔端之良工也。"又《史传篇》云："秉笔荷担，莫此之劳。"《论说篇》云："不专缓颊，亦在刀笔。"《书记篇》云："然才冠鸿笔，多疏尺牍。"《事类篇》云："事美而制于刀笔。"据上诸证，是古今无韵之文，彦和并目为笔。）盖晋、宋以降，惟以有韵为文，较之士衡《文赋》，并列表及论说者又复不同。故当时无韵之文，亦矜尚藻采，迄于唐代不衰。

或者曰：彦和既区文笔为二体，何所著之书，总以《文心》为名？不知当时世论，虽区分文笔，然笔不该文，文可该笔，故对言则笔与文别，散言则笔亦称文。据《陈书·虞寄传》载衡阳王出阁，文帝敕寄兼掌书记，谓"屈卿游藩，非止以文翰相烦，乃令以师表相事。"又《梁书·裴子野传》谓子野为喻魏文，武帝称曰："其文甚壮。"是奏记檄移之属，当时亦得称文。故史书所记，于无韵之作，亦或统称"文章"。观于王俭《七志》，于集部总称"文翰"。阮孝绪《七录》，则称"文集"。而昭明《文选》其所选录，不限有韵之词。此均文可该笔之证也。

又案：昭明《文选》，惟以沉思翰藻为宗，故赞论序述之属，亦兼采辑。然所收之文，虽不以有韵为限，实以有藻采者为范围，盖以无藻韵者不得称文也。

梁昭明太子《文选序》：自姬、汉以来，眇焉悠邈，时更七代，数逾千祀。词人才子，则名溢于缥囊；飞文染翰，则卷盈乎缃帙。自非略其芜秽，集其清英，盖欲兼功，太半难矣。若夫姬公之籍，孔父之书，与日月俱悬，鬼神争奥，孝敬之准式，人伦之师友，岂可重以芟夷，加之剪截？

老、庄之作，管、孟之流，盖以立意为宗，不以能文为本，今之所撰，又以略诸。若贤人之美辞，忠臣之抗直，谋夫之话，辨士之端，冰释泉涌，金相玉振。所谓坐狙丘，议稷下，仲连之却秦军，食其之下齐国，留侯之发八难，曲逆之吐六奇，盖乃事美一时，语流千载，概见坟籍，旁出子史。若斯之流，又亦繁博，虽传之简牍，而事异篇章，今之所集，亦所不取。至于记事之史，系年之书，所以褒贬是非，纪别异同，方之篇翰，亦已不同。若其赞论之综缉辞采，序述之错比文华，事出于沉思，义归乎翰藻，故与夫篇什，杂而集之。远自周室，迄于圣代，都为三十卷，名曰《文选》云耳。

案：昭明此序，别篇章于经、史、子书而外，所以明文学别为一部，乃后世选文家之准的也。

要而论之，一代之文，必有宗尚。故历代文人所作，各有专长。试即宋、齐、梁、陈四代言之：自晋末裴松之奏禁立碑，（《宋书·松之传》云："义熙初，松之以世立私碑，有乖事实，上表陈之：以为诸欲立碑者，宜悉令言上，为朝议所许，然后听之，庶可以防遏无征，显章茂实。由是普断。"）而志铭之文代之而起，（《文选注》及封演《闻见记》引齐王俭议谓："墓志起于宋元嘉中，颜延之为王球石志，素族无铭策，故以纪行。"又谓："储妃既有哀策，不烦石志。"然宋、齐以降，臣僚并有墓志，或由太子诸王撰立。据《南史·裴子野传》谓："湘东王为之墓志铭，陈于藏内。邵陵王又立墓志，堙于羡道。羡道列志自此始。"是当时志铭不止一石也。）然敕立、奏立之碑，时仍弗乏，（当时奏立之碑有二：一为墓碑，如梁刘贤等陈徐勉行状请刊石纪德，降诏立碑于墓是也；一为碑颂、碑记，如寿阳百姓为刘勔立碑记，南豫州人请为夏侯亶立碑是也。）寺塔碑铭作者尤众。又晋、宋而降，颇事虚文，让表谢笺，必资名笔，朝野文人，尤精树论。驳诘之词既盛，辩答之说益繁，（如《夷夏论》、《神灭论》及张融《问律》诸文，驳者既众，答者益繁，故篇章充积。）故数体之文，亦以南朝为盛。自斯而外，若箴、铭、颂、赞、哀、

诔、骚、七、设论、连珠各体，虽稍有通变，然鲜有出辙。其有文体舛讹，异于前作者，亦肇始齐、梁之世。如行状易为偶文，（如《文选》所载任昉《齐竟陵王行状》是。）祭文不为韵语，（齐、梁以前，祭文均为韵语，此正体也。若王僧孺《祭禹庙文》、任孝恭《祭杂坟文》，均偶而弗韵，北朝则魏孝文《祭恒岳文》、薛道衡《祭江文》、《祭淮文》并承其体，非祭文之正式也。）嗣则志铭之作，无异诔文，（铭以述德，诔以表哀，体本稍别。陈代志铭，词多哀艳，如后主等所撰是也。）赋体益恢，杂以四六，此则文体之变也。

汉文学史纲要

鲁　迅

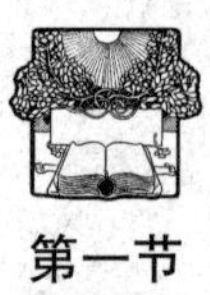

第一节

自文字至文章

在昔原始之民，其居群中，盖惟以姿态声音，自达其情意而已。声音繁变，寖成言辞，言辞谐美，乃兆歌咏。时属草昧，庶民朴淳，心志郁于内，则任情而歌呼，天地变于外，则祗畏以颂祝，踊跃吟叹，时越侪辈，为众所赏，默识不忘，口耳相传，或逮后世。复有巫觋，职在通神，盛为歌舞，以祈灵贶，而赞颂之在人群，其用乃愈益广大。试察今之蛮民，虽状极狉獉，未有衣服宫室文字，而颂神抒情之什，降灵召鬼之人，大抵有焉。吕不韦云，“昔葛天氏之乐，三人操牛尾，投足以歌八阕。”（《吕氏春秋》《仲夏纪》《古乐》）郑玄则谓“诗之兴也，谅不于上皇之世。”（《诗谱序》）虽荒古无文，并难征信，而证以今日之野人，揆之人间之心理，固当以吕氏所言，为较近于事理者矣。

然而言者，犹风波也，激荡既已，余踪杳然，独恃口耳之传，殊不足以行远或垂后。诗人感物，发为歌吟，吟已感漓，其事随讫。倘将记言行，存事功，则专凭言语，大惧遗忘，故古者尝结绳而治，而后之圣人易之以书契。结绳之法，今不能知；书契者，相传“古者庖牺氏之王天下也，仰则观象于天，俯则观法于地，观鸟兽之文与地之宜，近取诸身，远取诸物，于是始作八卦。”（《易下·系辞》）“神农氏复重之为六十四爻。”（司马贞《补史记》）颇似为文字所由始。其文今具存于《易》，积画成象，

短长错综，变易有穷，与后之文字不相系属。故许慎复以为“黄帝之史仓颉，见鸟兽蹄迒之迹，知分理之可相别异也，初造书契”（《说文解字序》）。要之文字成就，所当绵历岁时，且由众手，全群共喻，乃得流行，谁为作者，殊难确指，归功一圣，亦凭臆之说也。

许慎云，“仓颉之初作书，盖依类象形，故谓之文。其后形声相益，即谓之字。字者，言孳乳而浸多也。著于竹帛谓之书。书者，如也。……《周礼》八岁入小学，保氏教国子，先以六书。一曰指事，指事者，视而可识，察而可见，上下是也；二曰象形，象形者，画成其物，随体诘诎，日月是也；三曰形声，形声者，以事为名，取譬相成，江河是也；四曰会意，会意者，比类合谊，以见指撝，武信是也；五曰转注，转注者，建类一首，同意相受，考老是也；六曰假借，假借者，本无其字，依声托事，令长是也。”（《说文解字序》）指事、象形、会意，为形体之事，形声、假借，为声音之事；转注者，训诂之事也。虞夏书契，今不可见。岣嵝禹书，伪造不足论。商周以来，则刻于骨甲金石者多有，下及秦汉，文字弥繁，而摄以六事，大抵弭合。意者文字初作，首必象形，触目会心，不待授受，渐而演进，则会意指事之类兴焉。今之文字，形声转多，而察其缔构，什九以形象为本柢，诵习一字，当识形音义三：口诵耳闻其音，目察其形，心通其义，三识并用，一字之功乃全。其在文章，则写山曰崚嶒嵯峨，状水曰汪洋澎湃，蔽芾葱茏，恍逢丰木，鳟鲂鳗鲤，如见多鱼。故其所函，遂具三美：意美以感心，一也；音美以感耳，二也；形美以感目，三也。

连属文字，亦谓之文。而其兴盛，盖亦由巫史乎。巫以记神事，更进，则史以记人事也，然尚以上告于天；翻今之《易》与《书》，间能得其仿佛。至于上古实状，则荒漠不可考，君长之名，且难审知，世以天皇地皇人皇为三皇者，列三才开始之序，继以有巢、燧人、伏羲、神农者，明人群进化之程，殆皆后人所命，非真号矣。降及轩辕，遂多传说，逮于虞、夏，乃有著于简策之文传于今。

巫史非诗人，其职虽止于传事，然厥初亦凭口耳；虑有愆误，则练句协音，以便记诵。文字既作，固无愆误之虞矣，而简策繁重，书削为劳，故复当俭约其文，以省物力，或因旧习，仍作韵言。今所传有黄帝《道言》(见《吕氏春秋》)，《金人铭》(《说苑》)，颛顼《丹书》(《大戴礼记》)，帝喾《政语》(《贾谊新书》)，虽并出秦汉人书，不足凭信，而大抵协其音，偶其词，使读者易于上口，则殆犹古之道也。

由前言更推度之，则初始之文，殆本与语言稍异，当有藻韵，以便传诵，“直言曰言，论难曰语”，区以别矣。然汉时已并称凡著于竹帛者为文章（《汉书·艺文志》）；后或更拓其封域，举一切可以图写，接于目睛者皆属之。梁之刘勰，至谓“人文之元，肇自太极”(《文心雕龙·原道》)，三才所显，并由道妙，“形立则章成矣，声发则文生矣”，故凡虎斑霞绮，林籁泉韵，俱为文章。其说汗漫，不可审理。稍隘之义，则《易》有曰，“物相杂，故曰文。”《说文解字》曰，“文，错画也。”可知凡所谓文，必相错综，错而不乱，亦近丽尔之象。至刘熙云“文者，会集众彩以成锦绣，会集众字以成辞义，如文绣然也”(《释名》)。则确然以文章之事，当具辞义，且有华饰，如文绣矣。《说文》又有彣字，云:“䞥也”;“䞥，彣彰也”。盖即此义。然后来不用，但书文章，今通称文学。

刘勰虽于《原道》一篇，以人“为五行之秀，实天地之心，心生而言立，言立而文明，自然之道也。傍及万品，动植皆文。……”而晋宋以来，文笔之辨又甚峻。其《总术篇》即云，“今之常言：有文有笔。以为无韵者笔也，有韵者文也。”萧绎所诠，尤为昭晰，曰:“今之门徒，转相师受，通圣人之经者谓之儒；屈原、宋玉、枚乘、长卿之徒，止于辞赋则谓之文。……至如不便为诗如阎纂，善为章奏如伯松，若是之流，泛谓之笔。吟咏风谣，流连哀思者谓之文。”又曰，“笔，退则非谓成篇，进则不云取义，神其巧惠，笔端而已。至如文者，惟须绮縠纷披，宫徵靡曼，唇吻遒会，精灵荡摇。而古之文笔今之文笔，其源又异。”(《金楼子·立言篇》）盖其时文章界域，极可弛张，纵之则包举万汇之形声；严之则排摈简质之叙记，必有藻韵，善移人情，始得称文。其不然者，概谓之笔。

辞笔或诗笔对举，唐世犹然，逮及宋元，此义遂晦，于是散体之笔，并称曰文，且谓其用，所以载道，提挈经训，诛锄美辞，讲章告示，高张文苑矣。清阮元作《文言说》，其子福又作《文笔对》，复昭古谊，而其说亦不行。

第二节

《书》与《诗》

《周礼》，外史掌三皇五帝之书，今已莫知其书为何等。假使五帝书诚为五典，则今惟《尧典》在《尚书》中。“尚者，上也。上所为，下所书也。”（王充《论衡·须颂篇》）或曰：“言此上代以来之书。”（孔颖达《尚书正义》）纬书谓“孔子求书，得黄帝玄孙帝魁之书，迄于秦穆公，凡三千二百四十篇。断远取近，定可为世法者百二十篇：以百二篇为《尚书》，十八篇为《中候》。去三千一百二十篇。”（《尚书·璇玑钤》）乃汉人侈大之言，不可信。《尚书》盖本百篇:《虞夏书》二十篇，《商书》《周书》各四十篇。今本有序，相传孔子所为，言其作意（《汉书·艺文志》），然亦难信，以其文不类也。秦燔烧经籍，济南伏生抱书藏山中，又失之。汉兴，景帝使晁错往从口授，而伏生旋老死，仅得自《尧典》至《秦誓》二十八篇；故汉人尝以拟二十八宿。

《书》之体例有六：曰典，曰谟，曰训，曰诰，曰誓，曰命，是称六体。然其中有《禹贡》，颇似记，余则概为训下与告上之词，犹后世之诏令与奏议也。其文质朴，亦诘屈难读，距以藻韵为饰，俾便颂习，便行远之时，盖已远矣。晋卫宏则云，“伏生老，不能正言，言不可晓，使其女传言教错。齐人语多与颍川异，错所不知，凡十二三，略以其意属读而已。”故难解之处多有。今即略录《尧典》中语，以见大凡：

“……帝曰：畴咨若时，登庸。放齐曰：胤子朱，启明。帝曰：吁！嚚讼，可乎？帝曰：畴咨若予采？驩兜曰：都！共工，方鸠僝工。帝曰：吁！静言庸违，象恭，滔天！帝曰：咨，四岳！汤汤洪水方割，荡荡怀山襄陵，浩浩滔天，下民其咨。有能，俾乂。佥曰：於，鲧哉！帝曰：吁，咈哉！方命，圮族。岳曰：异哉！试可，乃已。帝曰：往，钦哉！九载，绩用弗成。帝曰：咨，四岳！朕在位七十载，汝能庸命，巽朕位。岳曰：否德，忝帝位。曰：明明，扬侧陋！师锡帝曰：有鳏在下，曰虞舜。帝曰：俞！予闻。如何？岳曰：瞽子。父顽，母嚚，象傲。克谐以孝，烝烝乂，不格奸。帝曰：我其试哉。女于时观厥刑于二女，釐降二女于妫汭，嫔于虞。”

扬雄曰，“昔之说《书》者序以百，……虞夏之《书》浑浑尔，《商书》灏灏尔，《周书》噩噩尔。”（《法言·问神》）虞夏禅让，独饶治绩，敷扬休烈，故深大矣；周多征伐，上下相戒，事危而言切，则峻肃而不阿借；惟《商书》时有哀激之音，若缘厓而失其援，以为夷旷，所未详也。如《西伯戡黎》：

“西伯既戡黎，祖伊恐，奔告于王曰：天子！天既讫我殷命，格人元龟，罔敢知吉。非先王不相我后人，惟王淫戏用自绝。故天弃我，不有康食。不虞天性，不迪率典。今我民罔弗欲丧，曰，天曷不降威，大命不挚？今王其如台。王曰：呜呼！我生不有命在天？祖伊反曰：呜呼！乃罪多参在上，乃能责命于天？殷之即丧，指乃功，不无戮于尔邦！”

武帝时，鲁共王坏孔子旧宅，得其末孙惠所藏之书，字皆古文。孔安国以今文校之，得二十五篇，其五篇与伏生所诵相合，因并依古文，开其篇第，以隶古字写之，合成五十八篇。会巫蛊事起，不得奏上，乃私传其业于生徒，称《尚书》古文之学（《隋书·经籍志》）。而先伏生所口授者，缘其写以汉隶，遂反称今文。

孔氏所传，既以值巫蛊不行，遂有张霸之徒，伪造《舜典》、《汨作》等二十四篇，亦称古文书，而辞义芜鄙，不足取信于世。若今本孔传《古文尚书》，则为晋豫章梅赜所奏上，独失《舜典》；至隋购募，乃得其篇，唐孔颖达疏之，遂大行于世。宋吴棫始以为疑；朱熹更比较其词，以为“今文多艰涩，而古文反平易”，“却似晋宋间文章”，并书序亦恐非安国作也。明梅鷟作《尚书考异》，尤力发其复，谓“《尚书》惟今文传自伏生口诵者为真古文。出孔壁中者，尽后儒伪作，大抵依约诸经《论》《孟》中语，并窃其字句而缘饰之”云。

诗歌之起，虽当早于记事，然葛天《八阕》，黄帝乐词，仅存其名。《家语》谓舜弹五弦之琴，造《南风》之诗曰：“南风之熏兮，可以解吾民之愠兮；南风之时兮，可以阜吾民之财兮。”《尚书·大传》又载其《卿云歌》云：“卿云烂兮，纠缦缦兮，日月光华，旦复旦兮！”辞仅达意，颇有古风，而汉魏始传，殆亦后人拟作。其可征信者，乃在《尚书·皋陶谟》，（伪孔传《尚书》分之为《益稷》）曰：

“……夔曰：於！予击石拊石，百兽率舞，庶尹允谐。帝庸作歌曰：敕天之命，惟时惟几。乃歌曰：股肱喜哉，元首起哉，百工熙哉！皋陶拜手稽首扬言曰：念哉！率作兴事，慎乃宪，钦哉！屡省乃成，钦哉！乃赓载歌曰：元首明哉，股肱良哉，庶事康哉！又歌曰：元首丛脞哉，股肱惰哉，万事堕哉！帝曰：俞，往，钦哉！”

以体式言，至为单简，去其助字，实止三言，与后之“汤之《盘铭》曰：苟日新，日日新，又日新”同式；又虽亦偶字履韵，而朴陋无华，殊无以胜于记事。然此特君臣相勗，冀各慎其法宪，敬其职事而已，长言咏叹，故命曰歌，固非诗人之作也。

自商至周，诗乃圆备，存于今者三百五篇，称为《诗经》。其先虽遭秦火，而人所讽诵，不独在竹帛，故最完。司马迁始以为“古者《诗》三千余篇，及至孔子，去其重，取其可施于礼义，上采契后稷，中述殷周之盛，至幽厉之缺。”然唐孔颖达已疑其言；宋郑樵则谓诗皆商周人作，孔子得于鲁太师，编而录之。朱熹于诗，其意常与郑樵合，亦曰：“人言夫子删诗，看来只是采得许多诗，夫子不曾删去，只是刊定而已。”

《书》有六体,《诗》则有六义焉：一曰风，二曰赋，三曰比，四曰兴，五曰雅，六曰颂。风雅颂以性质言：风者，闾巷之情诗；雅者，朝廷之乐歌；颂者，宗庙之乐歌也。是为《诗》之三经。赋比兴以体制言：赋者直抒其情；比者借物言志；兴者托物兴辞也。是为《诗》之三纬。风以《关雎》始，雅有大小，小雅以《鹿鸣》始，大雅以《文王》始；颂以《清庙》始；是为四始。汉时，说《诗》者众，鲁有申培，齐有辕固，燕有韩婴，皆尝列于学官，而其书今并亡。存者独有赵人毛苌诗传，其学自谓传自子夏；河间献王尤好之。其诗每篇皆有序，郑玄以为首篇大序即子夏作，后之小序则子夏毛公合作也。而韩愈则云，“子夏不序诗。”朱熹解诗，亦但信诗不信序。然据范晔说，则实后汉卫宏之所为尔。

毛氏《诗序》既不可信，三家《诗》又失传，作诗本义遂难通晓。而《诗》之篇目次第，又不甚以时代为先后，故后来异说滋多。明何楷作《毛诗世本古义》，乃以诗编年，谓上起于夏少康时（《公刘》,《七月》等）而讫于周敬王之世（《下泉》），虽与孟子知人论世之说合，然亦非必其本义矣。要之《商颂》五篇，事迹分明，词亦诘屈，与《尚书》近似，用以上续舜皋陶之歌，或非诬欤？今录其《玄鸟》一篇;《毛诗》序曰：祀高宗也。

“天命玄鸟，降而生商，宅殷土芒芒。古帝命武汤，正域彼四方，方命厥后，奄有九有。商之先后，受命不殆，在武丁孙子。武丁孙子，武王靡不胜，龙旂十乘，大糦是承。邦畿千里，维民所止，肇域彼四海，四海来假。来假祁祁，景员维河，殷受命咸宜，百禄是何。”

至于二《雅》，则或美或刺，较足见作者之情，非如《颂》诗，大率叹美。如《小雅·采薇》，言征人远戍，虽劳而不敢息云：

“采薇采薇，薇亦作止。曰归曰归，岁亦莫止。靡室靡家，猃狁之故；不遑启居，猃狁之故。……彼尔维何？维常之华。彼路斯何？君子之车。戎车既驾，四牡业业；岂敢定居，一月三捷。……昔我往矣，杨柳依依；今我来思，雨雪霏霏，行道迟迟，载渴载饥。我心伤悲，莫知我哀！”

此盖所谓怨诽而不乱，温柔敦厚之言矣。然亦有甚激切者，如《大雅·瞻卬》：

“瞻卬昊天，则不我惠，孔填不宁，降此大厉。邦靡有定，士民其瘵。蟊贼蟊疾，靡有夷届；罪罟不收，靡有夷瘳！人有土田，女反有之；人有民人，女复夺之。此宜无罪，女反收之；彼宜有罪，女复说之！哲夫成城，哲妇倾城。……觱沸槛泉，维其深矣；心之忧矣，宁自今矣。不自我先，不自我后。藐藐昊天，无不克巩；无忝皇祖，式救尔后！”

《国风》之词，乃较平易，发抒情性，亦更分明。如：

“野有死麕，白茅包之；有女怀春，吉士诱之。林有朴樕；野有死鹿，白茅纯束；有女如玉。舒而脱脱兮；无感我帨兮；无使尨也吠！”（《召南·野有死麕》）

“溱与洧，方涣涣兮；士与女，方秉兰兮。女曰观乎，士曰既且。且往观乎，洧之外，洵訏且乐。维士与女，伊其相谑，赠之以勺药。……”（《郑风·溱洧》）

“山有枢，隰有榆。子有衣裳，弗曳弗娄；子有车马，弗驰弗驱；宛其死矣，他人是愉。山有栲，隰有杻。子有廷内，弗洒弗扫；子有钟鼓，弗鼓弗考，宛其死矣，他人是保。山有漆，隰有栗。子有酒食，何不日鼓瑟？且以喜乐，且以永日。宛其死矣，他人入室。”（《唐风》《山有枢》）

《诗》之次第，首《国风》，次《雅》，次《颂》。《国风》次第，则始周召二南，次邶、鄘、卫、王、郑、齐、魏、唐、秦、陈、桧、曹而终以豳。其序列先后，宋人多以为即孔子微旨所寓，然古诗流传来久，篇次未必一如其故，今亦无以定之。惟《诗》以平易之《风》始，而渐及典重之《雅》与《颂》；《国风》又以所尊之周室始，次乃旁及于各国，则大致尚可推见而已。

《诗》三百篇，皆出北方，而以黄河为中心。其十五国中，周南、召南、王、桧、陈、郑在河南，邶、鄘、卫、曹、齐、魏、唐在河北，豳、

秦则在泾渭之滨，疆域概不越今河南、山西、陕西、山东四省之外。其民厚重，故虽直抒胸臆，犹能止乎礼义，忿而不戾，怨而不怒，哀而不伤，乐而不淫，虽诗歌，亦教训也。然此特后儒之言，实则激楚之言，奔放之词，《风》《雅》中亦常有，而孔子则曰：“《诗》三百，一言以蔽之，曰：思无邪。”后儒因孔子告颜渊为邦，曰“放郑声”。又曰：“恶郑声之乱雅乐也。”遂亦疑及《郑风》，以为淫逸，失其旨矣。自心不净，则外物随之，嵇康曰：“若夫郑声，是音声之至妙，妙音感人，犹美色惑志，耽槃荒酒，易以丧业，自非至人，孰能御之。”（本集《声无哀乐论》）世之欲捐窈窕之声，盖由于此，其理亦并通于文章。

第三节

老 庄

周室寖衰，风人辍采；故曰："王者之迹熄而诗亡。"志士欲救世弊，则穷竭神虑，举其知闻。而诸侯又方并争，厚招游学之士；或将取合世主，起行其言，乃复力斥异家，以自所执持者为要道，骋辩腾说，著作云起矣。然当时足称"显学"者，实止三家，曰道，曰儒，曰墨。

道家书据《汉书·艺文志》所录有《伊尹》、《太公》、《辛甲》等，今皆不传;《鬻子》、《筦子》亦后人作，故存于今者莫先于《老子》。老子名耳，字聃，姓李氏，楚人，盖生于周灵王初（约前570），尝为守藏室之史，见周之衰，遂去，至关，为关令尹喜著书上下篇，言道德之意，五千余言而去，莫知其所终也。今书又离为八十一章，亦后人妄分，本文实惟杂述思想，颇无条贯；时亦对字协韵，以便记诵，与秦汉人所传之黄帝《金人铭》，颛顼《丹书》等（见第一篇）同：

"视之不见名曰夷，听之不闻名曰希，搏之不得名曰微。此三者不可致诘，故混而为一。其上不皦，其下不昧，绳绳不可名，复归于无物。是谓无状之状，无物之象，是谓惚恍。迎之不见其首，随之不见其后，执古之道，以御今之有。能知古始，是谓道纪。""执大象，天下往。往而不害，安平太。乐与饵，过客止；道之出口，淡乎其无味，视之不足见，听之不足闻，用之不足既。"

老子尝为周室守书，博见文典，又阅世变，所识甚多，班固谓“道家者流盖出于史官，历记成败存亡祸福古今之道，然后知秉要执本，清虚以自守，卑弱以自持”者盖以此。然老子之言亦不纯一，戒多言而时有愤辞，尚无为而仍欲治天下。其无为者，以欲“无不为”也。

“大道废，有仁义。智慧出，有大伪。六亲不和有孝慈，国家昏乱有忠臣。”

“民之饥，以其上食税之多，是以饥。民之难治，以其上之有为，是以难治。民之轻死，以其求生之厚，是以轻死。夫唯无以生为者，是贤于贵生。”

“……圣人处无为之事，行不言之教，万物作焉而不辞，生而不有，为而不恃，功成而弗居。夫唯弗居，是以不去。”

“为学日益，为道日损。损之又损，以至于无为。无为而无不为。取天下常以无事；及其有事，不足以取天下。”

儒、墨二家起老氏之后，而各欲尽人力以救世乱。孔子以周灵王二十一年（前551）生于鲁昌平乡陬邑，年三十余，尝问礼于老聃，然祖述尧舜，欲以治世弊，道不行，则定《诗》《书》，订《礼》《乐》，序《易》，作《春秋》。既卒（敬王四十一年＝前479），门人又相与辑其言行而论纂之，谓之《论语》。墨子亦鲁人，名翟，盖后于孔子百三四十年（约威烈王一至十年生），而尚夏道，兼爱尚同，非古之礼乐，亦非儒，有书七十一篇，今存者作十五卷。然儒者崇实，墨家尚质，故《论语》、《墨子》，其文辞皆略无华饰，取足达意而已。时又有杨朱，主“为我”，殆未尝著书，而其说亦盛行于战国之世。孟子名轲（前372生前289卒）者，邹人，受学于子思，亦崇唐虞，说仁义，于杨墨则辞而辟之，著书七篇曰《孟子》。生当周季，渐有繁辞，而叙述则时特精妙，如墦间乞食一段，宋吴氏（《林下偶谈》）极推称之：

“齐人有一妻一妾而处室者。其良人出，则必餍酒食而后反；其妻问所与饮食者，尽富贵也。其妻告其妾曰：良人出，则必餍酒食而后反，问其与饮食者，尽富贵也，而未尝有显者来，吾将瞰良人之所之也。蚤起，施从良人之所之。遍国中无与立谈者，卒之东郭墦间之祭者，乞其余，不足，又顾而之他。此其为餍足之道也。其妻归，告其妾曰：良人者，所仰望而终身也，今若此。与其妾讪其良人，而相泣于中庭。而良人未之知也，施施从外来，骄其妻妾。”

然文辞之美富者，实惟道家，《列子》《鹖冠子》书晚出，皆后人伪作；今存者有《庄子》。庄子名周，宋之蒙人，盖稍后于孟子，尝为蒙漆园吏。著书十余万言，大抵寓言，人物土地，皆空言无事实，而其文则汪洋辟阖，仪态万方，晚周诸子之作，莫能先也。今存三十三篇，《内篇》七，《外篇》十五，《杂篇》十一；然《外篇》《杂篇》疑亦后人所加。于此略录《内篇》之文，以见大概：

“啮缺问乎王倪曰：子知物之所同是乎？曰：吾恶乎知之。子知子之所不知邪？曰：吾恶乎知之。然则物无知邪？曰：吾恶乎知之。虽然，尝试言之：庸讵知吾所谓知之非不知邪？庸讵知吾所谓不知之非知邪？且吾尝试问乎女：民湿寝则要疾偏死，鳝然乎哉？木处则惴栗恂惧，猿猴然乎哉？三者孰知正处。……自我观之：仁义之端，是非之途，樊然淆乱。吾恶能知其辩。啮缺曰：子不知利害，则至人固不知利害乎？王倪曰：至人神矣，大泽焚而不能热，河汉冱而不能寒，疾雷破山，风振海而不能惊。若然者乘云气，骑日月，而游乎四海之外。死生无变于己，而况利害之端乎？”（《齐物论》第二）

“泉涸，鱼相与处于陆，相呴以湿，相濡以沫，不如相忘于江湖。与其誉尧而非桀也，不如两忘而化其道。夫大块载我以形，劳我以生，佚我以老，息我以死，故善吾生者，乃所以善吾死也。”（《大宗师》第六）

“南海之帝为儵，北海之帝为忽，中央之帝为混沌。儵与忽时与相遇于混沌之地，混沌待之甚善。儵与忽谋报混沌之德，曰：人皆有七窍以视听食息，此独无有。尝试凿之。日凿一窍，七日而混沌死。”（《应帝王》第七）

末有《天下》一篇（胡适谓非庄周作），则历评“天下之治方术者”，最推关尹、老子，以为“古之博大真人”，而自述其文与意云：

“芴漠无形，变化无常。死与生与？天地并与？神明往与？芒乎何之，忽乎何适？万物毕罗，莫足以归。古之道术，有在于是者。庄周闻其风而悦之，以谬悠之说，荒唐之言，无端崖之辞，时纵恣而不傥，不以觭见之也。以天下为沉浊不可与庄语，以卮言为曼衍，以重言为真，以寓言为广。独与天地精神往来，而不敖倪于万物；不谴是非，以与世俗处。其书虽瑰玮，而连犿无伤也。其辞虽参差，而諔诡可观。彼其充实，不可以已。上与造物者游，而下与外死生无终始者为友。其于本也，弘大而辟，深闳而肆；其于宗也，可谓稠适而上遂矣。……”

故自史迁以来，均谓周之要本，归于老子之言。然老子尚欲言有无，别修短，知白黑，而措意于天下；周则欲并有无修短白黑而一之，以大归于“混沌”，其“不谴是非”，“外死生”，“无终始”，胥此意也。中国出世之说，至此乃始圆备。

察周季之思潮，略有四派。一邹鲁派，皆诵法先王，标榜仁义，以备世之急，儒有孔孟，墨有墨翟。二陈宋派，老子生于苦县，本陈地也，言清净之治，迨庄周生于宋，则且以“天下为沉浊不可与庄语”，自无为而入于虚无。三曰郑卫派，郑有邓析、申不害，卫有公孙鞅，赵有慎到、公孙龙，韩有韩非，皆言名法。四曰燕齐派，则多作空疏迂怪之谈，齐之驺衍、驺奭、田骈、接子等，皆其卓者，亦秦汉方士所从出也。

第四节

屈原及宋玉

战国之世，言道术既有庄周之蔑诗礼，贵虚无，尤以文辞，陵轹诸子。在韵言则有屈原起于楚，被谗放逐，乃作《离骚》。逸响伟辞，卓绝一世。后人惊其文采，相率仿效，以原楚产，故称“楚辞”。较之于《诗》，则其言甚长，其思甚幻，其文甚丽，其旨甚明，凭心而言，不遵矩度。故后儒之服膺诗教者，或訾而绌之，然其影响于后来之文章，乃甚或在三百篇以上。

屈原，名平，楚同姓也，事怀王为左徒，博闻强志，明于治乱，娴于辞令，王令原草宪令，上官大夫欲夺其稿，不得，谗之于王，王怒而疏屈原。原彷徨山泽，见先王之庙及公卿祠堂，图画天地山川神灵，琦玮僪佹，及古贤圣怪物行事。因书其壁，呵而问之，以抒愤懑，曰《天问》。辞句大率四言；以所图故事，今多失传，故往往难得其解：

“……雄虺九首，儵忽焉在？何所不死，长人何守？靡蓱九衢，枲华安居？一蛇吞象，厥大何如？黑水玄趾，三危安在？延年不死，寿何所止？鲮鱼何所，鬿堆焉处？羿焉彃日，乌焉解羽？……”

“……中央共牧后何怒？蜂蚁微命力何固？惊女采薇鹿何祐？北至回水萃何喜？兄有噬犬弟何欲，易之以百两卒无禄？……”

后盖又召还，尝欲联齐拒秦，不见用。怀王与秦婚，子兰劝王入秦，

屈原止之，不听，卒为秦所留。长子顷襄王立，子兰为令尹，亦谗屈原，王怒而迁之。原在湘沅之间九年，行吟泽畔，颜色憔悴，作《离骚》，终怀石自投汨罗以死，时盖顷襄王十四五年（前285或前286）也。

《离骚》者，司马迁以为"离忧"，班固以为"遭忧"，王逸释以离别之愁思，扬雄则解为"牢骚"，故作《反离骚》，又作《畔牢愁》矣。其辞述己之始生，以至壮大，迄于将终，虽怀内美，重以修能，正道直行，而罹谗贼，于是放言遐想，称古帝，怀神山，呼龙虬，思佚女，申纾其心，自明无罪，因以讽谏。其文几二千言，中有云：

"……跪敷衽以陈辞兮，耿吾既得此中正。驷玉虬以乘鹥兮，溘埃风余上征。朝发轫于苍梧兮，夕余至乎县圃，欲少留此灵琐兮，日忽忽其将暮。吾令羲和弭节兮，望崦嵫而勿迫，路曼曼其修远兮，吾将上下而求索。饮余马于咸池兮，总余辔乎扶桑，折若木以拂日兮，聊逍遥以相羊。……览相观于四极兮，周流乎天余乃下，望瑶台之偃蹇兮，见有娀之佚女。吾令鸩为媒兮，鸩告余以不好；雄鸠之鸣逝兮，余犹恶其佻巧。……理弱而媒拙兮，恐导言之不固；时混浊而嫉贤兮，好蔽美而称恶。闺中既以邃远兮，哲王又不寤。怀朕情而不发兮，余焉能忍与此终古！……"

次述占于灵氛，问于巫咸，无不劝其远游，毋怀故宇，于是驰神纵意，将翱将翔，而睠怀宗国，终又宁死而不忍去也：

"……抑志而弭节兮，神高驰之邈邈；奏《九歌》而舞《韶》兮，聊假日以媮乐。陟升皇之赫戏兮，忽临睨夫旧乡；仆夫悲余马怀兮，蜷局顾而不行。乱曰：已矣哉！国无人，莫我知兮，又何怀乎故都？既莫足与为美政兮，吾将从彭咸之所居！"

今所传《楚辞》中有《九章》九篇，亦屈原作。又有《卜居》，《渔父》，述屈原既放，与卜者及渔人问答之辞，亦云自制，然或后人取故事仿作之，而其设为问难，履韵偶句之法，则颇为词人则效，近如宋玉之《风赋》，远如相如之《子虚》，《上林》，班固之《两都》皆是也。

《离骚》之出，其沾溉文林，既极广远，评骘之语，遂亦纷繁，扬之者谓可与日月争光，抑之者且不许与狂狷比迹，盖一则达观于文章，一乃局蹐于诗教，故其裁决，区以别矣。实则《离骚》之异于《诗》者，特在形式藻采之间耳。时与俗异，故声调不同；地异，故山川神灵动植皆不同；惟欲婚简狄，留二姚，或为北方人民所不敢道，若其怨愤责数之言，则三百篇中之甚于此者多矣。楚虽蛮夷，久为大国，春秋之世，已能赋诗，风雅之教，宁所未习，幸其固有文化，尚未沦亡，交错为文，遂生壮采。刘勰取其言辞，校之经典，谓有异有同，固雅颂之博徒，实战国之风雅，“虽取熔经义，亦自铸伟辞。……故能气往轹古，辞来切今，惊采绝艳，难与并能。”（《文心雕龙·辨骚》）可谓知言者已。

形式文采之所以异者，由二因缘，曰时与地。古者交接邻国，揖让之际，盖必诵诗，故孔子曰：“不学《诗》，无以言。”周室既衰，聘问歌咏，不行于列国，而游说之风寖盛，纵横之士，欲以唇吻奏功，遂竞为美辞，以动人主。如屈原同时有苏秦者，其说赵司寇李兑也，曰：“雒阳乘轩里苏秦，家贫亲老，无罢车驽马，桑轮蓬箧，羸幐担囊，触尘埃，蒙霜露，越漳河，足重茧，日百而舍，造外阙，愿造于前，口道天下之事。”（《赵策》一）自叙其来，华饰至此，则辩说之际，可以推知。余波流衍，渐及文苑，繁辞华句，固已非《诗》之朴质之体式所能载矣。况《离骚》产地，与《诗》不同，彼有河渭，此则沅湘，彼惟朴樕，此则兰茝；又重巫，浩歌曼舞，足以乐神，盛造歌辞，用于祀祭。《楚辞》中有《九歌》，谓“楚南郢之邑，沅湘之间，其俗信鬼而好祀，……屈原放逐，……愁思怫郁，出见俗人祭祀之礼，歌舞之乐，其词鄙俚，因为作《九歌》之曲”。而绮靡杳渺，与原他文颇不同，虽曰“为作”，固当有本。俗歌俚句，非不可沾溉词人，句不拘于四言，圣不限于尧舜，盖荆楚之常习，其所由来者远矣。今略录其《湘夫人》：

“帝子降兮北渚，目眇眇兮愁余。袅袅兮秋风，洞庭波兮木叶下。登白苹兮骋望，与佳期兮夕张。鸟何萃兮苹中，罾何为兮木上？沅有芷兮澧

有兰，思公子兮未敢言；慌惚兮远望，观流水兮潺湲。麋何食兮庭中，蛟何为兮水裔？朝驰余马兮江皋，夕济兮西澨。闻佳人兮召予，将腾驾兮偕逝。筑室兮水中，葺之以荷盖。荪壁兮紫坛，播芳椒兮盈堂，桂栋兮兰橑，辛夷楣兮药房。……芷葺兮荷盖，缭之兮杜衡，合百草兮实庭，建芳馨兮庑门。九疑缤兮并迎，灵之来兮如云。捐余袂兮江中，遗余褋兮澧浦，搴汀洲兮杜若，将以遗兮远者。时不可兮骤得，聊逍遥兮容与。"

同时有儒者赵人荀况（约前 315—前 230），年五十始游学于齐，三为祭酒；已而被谗适楚，春申君以为兰陵令。亦作赋，《汉书》云十篇，今有五篇在《荀子》中，曰《礼》，曰《知》，曰《云》，曰《蚕》，曰《箴》，臣以隐语设问，而王以隐语解之，文亦朴质，概为四言，与楚声不类。又有《佹诗》，实亦赋，言天下不治之意，即以遗春申君者，则词甚切激，殆不下于屈原，岂身临楚邦，居移其气，终亦生牢愁之思乎？

"天下不治，请陈佹诗：天地易位，四时易乡。列星殒坠，旦暮晦盲。……仁人绌约，敖暴擅强。天下幽险，恐失世英。螭龙为蝘蜓，鸱枭为凤凰。比干见刳，孔子拘匡。昭昭乎其知之明也，郁郁乎其遇时之不祥也。……圣人共手，时几将矣，与愚以疑，愿闻反辞。其小歌曰：念彼远方，何其塞矣。仁人绌约，暴人衍矣。忠臣危殆，谗人般矣。璇玉瑶珠，不知佩也。杂布与锦，不知异也。……以盲为明；以聋为聪；以危为安；以吉为凶。呜呼上天，曷维其同！"

稍后，楚又有宋玉、唐勒、景差之徒，皆好辞，而以赋见称。然虽学屈原之文辞，终莫敢直谏，盖掇其哀愁，猎其华艳，而"九死未悔"之概失矣。宋玉者，王逸以为屈原弟子；事怀王之子襄王，为大夫，然不得志。所作本十六篇，今存十一篇，殆多后人拟作，可信者有《九辩》。《九辩》本古辞，玉取其名，创为新制，虽驰神逞想，不如《离骚》，而凄怨之情，实为独绝。如：

"皇天平分四时兮，窃独悲此凛秋。白露既下降百草兮，奄离披此梧楸。去白日之昭昭兮，袭长夜之悠悠。离芳蔼之方壮兮，余萎约而悲愁。秋既先戒以白露兮，冬又申之以严霜。……岁忽忽而遒尽兮，恐余寿之弗将。悼余生之不时兮，逢此世之俇攘。澹容与而独倚兮，蟋蟀鸣此西堂。心怵惕而震荡兮，何所忧之多方？卬明月而太息兮，步列星而极明。”

又有《招魂》一篇，外陈四方之恶，内崇楚国之美，欲召魂魄，来归修门。司马迁以为屈原作，然辞气殊不类。其文华靡，长于敷陈，言险难则天地间皆不可居，述逸乐则饮食声色必极其致，后人作赋，颇学其夸。句末俱用“些”字，亦为创格，宋沈存中云，“今夔峡湖湘及南北江獠人，凡禁咒句尾皆称些，乃楚人旧俗”也。

“……魂兮归来，南方不可以止些。雕题黑齿，得人肉以祀，以其骨为醢些。蝮蛇蓁蓁，封狐千里些。雄虺九首，往来倏忽，吞人以益其心些。魂兮归来，不可以久淫些。……魂兮归来，君无上天些。虎豹九关，啄害下人些。一夫九首，拔木九千些。豺狼从目，往来侁侁些。悬人以娭，投之深渊些。致命于帝，然后得瞑些。归来归来，往恐危身些。……魂兮归来，入修门些。……室家遂宗，食多方些。稻粢穱麦，挐黄粱些。大苦醎酸，辛甘行些。肥牛之腱，臑若芳些。和酸若苦，陈吴羹些。胹鳖炮羔，有柘浆些。……肴羞未通，女乐罗些。敶钟按鼓，造新歌些。涉江采菱，发扬荷些。美人既醉，朱颜酡些。娭光眇视，目曾波些。被文服纤，丽而不奇些。长发曼鬋，艳陆离些。……”

其称为赋者则九篇，(《文选》四篇;《古文苑》六篇，然《舞赋》实傅毅作）大率言玉与唐勒景差同侍楚王，即事兴情，因而成赋，然文辞繁缛填委，时涉神仙，与玉之《九辩》、《招魂》及当时情景颇违异，疑亦犹屈原之《卜居》、《渔父》，皆后人依托为之。又有《对楚王问》，（见《文选》及《说苑》）自辩所以不见誉于士民众庶之故，先征歌曲，次引鲸凤，以明俗士之不能知圣人。其辞甚繁，殆如游说之士所谈辩，或亦依托也。然与赋当并出汉初。刘勰谓赋萌于《骚》，荀卿、宋玉，乃锡专名，与诗划境，蔚成大国；又谓“宋玉含才，始造‘对问’”，于是枚乘《七发》，

扬雄《连珠》，抒愤之文，郁然盛起。然则《骚》者，固亦受三百篇之泽，而特由其时游说之风而恢宏，因荆楚之俗而奇伟；赋与对问，又其长流之漫于后代者也。

唐勒、景差之文，今所传尤少。《楚辞》中有《大招》，欲效《招魂》而甚不逮，王逸云，“屈原之所作也；或曰景差。”审其文辞，谓差为近。

第五节

李　斯

秦始皇帝即位之初，相国吕不韦以列国常下士喜宾客，且多辩士，如荀况之徒，著书布天下，乃亦厚养士，使人人著其所知，集以为书，凡二十余万言，号曰《吕氏春秋》，布咸阳市门，延诸侯游士宾客，有能增损一字者予千金。始皇既壮，绌不韦；又渐并兼列国，虽亦召文学，置博士，而终则焚烧《诗》《书》，杀诸生甚众，重任丞相李斯，以法术为治。

李斯，楚上蔡人，少与韩非俱从荀况学帝王之术，成而入秦，为吕不韦舍人，说始皇，拜为长史，渐进至左丞相，二世二年（前208）宦者赵高诬以谋反，杀之，具五刑，夷三族。斯虽出荀卿之门，而不师儒者之道，治尚严急，然于文字，则有殊勋，六国之时，文字异形，斯乃立意，罢其不与秦文合者，画一书体，作《仓颉》七章，与古文颇不同，后称秦篆；又始造隶书，盖起于官狱多事，苟趋简易，施之于徒隶也。法家大抵少文采，惟李斯奏议，尚有华辞，如上书《谏逐客》云：

“……必秦国所生然后可，则是夜光之璧，不饰朝廷；犀象之器，不为玩好；郑卫之女，不充后宫；而骏良駃騠，不实外厩；江南金锡不为用，西蜀丹青不为采。……夫击瓮叩缻，弹筝搏髀，而歌呼呜呜快耳目者，真秦之声也。郑卫桑间，《昭虞》《武象》者，异国之乐也。今弃击瓮叩缻而就郑卫，退弹筝而取《昭虞》。若是者，何也？快意当前，适观而已矣。

今取人则不然：不问可否，不论曲直，非秦者去，为客者逐。然则是所重者在乎色乐珠玉，而所轻者在乎人民也。此非所以跨海内，制诸侯之术也。……”

二十八年，始皇始东巡郡县，群臣乃相与诵其功德，刻于金石，以垂后世。其辞亦李斯所为，今尚有流传，质而能壮，实汉晋碑铭所从出也。如《泰山刻石文》：

“皇帝临位，作制明法，臣下修饰。二十六年，初并天下，罔不宾服。亲巡天下黎民，登兹泰山，周览东极。从臣思迹，本原事业，祗诵功德。治道运行，诸产得宜，皆有法式。大义休明，垂于后世，顺承勿革。皇帝躬圣，既平天下，不懈于治。……昭隔内外，靡不清净，施于后嗣。化及无穷，遵奉遗诏，永承重戒。”

三十六年，东郡民刻陨石以诅始皇，案问不服，尽诛石旁居人。始皇终不乐，乃使博士作《仙真人诗》；及行所游天下，传令乐人歌弦之。其诗盖后世游仙诗之祖，然不传。《汉书·艺文志》著秦时杂赋九篇；《礼乐志》云周有《房中乐》，至秦名曰《寿人》，今亦俱佚。故由现存者而言，秦之文章，李斯一人而已。

第六节

汉宫之楚声

秦既焚烧《诗》《书》，坑诸生于咸阳，儒者乃往往伏匿民间，或则委身于敌以舒愤怨。故陈涉起匹夫，旬月王楚，而鲁诸儒持孔氏之礼器归之；孔甲则为涉博士，与俱败死。汉兴，高祖亦不乐儒术，其佐又多刀笔之吏，惟郦食其、陆贾、叔孙通文雅，有博士余风。然其厕足汉廷，亦非尽因文术，陆贾虽称说《诗》、《书》，顾特以辩才见赏，郦生固自命儒者，而高祖实以说客视之；至叔孙通，则正以曲学阿世取容，非重其能定朝仪，知典礼也。即位之后，过鲁，虽曾以中牢祀孔子，盖亦英雄欺人，将借此收揽人心，俾知一反秦之所为而已。高祖崩，儒者亦不见用，《汉书·儒林传》云："孝惠高后时，公卿皆武力功臣。孝文本好刑名之言。及至孝景，不任儒；窦太后又好黄老术，故诸博士具官待问，未有进者。"

故在文章，则楚汉之际，诗教已熄，民间多乐楚声，刘邦以一亭长登帝位，其风遂亦被宫掖。盖秦灭六国，四方怨恨，而楚尤发愤，誓虽三户必亡秦，于是江湖激昂之士，遂以楚声为尚。项籍困于垓下，歌曰："力拔山兮气盖世，时不利兮骓不逝！骓不逝兮可奈何？虞兮虞兮奈若何？"楚声也。高祖既定天下，因征黥布过沛，置酒沛宫，召故人父老子弟佐酒，自击筑歌曰："大风起兮云飞扬。威加海内兮归故乡。安得猛士兮守四方！"亦楚声也。且发沛中儿百二十人教之歌，群儿皆和习之。其后欲立戚夫人子赵王如意，因而废太子，不果，戚夫人泣涕，亦令作楚舞，而自为楚歌：

“鸿鹄高飞，一举千里，羽翼已就，横绝四海。横绝四海，又可奈何？虽有矰缴，尚安所施？”

《房中乐》始于周，以乐祖先。汉初，高帝姬唐山夫人作乐词，以从帝所好，亦楚声。至孝惠二年（前 193）使乐府令夏侯宽备其箫管，更名《安世乐》，凡十六章，今录其二：

“丰草葽，女罗施。善何如，谁能回？大莫大，成教德；长莫长，被无极。”

“都荔遂芳，窅窊桂华。孝奏天仪，若日月光。乘玄四龙，回驰北行。羽旄殷盛，芬哉芒芒。孝道随世，我署文章。”

又以沛宫为原庙，令歌儿吹习高帝《大风》之歌，遂用百二十人为常员。文景相嗣，礼官肄之。楚声之在汉宫，其见重如此，故后来帝王仓卒言志，概用其声，而武帝词华，实为独绝。当其行幸河东，祠后土，顾视帝京，忻然中流，与群臣醼饮，自作《秋风辞》，缠绵流丽，虽词人不能过也：

“秋风起兮白云飞，草木黄落兮雁南归。兰有秀兮菊有芳，怀佳人兮不能忘。泛楼船兮济汾河，横中流兮扬素波，箫鼓鸣兮发棹歌。欢乐极兮哀情多，少壮几时兮奈老何。”

降及少帝，将为董卓所鸩，与妻唐姬别，悲歌云：“天道易兮我何艰，弃万乘兮退守藩。逆臣见迫兮命不延，逝将去汝兮适幽玄！”唐姬歌曰：“皇天崩兮后土颓，身为帝兮命夭摧。死生路异兮从此乖，奈我茕独兮中心哀！”虽临危抒愤，词意浅露，而其体式，亦皆楚歌也。

第七节

贾谊与晁错

汉初善言治道，亦擅文章者，先有陆贾佐高祖，每称说《诗》、《书》；高帝命著书言秦所以失天下及古今成败，每奏一篇，帝未尝不称善，名其书曰《新语》；今存。文帝时则有颍川贾山，尝借秦为喻，言治乱之道，名曰《至言》；其后每上书，言多激切，善指事意，然不见用。所言今多亡失，惟《至言》见于《汉书》本传。

贾谊，雒阳人，尝从秦博士张苍受《春秋左氏传》。年十八，以能诵《诗》《书》属文称于郡中，廷尉吴公荐于文帝，召为博士，时年二十余，而善于答诏令，诸生莫能及。文帝悦之，一岁中超迁至大中大夫，且拟以任公卿。绛灌、冯敬等毁之曰："雒阳之人年少初学，专欲擅权，纷乱诸事。"于是帝亦疏之，不用其议；后以谊为长沙王太傅。谊既以谪去，意不自得，及渡湘水，为赋吊屈原，亦以自谕也：

"恭承嘉惠兮俟罪长沙，侧闻屈原兮自湛汨罗。造托湘流兮敬吊先生，遭世罔极兮乃殒厥身。呜呼哀哉兮逢时不祥，鸾凤伏窜兮鸱枭翱翔。阘茸尊显兮谗谀得志，贤圣逆曳兮方正倒植。……吁嗟默默，生之无故兮。斡弃周鼎，宝康瓠兮。腾驾罢牛，骖蹇驴兮。骥垂两耳，服盐车兮。章甫荐履，渐不可久兮。嗟苦先生，独离此咎兮。讯曰：已矣，国其莫我知兮，独壹郁其谁语。凤漂漂其高逝兮，夫固自引而远去。袭九渊之神龙

兮，沕深潜以自珍；偭蟂獭以隐处兮，夫岂从虾与蛭螾。所贵圣人之神德兮，远浊世而自藏；使骐骥可得系而羁兮，岂云异夫犬羊。般纷纷其离此尤兮，亦夫子之故也；历九州而相其君兮，何必怀此都也！凤凰翔于千仞兮，览德辉而下之；见细德之险征兮，遥曾击而去之。彼寻常之污渎兮，岂能容夫吞舟之巨鱼；横江湖之鳣鲸兮，固将制于蝼蚁。”

三年，有鸮飞入谊舍，止于坐隅。长沙卑湿，谊自惧不寿，因作《服赋》以自广，服者，楚人之谓鸮也。大意谓祸福纠缠，吉凶同域，生不足悦，死不足患，纵躯委命，乃与道俱，见服细故，无足疑虑。其外死生，顺造化之旨，盖得之于庄生。岁余，文帝征谊，问鬼神之本，自叹为不能及。顷之，拜为帝少子梁怀王太傅。时复封淮南厉王子四人为列侯，谊上疏以谏；又以诸侯王僭拟，地或连数郡，非古之制，乃屡上书陈政事，请稍削之。其治安之策，洋洋至六千言，以为天下“事势，有可为痛哭者一，可为流涕者二，可为长太息者六，若其他背理而伤道者，难遍以疏举”，因历指其失，颇切事情，然不见听。居数年，怀王堕马死，无后；谊自伤为傅无状，哭泣岁余，亦死，年三十三（前 200—前 168）。

晁错，颍川人，少学申商刑名于轵张恢所，文帝时以文学为太常掌故，被遣从济南伏生受《尚书》，还，因上便宜事，以《书》称说，诏以为太子舍人、门大夫，迁博士，拜太子家令。又以辩得幸太子，太子家号曰智囊。举贤良文学，对策高第，又数上书文帝，言削诸侯事及法令可更定者。帝不听，然奇其材，迁中大夫。景帝即位，以为内史，言事辄听，始宠幸倾九卿，法令多所更定，袁盎、申屠嘉皆弗善之，而错愈贵，迁为御史大夫。又请削诸侯之地，收其枝郡。其说削吴云：

“昔高帝初定天下，昆弟少，诸子弱，大封同姓，故孽子悼惠王王齐七十二城，庶弟元王王楚四十城，兄子王吴五十余城。封三庶孽，分天下半。今吴王前有太子之隙，诈称病不朝，于古法当诛。文帝不忍，因赐几杖，德至厚也。不改过自新，乃益骄恣，公即山铸钱，煮海为盐，诱天下亡人，谋作乱逆。今削之亦反，不削亦反。削之，其反亟，祸小；不削之，其反迟，祸大。”

错请削地之奏，诸贵人皆不敢难，惟窦婴争之，由是与错有隙。诸侯亦先疾其所更法令三十章，于是吴楚七国遂反，以诛错为名；窦婴、袁盎又说文帝，令晁错衣朝衣，斩于东市（前 154）。

晁贾性行，其初盖颇同，一从伏生传《尚书》，一从张苍受《左氏》。错请削诸侯地，且更定法令；谊亦欲改正朔，易服色；又同被功臣贵幸所谮毁。为文皆疏直激切，尽所欲言；司马迁亦云：“贾生晁错明申商。”惟谊尤有文采，而沉实则稍逊，如其《治安策》、《过秦论》，与晁错之《贤良对策》、《言兵事疏》、《守边劝农疏》，皆为西汉鸿文，沾溉后人，其泽甚远；然以二人之论匈奴者相较，则可见贾生之言，乃颇疏阔，不能与晁错之深识为伦比矣。

惟其后之所以绝异者，盖以文帝守静，故贾生所议，皆不见用，为梁王傅，抑郁而终。晁错则适遭景帝，稍能改革，于是大获宠幸，得行其言，卒召变乱，斩于东市；又夙以刑名著称，遂复来“为人陗直刻深”之谤。使易地而处，所遇之主不同，则其晚节末路，盖未可知也。但贾谊能文章，平生又坎壈，司马迁哀其不遇，以与屈原同传，遂尤为后世所知闻。

第八节

藩国之文术

汉高祖虽不喜儒，文景二帝，亦好刑名黄老，而当时诸侯王中，则颇有倾心养士，致意于文术者。楚、吴、梁、淮南、河间五王，其尤著者也。

楚元王交为高祖同父少弟，好书多材艺，少时，与鲁穆生、白生、申公，俱受《诗》于孙卿门人浮丘伯。故好《诗》，既王楚，诸子亦皆读《诗》；申公始为《诗》传，号“鲁诗”；元王亦自为传，号“元王诗”。汉初治《诗》大师，皆居于楚；申公、白公之外，又有韦孟，为元王傅，傅子夷王，及孙王戊。戊荒淫不遵道，孟乃作诗讽谏；后遂去位，徙家于邹，又作诗一篇，其叙事布词，自为一体，皆有风雅遗韵。魏晋以来，逮相师法，用以叙先烈，述祖德，故任昉《文章缘起》以为“四言诗起于前汉楚王傅韦孟《谏楚夷王戊》诗”也。

吴王濞者，高祖兄仲之子。文帝时，吴太子入见，与皇太子争博道，皇太子引博局提杀之。吴王由是怨望，藏亡匿死，积三十余年，故能使其众。然所用多纵横游说之士；亦有并擅文词者，如严忌、邹阳、枚乘等。吴既败，皆游梁。

梁孝王名武，文帝窦皇后少子也。七国之叛，梁距吴楚最有功，又最为大国，卤簿拟天子；招延四方豪杰，自山东游士莫不至。传《易》者有丁宽，以授田王孙，田授施仇、孟喜、梁丘贺，由是《易》有施孟梁丘三家之学。又有羊胜、公孙诡、韩安国，各以辩智著称。吴败，吴客又皆游梁；司马相如亦尝游梁，皆词赋高手，天下文学之盛，当时盖未有如梁者也。

严忌本姓庄，后避明帝讳，称严，会稽吴人。好词赋，哀屈原忠贞不遇，作词曰《哀时命》。遭景帝不好词赋，无所得志，乃游吴；吴败，徒步入梁，受知孝王，与邹阳、枚乘同见尊重，而忌名尤盛，世称庄夫子。《汉志》有《庄夫子赋》二十四篇；今仅存《哀时命》一篇，在《楚辞》中。

邹阳，齐人，初与严忌，枚乘等俱仕吴，皆以文辩著名。吴王将叛，阳作书以谏，不见用，乃去而之梁，从孝王游。其为人有智略，慷慨不苟合，为羊胜、公孙诡所谗，孝王怒，下阳于狱，将杀之。阳在狱中，上书自明：

“……语曰：有白头如新，倾盖如故。何则？知与不知也。故樊於期逃秦之燕，借荆轲首以奉丹事；王奢去齐之魏，临城自刭，以却齐而存魏。夫王奢樊於期，非新于齐秦而故于燕魏也，所以去二国，死两君者，行合于志而慕义无穷也。……今人主诚能去骄傲之心，怀可报之意，披心腹，见情素，隳肝胆，施德厚，终与之穷达，无爱于士，则桀之犬可使吠尧，而跖之客可使刺由。何况因万乘之权，假圣王之资乎？然则荆轲湛七族，要离燔妻子，岂足为大王道哉？……”

书奏，孝王立出之，卒为上客，后羊胜、公孙诡以罪死，阳独为梁王解深怒于天子。盖吴蓄深谋，偏好策士，故文辩之士，亦常有纵横家遗风，词令文章，并长辟阖，犹战国游士之口说也。《汉志》纵横家，有《邹阳》七篇，而不录其词赋，似阳之在汉，固以权略见称。《西京杂记》云：梁孝王游于忘忧之馆，集诸游士，使各为赋。枚乘《柳赋》，路乔如《鹤赋》，公孙诡《文鹿赋》，邹阳《酒赋》，公孙乘《月赋》，羊胜《屏风赋》，韩安国作《几赋》不成，邹阳代作。邹阳安国罚酒三升；赐枚乘路乔如绢，人五匹。《西京杂记》为晋葛洪作，托之刘歆，则诸赋或亦洪之所为耳。

枚乘，字叔，淮阴人，为吴王濞郎中。吴王谋为逆，乘上书以谏，吴王不纳，乃去而之梁。汉既平七国，乘由是知名，景帝召拜弘农都尉。乘久为大国上宾，不乐郡吏，以病去官；复游梁。梁客皆善属词，乘尤高。梁孝王薨，乘归淮阴。武帝自为太子闻乘名，及即位，乘年老，乃以安车蒲轮征乘，道死（前140）。

《汉志》有《枚乘赋》九篇；今惟《梁王菟园赋》存。《临灞池远诀赋》仅存其目，《柳赋》盖伪托。然乘于文林，业绩之伟，乃在略依《楚辞》《七谏》之法，并取《招魂》《大招》之意，自造《七发》。借吴楚为客主，先言舆辇之损，宫室之疾，食色之害，宜听妙言要道，以疏神导体。于是说以声色逸游之乐等等，凡六事，最末为观涛于广陵：

“……其始起也，洪淋淋焉若白鹭之下翔；其少进也，浩浩溰溰，如素车白马帷盖之张。其波涌而云乱，扰扰焉如三军之腾装。其旁作而奔起也，飘飘焉如轻车之勒兵。六驾蛟龙，附从太白。纯驰浩蜺，前后骆驿。颙颙卬卬，椐椐强强，莘莘将将。壁垒重坚，沓杂似军行。訇隐匈盖，轧盘涌裔，原不可当。观其两傍，则滂渤怫郁，暗漠感突，上击下律。有似勇壮之卒，突怒而无畏，蹈壁冲津，穷曲随隈，逾岸出追，遇者死，当者坏。……”

其说皆不入，则云：

“将为太子奏方术之士，有资略者，若庄周，魏牟，杨朱，墨翟，便娟，詹何之伦，使之论天下之精微，理万物之是非；孔老览观，孟子持筹而算之，万不失一。此亦天下要言妙道也，太子岂欲闻之乎？于是太子据几而起，曰：涣乎若一听圣人辩士之言。涊然汗出，霍然病已。”

由是遂有“七”体，后之文士，仿作者众，汉傅毅有《七激》，刘广有《七兴》，崔骃有《七依》，……凡十余家；递及魏晋，仍多拟造。谢灵运有《七集》十卷，卞景有《七林》十二卷，梁又有《七林》三十卷，盖即集众家此体为之，今俱佚；惟乘《七发》及曹植《七启》，张协《七命》，在《文选》中。

《文选》又有《古诗十九首》，皆五言，无撰人名。唐李善曰："并云古诗，盖不知作者；或云枚乘，疑不能明也。"然陈徐陵所集《玉台新咏》，则其中九首，明题乘名。审如是，乘乃不特始创七体，且亦肇开五古者矣，今录其三：

"西北有高楼，上与浮云齐，交疏结绮窗，阿阁三重阶。上有弦歌声，音响一何悲，谁能为此曲，无乃杞梁妻。清商随风发，中曲正徘徊，一弹再三叹，慷慨有余哀。不惜歌者苦，但伤知音稀。愿为双鸿鹄，奋翅起高飞。"

"……相去日已远，衣带日已缓。浮云蔽白日，游子不复返。思君令人老，岁月忽已晚。弃捐勿复道，努力加餐饭。"

"迢迢牵牛星，皎皎河汉女。纤纤濯素手，札札弄机杼，终日不成章，泣涕零如雨。河汉清且浅，相处复几许，盈盈一水间，脉脉不得语。"

其词随语成韵，随韵成趣，不假雕琢，而意志自深，风神或近楚《骚》，体式实为独造，诚所谓"畜神奇于温厚，寓感怆于和平，意愈浅愈深，词愈近愈远"者也。稍后李陵与苏武赠答，亦为五言，盖文景以后，渐多此体，而天质自然，终当以乘为独绝矣。

淮南王安为文帝所封，好书，鼓琴；招致宾客方术之士数千人，作为《内书》二十一篇，《外书》甚众；又有《中篇》八卷，言神仙黄白之术，亦二十余万言。时武帝方好艺文，以安为诸父，辩博善文辞，甚尊重之。尝使为《离骚传》，旦受诏，日食时上。传今亡；所传者惟《淮南》二十一篇，亦曰《鸿烈》。其书盖与诸游士讲论，掇拾旧文而成。其诸游士著者，则为苏飞、李尚、左吴、田由、雷被、毛被、伍被、晋昌等八人，是曰八公；又分造词赋，以类相从，或称《大山》，或称《小山》，其义犹《诗》之有《大雅》《小雅》也。小山之徒有《招隐士》之赋，其源虽出《离骚》《招魂》等，而不泥于迹象，为汉代楚辞之新声：

“桂树丛生兮山之幽，偃蹇连蜷兮枝相缭。山气巃嵸兮石嵯峨；溪谷崭岩兮水曾波。猿狖群啸兮虎豹嗥，攀援桂枝兮聊淹留。王孙游兮不归，春草生兮萋萋，岁暮兮不自聊，蟪蛄鸣兮啾啾。块兮轧，山曲岪，心淹留兮恫慌忽；罔兮沕，憭兮栗，虎豹穴，丛薄深林兮人上栗。嵚岑碕礒兮碅磳磈硊，树轮相纠兮林木茷骫；青莎杂树兮薠草靃靡；白鹿麏麚兮或腾或倚，状皃崟崟兮峨峨，凄凄兮漇漇。猕猴兮熊罴，慕类兮以悲。攀援桂枝兮聊淹留，虎豹斗兮熊罴咆，禽兽骇兮亡其曹。王孙兮归来，山中兮不可以久留。”

河间献王德为景帝子，亦好书，而所得皆古文先秦旧书。又立《毛氏诗》,《左氏春秋》博士；山东诸儒，多从而游。其所好盖与楚元王交相类。惟吴、梁、淮南三国之客，较富文词，梁客之上者，多来自吴，甚有纵横家余韵；聚淮南者，则大抵浮辩方术之士也。

第九节

武帝时文术之盛

武帝有雄材大略，而颇尚儒术。即位后，丞相卫绾即请奏罢郡国所举贤良治申商韩非苏秦张仪之言者。又以安车蒲轮征申公、枚乘等；议立明堂；置“五经”博士。元光间亲策贤良，则董仲舒、公孙弘等出焉。又早慕词赋，喜“楚辞”，尝使淮南王安为《离骚》作传。其所自造，如《秋风辞》(见第六篇)《悼李夫人赋》(见《汉书·外戚传》)等，亦入文家堂奥。复立乐府，集赵代秦楚之讴，以李延年为协律都尉，多举司马相如等数十人作诗颂，用于天地诸祠，是为《十九章》之歌。延年辄承意弦歌所造诗，谓之“新声曲”，实则楚声之遗，又扩而变之者也。其《郊祀歌》十九章，今存《汉书》《礼乐志》中，第三至第六章，皆题“邹子乐”。

“朱明盛长，敷与万物。桐生茂豫，靡有所诎。敷华就实，既阜既昌，登成甫田，百鬼迪尝。广大建祀，肃雍不忘。神若宥之，传世无疆。”(《朱明》三“邹子乐”)“日出入安穷，时世不与人同。故春非我春，夏非我夏，秋非我秋，冬非我冬。泊如四海之池，遍观是邪谓何。吾知所乐，独乐六龙。六龙之调，使我心若。訾，黄其何不来下！”(《日出入》九)

是时河间献王以为治道非礼乐不成，因献所集雅乐；大乐官亦肄习之以备数，然不常用，用者皆新声。至敖游醼饮之时，则又有新声变曲。

曲亦昉于李延年。延年中山人，身及父母兄弟皆故倡，坐法腐刑，给事狗监中。性知音，善歌舞，武帝爱之，每为新声变曲，闻者莫不感动。尝侍武帝，起舞，歌曰："北方有佳人，绝世而独立，一顾倾人城，再顾倾人国。宁不知倾城与倾国，佳人难再得。"因进其女弟，得幸，号李夫人，早卒。武帝思念不已，方士齐人少翁言能致其魂，乃夜张烛设帐，而令帝居他帐遥望，见一好女，如李夫人之貌，然不得就视。帝愈益相思悲感，作为诗曰："是耶非耶？立而望之，偏何姗姗其来迟。"令乐府诸音家弦歌之。随事兴咏，节促意长，殆即所谓新声变曲者也。

文学之士，在武帝左右者亦甚众。先有严助，会稽吴人，严忌子也，或云族家子，以贤良对策高第，擢为中大夫。助荐吴人朱买臣召见，说《春秋》，言"楚词"，亦拜中大夫，与严助俱侍中。又有吾丘寿王、司马相如、主父偃、徐乐、严安。东方朔、枚皋、胶仓、终军、严葱奇等；而东方朔、枚皋、严助、吾丘寿王、司马相如尤见亲幸。相如文最高，然常称疾避事；朔皋持论不根，见遇如俳优，惟严助与寿王见任用。助最先进，常与大臣辩论国家便宜，有奇异亦辄使为文及作赋颂数十篇。寿王字子赣，赵人，年少以善格五召待诏，迁侍中中郎；有赋十五篇，见《汉志》。

东方朔字曼倩，平原厌次人也。武帝初即位，征天下举方正贤良文学材力之士，待以不次之位，四方士多上书言得失，自衒鬻者以千数。朔初来，上书曰："臣朔少失父母，长养兄嫂。年十二学书，三冬，文史足用。十五学击剑。十六学诗书，诵二十二万言。十九学孙吴兵法，战阵之具，钲鼓之教，亦诵二十二万言。凡臣朔固已诵四十四万言。又常服子路之言。臣朔年二十二；长九尺三寸，目若悬珠，齿若编贝；勇若孟贲，捷若庆忌，廉若鲍叔，信若尾生。若此，可以为天子大臣矣。臣朔昧死，再拜以闻。"其文辞不逊，高自称誉。帝伟之，令待沼公车；渐以奇计俳辞得亲近，诙达多端，不名一行，然时观察颜色，直言切谏，帝亦常用之。尝至太中大夫，与枚皋郭舍人俱在左右，但诙啁而已，不得大官，因以刑名家言求试用，辞数万言，指意放荡，颇复诙谐，终不见用，乃作《答客难》（见《汉书》本传）以自慰谕。又有《七谏》（见《楚辞》），则言君子失志，自古而然。临终诫子云：“明者处世，莫尚于中，优哉游哉，与道相从。首阳为拙，柳下为工。饱食安步，以仕代农。依隐玩世，诡时不逢。……圣人之道，一龙一蛇，形见神藏，与物变化，随时之宜，无有常家。”又黄老意也。朔盖多所通晓，然先以自衒进身，终以滑稽名世，后之好事者因取奇言怪语，附著之朔；方士又附会以为神仙，作《神异经》、《十洲记》，托为朔造，其实皆非也。

枚皋者字少孺，枚乘孽子也。武帝征乘，道死，诏问乘子，无能为文者。皋上书自陈，得见，诏使作《平乐观赋》，善之，拜为郎，使匈奴。然皋好诙笑，为赋颂多嫚戏，故不得尊显，见视如倡，才比东方朔、郭舍人。作文甚疾，故所赋甚多，自谓不及司马相如，而颇诋娸东方朔，又自诋娸。班固云：“其文骫骳，曲随其事，皆得其意，颇谈笑，不甚闲靡。凡可读者百二十篇，其尤嫚戏不可读者尚数十篇。”

至于儒术之士，亦擅文词者，则有菑川薛人公孙弘，字次卿，元光中贤良对策第一，拜博士，终为丞相，封平津侯，于是天下学士，靡然向风矣。广川董仲舒与公孙弘同学，于经术尤著，景帝时已为博士，武帝即位，举贤良对策，除江都相，迁胶西相，卒。尝作《士不遇赋》（见《古文苑》），有云：

“……观上世之清晖兮，廉士亦茕茕而靡归。殷汤有卞随与务光兮，周武有伯夷与叔齐；卞随务光遁迹于深山兮，伯夷叔齐登山而采薇。使彼圣贤其繇周遑兮，矧举世而同迷。若伍员与屈原兮，固亦无所复顾。亦不能同彼数子兮，将远游而终古。……”

终则谓不若反身素业，归于一善，托声楚调，结以中庸，虽为粹然儒者之言，而牢愁狷狭之意尽矣。

小说家言，时亦兴盛。洛阳人虞初，以方士侍郎，号黄车使者，作《周说》九百四十三篇。齐人饶，不知其姓，为待诏，作《心术》二十五

篇。又有《封禅方说》十八篇，不知何人作，然今俱亡。

诗之新制，亦复蔚起。《骚》《雅》遗声之外，遂有杂言，是为“乐府”。《汉书》云东方朔作八言及七言诗，各有上下篇，今虽不传，然元封三年作柏梁台，诏群臣二千石有能为七言诗，乃得上座，则其辞今具存，通篇七言，亦联句之权舆也：

“日月星辰和四时皇帝，骖驾驷马从梁来梁王，郡国士马羽林材大司马，总领天下诚难治丞相，和抚四夷不易哉大将军，刀笔之吏臣执之御史大夫。（中略）蛮吏朝贺常会期典属国，柱枅欂栌相枝持大匠，枇杷橘栗桃李梅太官令，走狗逐兔张罘罳上林令，啮妃女唇甘如饴郭舍人，迫窘诘屈几穷哉东方朔。”

褚少孙补《史记》云：“东方朔行殿中，郎谓之曰：人皆以先生为狂。朔曰：如朔等，所谓避世于朝廷间者也。古之人乃避世于深山中。时坐席中酒酣，乃据地歌曰——

陆沉于俗，避世金马门。宫殿中，可以避世全身；何必深山之中，蒿庐之下。”

亦新体也，然或出后人附会。

五言有枚乘开其先，而是时苏李别诗，亦称佳制。苏武字子卿，京兆杜陵人，天汉元年，以中郎将使匈奴，留不遣。李陵字少卿，陇西成纪人，天汉二年击匈奴，兵败降虏，单于以女妻之，立为右校王；汉夷其族。至元始六年，苏武得归，故与陵以诗赠答：

“携手上河梁，游子暮何之。徘徊蹊路侧，悢悢不

能辞。行人难久留，各言长相思。安知非日月，弦望自

有时。努力崇明德，皓首以为期。”李陵与苏武诗三首之一

“二凫俱北飞，一凫独南翔。子当留斯馆，我当归故乡。一别如秦胡，会见何讵央。怆恨切中怀，不觉泪沾裳。愿子长努力，言笑莫相忘。”苏武别李陵。见《初学记》卷十八，然疑是后人拟作

武归后拜典属国；宣帝即位，赐爵关内侯，神爵二年（前60）卒，年八十余。陵则在匈奴二十余年，卒，有集二卷。诗以外，后世又颇传其书问，在《文选》及《艺文类聚》中。

第十节

司马相如与司马迁

武帝时文人，赋莫若司马相如，文莫若司马迁，而一则寥寂，一则被刑。盖雄于文者，常桀骜不欲迎雄主之意，故遇合常不及凡文人。

司马相如字长卿，蜀郡成都人。少时好读书，学击剑，故其亲名之曰犬子；既学，慕蔺相如之为人，更名相如。以赀为郎，事景帝。帝不好辞赋，时梁孝王来朝，游说之士邹阳、枚乘、严忌等皆从，相如见而悦之，因病免，游梁，与诸侯游士居，数岁，作《子虚赋》。武帝立，读而善之，曰："朕独不得与此人同时哉？"蜀人杨得意为狗监侍帝，因言是其邑人司马相如作，乃召问相如。相如曰：有是。然此乃诸侯之事，未足观，请为天子游猎之赋。帝令尚书给笔札。相如以"子虚"，虚言也，为楚称；"乌有先生"者，乌有此事也，为齐难；"亡是公"者，亡是人也，欲明天子之义。故虚借此三人为辞，以推天子诸侯之苑囿。其卒章归之于节俭，因以讽谏。其文具存《史记》及《汉书》本传中；《文选》则以后半为《上林赋》，或召问后之所续欤？

相如既奏赋，武帝大悦，以为郎；数岁，作《喻巴蜀檄》，旋拜中郎将，赴蜀，通西南夷，以蜀父老多言此事无益，大臣亦以为然，乃作《难蜀父老》文。其后，人有上书言相如使时受金，遂失官，岁余，复召为郎。然常闲居，不慕官爵，亦往往托辞讽谏，于游猎信谗之事，皆有微辞。拜孝文园令。武帝既以《子虚赋》为善，相如察其好神仙，乃曰："上林之事，未足美也，尚有靡者。臣尝为《大人赋》，未就；请具而奏之。"意以为列仙之儒，居山泽间，形容甚臞，非帝王之仙意。惟彼大人，居于中州，悲世迫隘，于是轻举，乘虚无，超无友，亦忘天地，而乃独存也。中有云：

"……屯余车而万乘兮，粹云盖而树华旗。使句芒其将行兮，吾欲往乎南娭。……纷湛湛其差错兮，杂遝胶輵以方驰。骚扰冲苁其纷挐兮，滂濞泱轧丽以林离。攒罗列聚丛以茏茸兮，曼衍流烂痑以陆离。径入雷室之砰磷郁律兮，洞出鬼谷之掘礨崴魁。……时若暧暧将混浊兮，召屏翳，诛风伯，刑雨师。西望昆仑之轧沕荒忽兮，直径驰乎三危。排阊阖而入帝宫兮，载玉女而与之俱归。登阆风而遥集兮，亢鸟腾而壹止。低徊阴山翔以纡曲兮，吾乃今日睹西王母，暠然白首戴胜而穴处兮，亦幸有三足乌为之使。必长生若此而不死兮，虽济万世不足以喜。……"

既奏，武帝大悦，飘飘有凌云之气，似游天地之间意。盖汉兴好楚声，武帝左右亲信，如朱买臣等，多以楚辞进，而相如独变其体，益以玮奇之意，饰以绮丽之辞，句之短长，亦不拘成法，与当时甚不同。故扬雄以为使孔门用赋，则贾谊升堂，相如入室。班固以为西蜀自相如游宦京师，而文章冠天下。盖后之扬雄、王褒、李尤，固皆蜀人也。然相如亦作短赋，则繁丽之词较少，如《哀二世赋》,《长门赋》。独《美人赋》颇靡丽，殆即扬雄所谓"劝百而讽一，犹骋郑卫之音，曲终而奏雅"者乎？

"……途出郑卫，道由桑中，朝发溱洧，暮宿上宫。上宫闲馆，寂寥空虚，门阁昼掩，暧若神居。臣排其户而造其堂，芳香芬烈，黼帐高张；有女独处，婉然在床，奇葩逸丽，淑质艳光，睹臣迁延，微笑而言曰：'上客何国之公子，所从来无乃远乎？'遂设旨酒，进鸣琴。臣遂抚弦为《幽兰》《白雪》之曲。女乃歌曰：'独处室兮廓无依，思佳人兮情伤悲。有美人兮来何迟？日既暮兮华色衰，敢托身兮长自私。'玉钗挂臣冠，罗袖拂臣衣。时日西夕，玄阴晦冥，流风惨冽，素雪飘零，闲房寂谧，不闻人声。……臣乃脉定于内，心正于怀，信誓旦旦，秉志不回，翻然高举，与彼长辞。”

相如既病免，居茂陵，武帝闻其病甚，使所忠往取书，至则已死（前117）。仅得一卷书，言封禅事。盖相如尝从胡安受经。故少以文词游宦，而晚年终奏封禅之礼矣。于小学，则有《凡将篇》，今不存。然其专长，终在辞赋，制作虽甚迟缓，而不师故辙，自摅妙才，广博闳丽，卓绝汉代，明王世贞评《子虚》《上林》，以为材极富，辞极丽，运笔极古雅，精神极流动，长沙有其意而无其材，班、张、潘有其材而无其笔，子云有其笔而不得其精神流动之处云云，其为历代评骘家所倾倒，可谓至矣。

司马迁字子长，河内人，生于龙门，年十岁诵古文，二十而南游吴会，北涉汶泗，游邹鲁，过梁楚以归，仕为郎中。父谈，为太史令，元封初卒。迁继其业，天汉中李陵降匈奴，迁明陵无罪，遂下吏，指为诬上，家贫不能自赎，交游莫救，卒坐宫刑。被刑后为中书令，因益发愤，据《左氏》,《国语》；采《世本》,《战国策》；述《楚汉春秋》，终成《史记》一百三十篇，始于黄帝，中述陶唐，而至武帝获白麟止，盖自谓其书所以继《春秋》也。其友益州刺史任安，尝责以古贤臣之义，迁报书有云：

“……所以隐忍苟活，函粪土之中而不辞者，恨私心有所不尽，鄙没世而文采不表于后也。古者富贵而名摩灭不可胜记，惟倜傥非常之人称焉。盖西伯拘而演《周易》；仲尼厄而作《春秋》；屈原放逐，乃赋《离骚》；左丘失明，厥有《国语》；孙子膑脚,《兵法》修列。……《诗》三百篇，大抵贤圣发愤之所为作也。此人皆意有所郁结，不得通其道，故述往事，思来者。及如左丘明无目，孙子断足，终不可用，退论书策，以舒其愤，思垂空文以自见。仆窃不逊，近自托于无能之辞，网罗天下放失旧闻，考之行事，稽其成败兴衰之理，凡百三十篇。亦欲以究天人之际，通古今之变，成一家之言。草创未就，适会此祸，惜其不成，是以就极刑而无愠色。仆诚已著此书，藏之名山，传之其人，通邑大都，则仆偿前辱之责，虽万被戮，岂有悔哉？然此可为智者道，难为俗人言也！……”

迁死后，书乃渐出；宣帝时，其外孙杨恽祖述其书，遂宣布焉。班彪颇不满，以为“采经摭传，分散数家之事，甚多疏略，或有抵梧。亦其涉略者广博，贯穿经传，驰骋古今上下数千载间，斯以勤矣。又其是非颇缪于圣人：论大道则先黄老而后六经，序游侠则退处士而进奸雄，述货殖则崇埶利而羞贫贱，此其所蔽也。”汉兴，陆贾作《楚汉春秋》，是非虽多本于儒者，而太史职守，原出道家，其父谈亦崇尚黄老，则《史记》虽缪于儒术，固亦能远绍其旧业者矣。况发愤著书，意旨自激，其与任安书有云：“仆之先人，非有剖符丹书之功，文史星历，近乎卜祝之间，固主上所戏弄，倡优畜之，流俗之所轻也。假令仆伏法受诛，若九牛亡一毛，与蝼蚁何异。”恨为弄臣，寄心楮墨，感身世之戮辱，传畸人于千秋，虽背《春秋》之义，固不失为史家之绝唱，无韵之《离骚》矣。惟不拘于史法，不囿于字句，发于情，肆于心而为文，故能如茅坤所言：“读游侠传即欲轻生，读屈原，贾谊传即欲流涕，读庄周，鲁仲连传即欲遗世，读李广传即欲立斗，读石建传即欲俯躬，读信陵，平原君传即欲养士”也。

然《汉书》已言《史记》有缺，于是续者纷起，如褚先生，冯商，刘歆等。《汉书》亦有出自刘歆者，故崔适以为《史记》之文有与全书乖，与《汉书》合者，亦歆所续也；至若年代悬隔，章句割裂，则当是后世妄人所增与钞胥所脱云。

迁雄于文，而亦爱赋，颇喜纳之列传中。于《贾谊传》录其《吊屈原赋》及《服赋》，而《汉书》则全载《治安策》，赋无一也。《司马相如传》上下篇，收赋尤多，为《子虚》（合《上林》），《哀二世》，《大人》等。自亦造赋，《汉志》云八篇，今仅传《士不遇赋》一篇，明胡应麟以为伪作。

至宣帝时，仍修武帝故事，讲论六艺群书，博尽奇异之好；征能为楚辞者，于是刘向，张子侨，华龙，柳褒等皆被召，待诏金马门。又得蜀人王褒字子渊，诏之作《圣主得贤臣颂》，与张子侨等并待诏。褒能为赋颂，亦作俳文；后方士言益州有金马碧鸡之宝，宣帝诏褒往祀，于道病死。

上古至五代之戏剧

王国维

歌舞之兴，其始于古之巫乎？巫之兴也，盖在上古之世。《楚语》：“古者民神不杂，民之精爽不携贰者，而又能齐肃衷正。（中略）如此，则明神降之。在男曰觋，在女曰巫。（中略）及少皞之衰，九黎乱德，民神杂糅，不可方物。夫人作享，家为巫史。”然则巫觋之兴，在少皞之前，盖此事与文化俱古矣。巫之事神，必用歌舞。《说文解字》（五）：“巫，祝也。女能事无形以舞降神者也。象人两褎舞形，与工同意。”故《商书》言：“恒舞于宫，酣歌于室，时谓巫风。”《汉书·地理志》言：“陈太姬妇人尊贵，好祭祀，用史巫，故其俗巫鬼。”《陈诗》曰：“坎其击鼓，宛邱之下，无冬无夏，治其鹭羽。”又曰：“东门之枌，宛邱之栩，子仲之子，婆娑其下。”此其风也。郑氏《诗谱》亦云。是古代之巫，实以歌舞为职，以乐神人者也。商人好鬼，故伊尹独有巫风之戒。及周公制礼，礼秩百神，而定其祀典。官有常职，礼有常数，乐有常节，古之巫风稍杀。然其余习，犹有存者：方相氏之驱疫也，大蜡之索万物也，皆是物也。故子贡观于蜡，而曰一国之人皆若狂，孔子告以张而不弛，文武不能。后人以八蜡为三代之戏礼（《东坡志林》），非过言也。

周礼既废，巫风大兴；楚越之间，其风尤盛。王逸《楚辞章句》谓：“楚国南部之邑，沅湘之间，其俗信鬼而好祠，其祠必作歌乐鼓舞，以乐诸神。屈原见俗人祭祀之礼，歌舞之乐，其词鄙俚，因为作《九歌》之曲。”古之所谓巫，楚人谓之曰灵。《东皇太一》曰：“灵偃蹇兮姣服，芳菲菲兮满堂。”《云中君》曰：“灵连蜷兮既留，烂昭昭兮未央。”

此二者，王逸皆训为巫，而他灵字则训为神。案《说文》(一)："灵，巫也。"古虽言巫而不言灵，观于屈巫之字子灵，则楚人谓巫为灵，不自战国始矣。

古之祭也必有尸。宗庙之尸，以子弟为之。至天地百神之祀，用尸与否，虽不可考，然《晋语》载"晋祀夏郊，以董伯为尸"，则非宗庙之祀，固亦用之。《楚辞》之灵，殆以巫而兼尸之用者也。其词谓巫曰灵，谓神亦曰灵，盖群巫之中，必有象神之衣服形貌动作者，而视为神之所冯依：故谓之曰灵，或谓之灵保。《东君》曰："思灵保兮贤姱。"王逸《章句》，训灵为神，训保为安。余疑《楚辞》之灵保，与《诗》之神保，皆尸之异名。《诗·楚茨》云："神保是飨。"又云："神保是格。"又云："鼓钟送尸，神保聿归。"《毛传》云："保，安也。"《郑笺》亦云："神安而飨其祭祀。"又云："神安归者，归于天也。"然如毛、郑之说，则谓神安是飨，神安是格，神安聿归者，于辞为不文。《楚茨》一诗，郑孔二君皆以为述绎祭宾尸之事，其礼亦与古礼《有司彻》一篇相合，则所谓神保，殆谓尸也。其曰"鼓钟送尸，神保聿归"，盖参互言之，以避复耳。知《诗》之神保为尸，则《楚辞》之灵保可知矣。至于浴兰沐芳，华衣若英，衣服之丽也；缓节安歌，竽瑟浩倡，歌舞之盛也；乘风载云之词，生别新知之语，荒淫之意也。是则灵之为职，或偃蹇以象神，或婆娑以乐神，盖后世戏剧之萌芽，已有存焉者矣。

巫觋之兴，虽在上皇之世，然俳优则远在其后。《列女传》云："夏桀既弃礼义，求倡优侏儒狎徒，为奇伟之戏。"此汉人所纪，或不足信。其可信者，则晋之优施，楚之优孟，皆在春秋之世。案《说文》(八)："优，饶也；一曰倡也，又曰倡乐也。"古代之优，本以乐为职，故优施假歌舞以说里克。《史记》称优孟，亦云楚之乐人。又优之为言戏也，《左传》："宋华弱与乐辔少相狎，长相优。"杜注："优，调戏也。"故优人之言，无不以调戏为主。优施鸟乌之歌，优孟爱马之对，皆以微词托意，甚有谑而为虐者。《谷梁传》："颊谷之会，齐人使优施舞于鲁君之幕下。”孔子曰：“笑君者罪当死，使司马行法焉。”厥后秦之优旃，汉之幸倡郭舍人，其言无不以调戏为事。要之，巫与优之别：巫以乐神，而优以乐人；巫以歌舞为主，而优以调谑为主；巫以女为之，而优以男为之。至若优孟之为孙叔敖衣冠，而楚王欲以为相；优施一舞，而孔子谓其笑君；则于言语之外，其调戏亦以动作行之，与后世之优，颇复相类。后世戏剧，当自巫、优二者出；而此二者，固未可以后世戏剧视之也。

附考：古之优人，其始皆以侏儒为之，《乐记》称优侏儒。颊谷之会，孔子所诛者，《谷梁传》谓之优，而《孔子家语》、何休《公羊解诂》，均谓之侏儒。《史记·李斯列传》：“侏儒倡优之好，不列于前。”《滑稽列传》亦云：“优旃者，秦倡侏儒也。”故其自言曰：“我虽短也，幸休居。”此实以侏儒为优之一确证也。《晋语》“侏儒扶卢”，韦昭注：“扶，缘也；卢，矛戟之柲，缘之以为戏。”此即汉寻橦之戏所由起。而优人于歌舞调戏外，且兼以竞技为事矣。

汉之俳优，亦用以乐人，而非以乐神。《盐铁论·散不足》篇虽云：“富者祈名岳，望山川，椎牛击鼓，戏倡舞像”；然《汉书·礼乐志》载郊祭乐人员，初无优人，惟朝贺置酒陈前殿房中，有常从倡三十人，常从象人（孟康曰：象人，若今戏鱼虾狮子者也。韦昭曰：著假面者也。）四人，诏随常从倡十六人，秦倡员二十九人，秦倡象人员三人，诏随秦倡一人，此外尚有黄门倡。此种倡人，以郭舍人例之，亦当以歌舞调谑为事。以倡而兼象人，则又兼以竞技为事，盖自汉初已有之，《贾子新书·匈奴篇》所陈者是也。至武帝元封三年，而角抵戏始兴。《史记·大宛传》：“安息以黎轩善眩人献于汉。是时上方巡狩海上，乃悉从外国客，大觳抵，出奇戏诸怪物，及加其眩者之工；而觳抵奇戏岁增变甚盛，益兴，自此始。”按角抵者，应劭曰：“角者，角技也，抵者，相抵触也。”文颖曰：“名此乐为角抵者，两两相当，角力角技艺射御，故名角抵，盖杂技乐也。”是角抵以角技为义，故所包颇广，后世所谓百

戏者是也。角抵之地，汉时在平乐观。观张衡《西京赋》所赋平乐事，殆兼诸技而有之。“乌获扛鼎，都卢寻橦，冲狭燕濯，胸突铦锋，跳丸剑之挥霍，走索上而相逢”，则角力角技之本事也。“巨兽之为曼延，舍利之化仙车，吞刀吐火，云雾杳冥”，所谓加眩者之工而增变者也。“总会仙倡，戏豹舞罴，白虎鼓瑟，苍龙吹篪”，则假面之戏也。“女娲坐而长歌，声清畅而委蛇，洪厓立而指挥，被毛羽之襳襹，度曲未终，云起雪飞”，则歌舞之人，又作古人之形象矣。“东海黄公，赤刀粤祝，冀厌白虎，卒不能救”，则且敷衍故事矣。至李尤《平乐观赋》（《艺文类聚》六十三）亦云：“有仙驾雀，其形蚴虬，骑驴驰射，孤兔惊走，侏儒巨人，戏谑为偶”，则明明有俳优在其间矣。及元帝初元五年，始罢角抵，然其支流之流传于后世者尚多，故张衡、李尤在后汉时，犹得取而赋之也。

至魏明帝时，复修汉平乐故事。《魏略》（《魏志·明帝纪》裴注所引）：“帝引谷水过九龙殿前，水转百戏。岁首，建巨兽，鱼龙曼延，弄马倒骑，备如汉西京之制。”故魏时优人，乃复著闻。《魏志·齐王纪》注引《世语》及《魏氏春秋》云：“司马文王镇许昌，征还击姜维，至京师，帝于平乐观，以临军过中领军许允，与左右小臣谋，因文王辞，杀之，勒其众以退大将军，已书诏于前。文王入，帝方食栗，优人雲午等唱曰：‘青头鸡，青头鸡。’青头鸡者，鸭也（谓押诏书），帝惧，不敢发。”又《魏书》（裴注引）载：司马师等《废帝奏》亦云：“使小优郭怀、袁信，于广望观下作辽东妖妇，嬉亵过度，道路行人掩目。”太后废帝令亦云：“日延倡优，恣其丑谑。”则此时倡优，亦以歌舞戏谑为事；其作辽东妖妇，或演故事，盖犹汉世角抵之余风也。

晋时优戏，殊无可考。惟《赵书》（《太平御览》卷五百六十九引）云：“石勒参军周延为馆陶令，断官绢数万匹，下狱，以八议宥之。后每大会，使俳优著介帻，黄绢单衣。优问：‘汝何官，在我辈中？’曰：‘我本为馆陶令。’斗数单衣，曰：‘正坐取是，入汝辈中。’以为笑。”

唐段安节《乐府杂录》，亦载此事云："参军始自后汉馆陶令石耽。"然后汉之世，尚无参军之官，则《赵书》之说殆是。此事虽非演故事而演时事，又专以调谑为主，然唐宋以后，脚色中有名之参军，实出于此。自此以后以迄南朝，亦有俗乐。梁时设乐，有曲、有舞、有技；然六朝之季，恩幸虽盛，而徘优罕闻，盖视魏晋之优，殆未有以大异也。

由是观之，则古之俳优，但以歌舞及戏谑为事。自汉以后，则间演故事；而合歌舞以演一事者，实始于北齐。顾其事至简，与其谓之戏，不若谓之舞之为当也。然后世戏剧之源，实自此始。《旧唐书·音乐志》云："代面出于北齐。北齐兰陵王长恭，才武而面美，常著假面以对敌。尝击周师金墉城下，勇冠三军，齐人壮之，为此舞以效其指挥击刺之容，谓之《兰陵王入阵曲》。"《乐府杂录》与崔令钦《教坊记》所载略同。又《教坊记》云："《踏摇娘》：北齐有人姓苏，鲍鼻，实不仕，而自号为郎中。嗜饮酗酒，每醉，辄殴其妻。妻衔悲诉于邻里。时人弄之：丈夫著妇人衣，徐步入场，行歌。每一叠，旁人齐声和之云：'踏摇和来，踏摇娘苦，和来。'以其且步且歌，故谓之踏摇；以其称冤，故言苦。及其夫至，则作殴斗之状，以为笑乐。"此事《旧唐书·音乐志》及《乐府杂录》亦纪之。但一以苏为隋末河内人，一以为后周士人。齐周隋相距，历年无几，而《教坊记》所纪独详，以为齐人，或当不谬。此二者皆有歌有舞，以演一事；而前此虽有歌舞，未用之以演故事，虽演故事，未尝合以歌舞：不可谓非优戏之创例也。盖魏齐周三朝，皆以外族入主中国，其与西域诸国，交通频繁，龟兹、天竺、康国、安国等乐，皆于此时入中国；而龟兹乐则自隋唐以来，相承用之，以迄于今。此时外国戏剧，当与之俱入中国，如《旧唐书·音乐志》所载《拨头》一戏，其最著之例也。案《兰陵王》、《踏摇娘》二舞，《旧志》列之歌舞戏中，其间尚有《拨头》一戏。《志》云："《拨头》者，出西域，胡人为猛兽所噬，其子求兽杀之，为此舞以象之也。"《乐府杂录》谓之“钵头”，此语之为外国语之译音，固不待言；且于国名、地名、人名三者中，必居其一焉。其入中国，不审在何时。按《北史·西域传》有拔豆国，去代五万一千里，（按五万一千里，必有误字，《北史·西域传》诸国，虽大秦之远，亦仅去代三万九千四百里，拔豆上之南天竺国去代三万一千五百里，叠伏罗国去代三万一千里，此五万一千里，疑亦三万一千里之误也。）隋唐二《志》，即无此国，盖于后魏之初，一通中国，后或亡或隔绝，已不可知。如使“拨头”与“拔豆”为同音异译，而此戏出于拔豆国，或由龟兹等国而入中国，则其时自不应在隋唐以后，或北齐时已有此戏；而《兰陵王》、《踏摇娘》等戏，皆模仿而为之者欤。

此种歌舞戏，当时尚未盛行，实不过为百戏之一种。盖汉魏以来之角抵奇戏，尚行于南北朝，而北朝尤盛。《魏书·乐志》言：太宗增修百戏，撰合大曲。《隋书·音乐志》亦云：“齐武平中，有鱼龙烂漫，俳优侏儒，（中略）奇怪异端，百有余物，名为百戏。周明帝武成间，朔旦会群臣，亦用百戏。及宣帝时，征齐散乐人并会京师为之。至隋炀帝大业二年，突厥染干来朝，炀帝欲夸之，总追四方散乐，大集东都。自是每岁正月，万国来朝，留至十五日，于端门外建国门内，绵亘八里，列为戏场。百官起棚夹路，从昏至旦，以纵观，至晦而罢。伎人皆衣锦绣缯彩，其歌舞者多为妇人服，鸣环珮，饰以花眊者，殆三万人。”故柳彧上书谓：“鸣鼓聒天，燎炬照地，人戴兽面，男为女服，倡优杂技，诡状异形。”（《隋书·柳彧传》）薛道衡《和许给事善心戏场转韵诗》（《初学记》卷十五），所咏亦略同。虽侈靡跨于汉代，然视张衡之赋西京，李尤之赋平乐观，其言固未有大异也。

至唐而所谓歌舞戏者，始多概见。有本于前代者，有出新撰者，今备举之。

一、《代面》《大面》

《旧唐书·音乐志》一则（见前）

《乐府杂录》鼓架部条："有代面：始自北齐神武弟，有胆勇，善战斗，以其颜貌无威，每入阵即著面具，后乃百战百胜。戏者衣紫、腰金、执鞭也。"

《教坊记》："大面出北齐兰陵王长恭，性胆勇，而貌妇人，自嫌不足以威敌，乃刻为假面，临阵著之，因为此戏，亦入歌曲。"

二、《拨头》《钵头》

《旧唐书·音乐志》一则（见前）《乐府杂录》鼓架部条："钵头：昔有人父为虎所伤，遂上山寻其父尸。山有八折，故曲八叠。戏者被发素衣，面作啼，盖遭丧之状也。"

三、《踏摇娘》《苏中郎》《苏郎中》

《旧书·音乐志》："踏摇娘生于隋末河内。河内有人，貌恶而嗜酒，常自号郎中；醉归，必殴其妻。其妻美色善歌，为怨苦之辞。河朔演其声而被之弦管，因写其夫之容；妻悲诉，每摇顿其身，故号"踏摇娘"。近代优人改其制度，非旧旨也。"

《乐府杂录》鼓架部条："苏中郎：后周士人苏葩，嗜酒落魄，自号中郎；每有歌场，辄入独舞。今为戏者，著绯、戴帽，面正赤，盖状其醉也。即有踏摇娘。"《教坊记》一则（见前）

四、参军戏

《乐府杂录》俳优条："开元中，黄幡绰、张野狐弄参军。始自汉馆陶令石耽。耽有赃犯，和帝惜其才，免罪；每宴乐，即令衣白夹衫，命俳优弄辱之，经年乃放。后为参军，误也。开元中，有李仙鹤善此戏，明皇特授韶州同正参军，以食其禄；是以陆鸿渐撰词，言韶州参军，盖由此也。"

赵璘《因话录》（卷一）："肃宗宴于宫中，女优有弄假官戏，其绿衣秉简者，谓之参军桩。"

范摅《云溪友议》（卷九）：元稹廉问浙东，"有俳优周季南季崇，及妻刘采春，自淮甸而来，善弄《陆参军》，歌声彻云。"

（附）《五代史·吴世家》："徐氏之专政也，杨隆演幼懦，不能自持；而知训尤凌侮之。尝饮酒楼上，命优人高贵卿侍酒，知训为参军，隆演鹑衣髽髻为苍鹘。"

（附）姚宽《西溪丛语》（下）引《吴史》："徐知训怙威骄淫，调谑王，无敬长之心。尝登楼狎戏，荷衣木简，自称参军，令王髽髻鹑衣，为苍头以从。"

五、《樊哙排君难》戏《樊哙排闼》剧

《唐会要》（卷三十三）："光化四年正月，宴于保宁殿，上制曲，名曰《赞成功》。时盐州雄毅军使孙德昭等，杀刘季述反正，帝乃制曲以褒之，仍作《樊哙排君难》戏以乐焉。"

宋敏求《长安志》（卷六）："昭宗宴李继昭等将于保宁殿，亲制《赞成功》曲以褒之，仍命伶官作《樊哙排君难》戏以乐之。"

陈旸《乐书》（卷一百八十六）："昭宗光化中，孙德昭之徒刃刘季述，始作《樊哙排闼》剧。"

此五剧中，其出于后赵者一（参军），出于北齐或周隋者二（《大面》、《踏摇娘》），出于西域者一（《拨头》），惟《樊哙排君难》戏乃唐代所自制，且其布置甚简，而动作有节，固与《破阵乐》、《庆善乐》诸舞，相去不远；其所异者，在演故事一事耳。顾唐代歌舞戏之发达，虽止于此，而滑稽戏则殊进步。此种戏剧，优人恒随时地而自由为之；虽不必有故事，而恒托为故事之形；惟不容合以歌舞，故与前者稍异耳。其见于载籍者，兹复汇举之，其可资比较之助者，颇不少也。

《资治通鉴》（卷二百十二）："侍中宋璟，疾负罪而妄诉不已者，悉付御史台治之，谓中丞李谨度曰：'服不更诉者，出之，尚诉未已者，且系。'由是人多怨者。会天旱，优人作魃状，戏于上前。问：'魃何为出？'对曰：'奉相公处分。'又问：'何故？'对曰：'负罪者三百余人，相公悉以系狱抑之，故魃不得不出。'上心以为然。"

《旧唐书·文宗纪》："太和六年二月己丑寒食节，上宴群臣于麟德殿。

是日，杂戏人弄孔子。帝曰：‘孔子古今之师，安得侮黩。’亟命驱出。”

高彦休《唐阙史》（卷下）：“咸通中，优人李可及者，滑稽谐戏，独出辈流。虽不能托讽匡正，然智巧敏捷，亦不可多得。尝因延庆节缁黄讲论毕，次及倡优为戏，可及乃儒服险巾，褒衣博带，摄齐以升讲座，自称‘三教论衡’。其隅坐者问曰：‘既言博通三教，释迦如来是何人？’对曰：‘是妇人。’问者惊曰：‘何也？’对曰：‘《金刚经》云：敷座而坐。或非妇人，何烦夫坐然后儿坐也。’上为之启齿。又问曰：‘太上老君何人也？’对曰：‘亦妇人也。’问者益所不喻。乃曰：‘《道德经》云：吾有大患，是吾有身，及吾无身，吾复何患。倘非妇人，何患乎有娠乎？’上大悦。又问：‘文宣王何人也？’对曰：‘妇人也。’问者曰：‘何以知之？’对曰：‘《论语》云：沽之哉！沽之哉！吾待贾者也。向非妇人，待嫁奚为？’上意极欢，宠锡甚厚。翌日，授环卫之员外职。”

唐无名氏《玉泉子真录》（《说郛》卷四十六）：“崔公铉之在淮南，尝俾乐工集其家僮，教以诸戏。一日，其乐工告以成就，且请试焉。铉命阅于堂下，与妻李坐观之。僮以李氏妒忌，即以数僮衣妇人衣，曰妻曰妾，列于旁侧。一僮则执简束带，旋辟唯诺其间。张乐，命酒，不能无属意者，李氏未之悟也。久之，戏愈甚，悉类李氏平昔所尝为。李氏虽少悟，以其戏偶合，私谓不敢而然，且观之。僮志在发悟，愈益戏之。李果怒，骂之曰：‘奴敢无礼，吾何尝如此。’僮指之，且出，曰：‘咄咄！赤眼而作白眼，讳乎？’铉大笑，几至绝倒。”

孙光宪《北梦琐言》（卷六）：“光化中，朱朴自《毛诗》博士登庸，恃其口辩，可以立致太平。由藩邸引导，闻于昭宗，遂有此拜。对扬之日，面陈时事数条，每言‘臣为陛下致之’。洎操大柄，无以施展，自是恩泽日衰，中外腾沸。内宴日，俳优穆刀陵作念经行者，至御前曰：‘若是朱相，即是非相。’翌日出官。”

附　五代

《北梦琐言》(卷十四):"刘仁恭之军，为汴帅败于内黄。尔后汴帅攻燕，亦败于唐河。他日命使聘汴，汴帅开宴，徘优戏医病人以讥之。且问：病状内黄，以何药可瘥？其聘使谓汴帅曰：'内黄，可以唐河水浸之，必愈。'宾主大笑。"

钱易《南部新书》(卷癸):"王延彬独据建州，称伪号。一旦大设，伶官作戏，辞云：'只闻有泗州和尚，不见有五县天子。'"

郑文宝《江南余载》(卷上):"徐知训在宣州，聚敛苛暴，百姓苦之。入觐侍宴，伶人戏，作绿衣大面若鬼神者。旁一人问：'谁？'对曰：'我宣州土地神也，吾主人入觐，和地皮掘来，故得至此。'"

又(卷上):"张崇帅庐州，人苦其不法。因其入觐，相谓曰：'渠伊必不来矣。'崇闻之，计口征渠伊钱。明年又入觐，人不敢交语，唯道路相目，捋须为庆而已。崇归，又征捋须钱。其在建康，伶人戏为死而获谴者曰：'焦湖百里，一任作獭。'"

观上文之所汇集，知此种滑稽戏，始于开元，而盛于晚唐。以此与歌舞戏相比较，则一以歌舞为主，一以言语为主；一则演故事，一则讽时事；一为应节之舞蹈，一为随意之动作；一可永久演之，一则除一时一地外，不容施于他处：此其相异者也。而此二者之关纽，实在参军一戏。参军之戏，本演石耽或周延故事。又《云溪友议》谓"周季南等弄《陆参军》，歌声彻云"，则似为歌舞剧。然至唐中叶以后，所谓参军者，不必演石耽或周延；凡一切假官，皆谓之参军。《因话录》所谓"女优有假官戏，其绿衣秉简者谓之参军桩"是也。由是参军一色，遂为脚色之主。其与之相对者，谓之苍鹘。李义山《骄儿诗》:"忽复学参军，按声唤苍鹘。"《五代史·吴世家》所纪，足以证之。上所载滑稽剧中，无在不可见此二色之对立。如李可及之儒服险巾，褒衣博带；崔铉家童之执简束带，旋辟唯诺；南唐伶人之绿衣大面，作宣州土地神：皆所谓参军者为之，而与之对待者，则为苍鹘。此说观下章所载宋代戏剧，自可

了然，此非想象之说也。要之：唐、五代戏剧，或以歌舞为主，而失其自由；或演一事，而不能被以歌舞。其视南宋、金、元之戏剧，尚未可同日而语也。

诗言志

朱自清

第一节

献诗陈志

《今文尚书·尧典》记舜的话，命夔典乐，教胄子，又道：

诗言志，歌永言，声依永，律和声；八音克谐，无相夺伦，神人以和。

郑玄注云：

诗所以言人之志意也。永，长也，歌又所以长言诗之意。声之曲折，又长言而为之。声中律乃为和。

这里有两件事：一是诗言志，二是诗乐不分家。《左传》襄公二十七年也有“诗以言志”的话。那是说“赋诗”的，而赋诗是合乐的，也是诗乐不分家。据顾颉刚先生等考证，《尧典》最早也是战国时才有的书。那么，“诗言志”这句话也许从“诗以言志”那句话来，但也许彼此是独立的。

《说文》三上《言部》云：

诗，志也。[志发于言]。从“言”，“寺”声。

古文作“訨”，从“言”，“㞢”声。杨遇夫先生（树达）在《释诗》一文里说：“‘志’字从‘心’，‘㞢’声，‘寺’字亦从‘㞢’声。‘㞢’‘志’‘寺’古音盖无二……其以‘㞢’为‘志’，或以‘寺’为‘志’，音近假借耳。”又据《左传》昭公十六年韩宣子“赋不出郑志”的话，说“郑志”即“郑诗”：因而以为“古‘诗’‘志’二文同用，故许（慎）径以‘志’释‘诗’”。闻一多先生在《歌与诗》里更进一步说道：

志字从"㞢"，卜辞"㞢"作"㞢"，从"止"下"一"，像人足停止在地上，所以"㞢"本训停止……"志"从"㞢"从"心"，本义是停止在心上。停在心上亦可说是藏在心里。

他说"志有三个意义：一、记忆；二、记录；三、怀抱"。从这里出发，他证明了"志与诗原来是一个字"。但是到了"诗言志"和"诗以言志"这两句话，"志"已经指"怀抱"了。《左传》昭公二十五年云：

子太叔见赵简子……简子曰："敢问何谓礼？"对曰："吉也闻诸先大夫子产曰：'……民有好、恶、喜、怒、哀、乐，生于六气。是故审则宜类，以制六志。哀有哭泣，乐有歌舞，喜有施舍，怒有战斗。喜生于好，怒生于恶。是故审行信令，祸福赏罚，以制死生。生，好物也；死，恶物也。好物，乐也；恶物，哀也。哀乐不失，乃能协于天地之性，是以长久。'"

孔颖达《正义》说："此六志《礼记》谓之'六情'。在己为情，情动为志，情、志一也。"汉人又以"意"为"志"，又说志是"心所念虑"，"心意所趣向"，又说是"诗人志所欲之事"。情和意都指怀抱而言；但看子产的话跟子太叔的口气，这种志，这种怀抱是与"礼"分不开的，也就是与政治、教化分不开的。

"言志"这词组两见于《论语》中。《公冶长》篇云：

颜渊、季路侍。子曰："盍各言尔志？"子路曰："愿车马衣裘与朋友共，敝之而无憾。"颜渊曰："愿无伐善，无施劳。"子路曰："愿闻子之志！"子曰："老者安之，朋友信之，少者怀之。"

《先进》篇记子路、曾皙、冉有、公西华"各言其志"，语更详。两处所记"言志"，非关修身，即关治国，可正是发抒怀抱。还有，《礼记·檀弓》篇记晋世子申生被骊姬谗害，他兄弟重耳向他道："子盖（盍）言子之志于公乎？"郑玄注："重耳欲使言见谮之意。"这也是教他陈诉怀抱。这里申生陈诉怀抱，一面关系自己的穷通，一面关系国家的治乱。可是他不愿意陈诉，他自己是死了，晋国也跟着乱起来。这种志，这种怀抱，其实是与政教分不开的。

《诗经》里说到作诗的有十二处：

一　维是褊心，是以为刺。（《魏风·葛屦》）

二　夫也不良，歌以讯之。（《陈风·墓门》）

三　是用作歌，“将母”来谂。（《小雅·四牡》）

四　家父作诵，以究王讻。（《小雅·节南山》）

五　作此好歌，以极反侧。（《小雅·何人斯》）

六　寺人孟子，作为此诗。凡百君子，敬而听之。（《小雅·巷伯》）

七　君子作歌，维以告哀。（《小雅·四月》）

八　矢诗不多，维以遂歌。（《大雅·卷阿》）

九　王欲玉女，是用大谏。（《大雅·民劳》）

十　虽曰“匪予”，既作尔歌。（《大雅·桑柔》）

十一　吉甫作诵，其诗孔硕，其风肆好，以赠申伯。（《大雅·崧高》）

十二　吉甫作诵，穆如清风。（《大雅·烝民》）

这里明用“作”字的八处，其余也都含有“作”字意。（一）最显，不必再说。（二）《传》云：“讯，告也。”《笺》云：“歌谓作此诗也。既作，可使工歌之，是谓之告。”《经典释文》引《韩诗》：“讯，誶也。”《说文·言部》：“誶，数谏也。”段玉裁云：“谓数其失而谏之。凡讥‘刺’字当用此。”（八）《传》云：“不多，多也。明王使公卿献诗以陈其志，遂为工师之歌焉。”（九）《笺》云：“玉者，君子比德焉。王乎，我欲令女（汝）如玉然。故作是诗，用大谏正女（汝）。”

这些诗的作意不外乎讽与颂，诗文里说得明白。像“以为刺”“以讯之”“以究王讻”“以极反侧”“用大谏”，显言讽谏，一望而知。《四牡》篇的“‘将母’来谂”，《笺》云：“谂，告也……作此诗之歌，以养父母之志来告于君也。”与《巷伯》的“凡百君子，敬而听之”，《四月》的“维以告哀”，都是自述苦情，欲因歌唱以告于在上位的人，也该算在讽一类里。《桑柔》的“虽曰‘匪予’，既作尔歌”，《笺》云：“女（汝）虽牴距，已言‘此政非我所为’，我已作女（汝）所行之歌，女（汝）当受之而无悔。”那么，也是讽了。为颂美而作的，只有《卷阿》篇的陈诗以“遂歌”，和尹吉甫的两“诵”。《卷阿传》说“王使公卿献诗以陈其志”，“陈志”就是“言志”。因为是“献诗”或赠诗（如《崧高》《烝民》），所以“言志”不出乎讽与颂，而讽比颂多。

《国语·周语》上记厉王“得卫巫，使监谤者。以告，则杀之。”邵公谏道：

为川者决之使导，为民者宣之使言。故天子听政，使公卿至于列士献诗，瞽献曲，史献书，师箴，瞍赋，矇诵，百工谏，庶人传语，近臣尽规，亲戚补察，瞽史教诲，耆艾修之，而后王斟酌焉，是以事行而不悖。

《晋语》六赵文子冠，见范文子，范文子说：

夫贤者宠至而益戒，不足者为宠骄。故兴王赏谏臣，逸王罚之。吾闻古之言王者，政德既成，又听于民。于是乎使工诵谏于朝，在列者献诗，使勿兜（惑也）；风（采也）听胪（传也）言于市，辨祆祥于谣，考百事于朝，问谤誉于路。有邪而正之，尽戒之术也；先王疾是骄也。

《左传》襄公十四年记师旷对晋平公的话，大略相同；但只作“瞽为诗”，没有明说“献诗”。

从这几段记载看，可见“公卿列士的讽谏是特地做了献上去的，庶人的批评是给官吏打听到了告诵上去的”。献诗只是公卿列士的事，轮不到庶人。而说到献诗，连带着说到瞽、矇、瞍、工，都是乐工，又可见诗是合乐的。

古代有所谓“乐语”。《周礼·大司乐》：

以乐语教国子：兴、道、讽、诵、言、语。

这六种“乐语”的分别，现在还不能详知，似乎都以歌辞为主。“兴”“道”（导）似乎是合奏，“讽”“诵”似乎是独奏；“言”“语”是将歌辞应用在日常生活里。这些都用歌辞来表示情意，所以称为“乐语”。

《周礼》如近代学者所论，大概是战国时作，但其中记述的制度多少该有所本，决不至于全是想象之谈。“乐语”的存在，从别处也可推见。《国语·周语》下云：

晋羊舌肸聘于周……（单）靖公享之……语说“昊天有成命”(《周颂》)。单之老送叔向（肸的字），叔向告之曰：“……其语说‘昊天有成命’，‘颂’之盛德也。其诗曰……是道成王之德（道文、武能成其王德）也……单子俭、敬、让、咨，以应成德，单若不兴，子孙必蕃，后世不忘……”

韦昭解道：“‘语’，宴语所及也。‘说’，乐也。”似乎“昊天有成命”是这回享礼中奏的乐歌，而单靖公言语之间很赏识这首歌辞。叔向的话先详说这篇歌辞——诗，然后论单靖公的为人，并预言他的家世兴盛。这正是“乐语”，正可见“乐语”的重要作用。《论语·阳货》篇简单的记着孔子一段故事：

孺悲欲见孔子，孔子辞以疾。将命者出户，取瑟而歌，使之闻之。

历来都说孔子“取瑟而歌”只是表明并非真病，只是表明不愿见。但小病未必就不能歌，古书中时有例证；也许那歌辞中还暗示着不愿见的意思。若这个解释不错，这也便是“乐语”了。

《荀子·乐论》里说“君子以钟鼓道志”。“道志”就是“言志”，也就是表示情意，自见怀抱。《礼记·仲尼燕居》篇记孔子的话：“是故君子不必亲相与言也，以礼乐相示而已。”这虽未必真是孔子说的，却也可见“乐语”的传统是存在的。《汉书》二十二《礼乐志》论乐，也道“和亲之说难形，则发之于诗歌咏言、钟石管弦”，“乐语”的作用正在暗示上。又，《礼记·乐记》载子夏答魏文侯问乐云：

今夫古乐……君子于是语，于是道古，修身及家，平均天下。此古乐之发也。今夫新乐……乐终不可以语，不可以道古。此新乐之发也。

这里“语”虽在“乐终”，却还不失为一种“乐语”。这里所“语”的是乐意，可以见出乐以言志，歌以言志，诗以言志是传统的一贯。以乐歌相语，该是初民的生活方式之一。那时结恩情，做恋爱用乐歌，这种情形现在还常常看见；那时有所讽颂，有所祈求，总之有所表示，也多用乐歌。人们生活在乐歌中。乐歌就是“乐语”，日常的语言是太平凡了，不够郑重，不够强调的。明白了这种“乐语”，才能明白献诗和赋诗。这时代人们还都能歌，乐歌还是生活里重要节目。献诗和赋诗正从生活的必要和自然的需求而来，说只是周代重文的表现，不免是隔靴搔痒的解释。

献诗的记载不算太多。前引《诗经》里诸例以外，顾颉刚先生还举过两个例:《左传》昭公十二年，子革对楚灵王云：

昔穆王欲肆其心，周行天下，将皆必有车辙马迹焉。祭公谋父作《祈招》之诗以止王心。王是以获没于祗宫……其诗曰:“祈招之愔愔，式昭德音。思我王度，式如玉，式如金。形民之力而无醉饱之心！”

又,《国语·楚语》上记左史倚相的话：

昔卫武公年数九十有五矣，犹箴儆于国曰:“自卿以下，至于师长士，苟在朝者，无谓老耄而舍我！必恭恪于朝，朝夕以交戒我！闻一二之言，必诵志而纳之以训导我！”在舆有旅贲之规，位宁有官师之典，倚几有诵训之谏，居寝有亵御之箴，临事有瞽史之导，宴居有师工之诵，史不失书，矇不失诵，以训御之。于是作《懿戒》以自儆也。

《祈招》是逸诗。《懿戒》韦昭说就是《大雅》的《抑》篇，“懿读之曰抑”。“自儆”可以算是自讽。这两个故事虽然都出于转述，但参看上文所举《诗经》中说到诗的作意诸语，似乎是可信的。这两段是春秋以前的故事。春秋时代还有晏子谏齐景公的例。《晏子春秋·内篇谏下》第五云：

晏子使于鲁。比其返也，景公使国人起大台之役。岁寒不已，冻馁之者乡有焉。国人望晏子。晏子至，已复事，公延坐，饮酒，乐。晏子曰:“君若赐臣，臣请歌之。”歌曰:“庶民之言曰:‘冻水洗我若之何！太上靡散我若之何！’”歌终，喟然叹而流涕。公就止之曰:“夫子曷为至此？殆为大台之役夫？寡人将速罢之。”

《晏子春秋》虽然驳杂，这段故事的下文也许不免渲染一些，但照上面所论“乐语”的情形，这里“歌谏”的部分似乎也可信。总之，献诗陈志不至于是托古的空想。

春秋时代献诗的事，在上面说到的之外似乎还有，从下列四例可见：

一　卫庄公娶于齐东宫得臣之妹，曰庄姜，美而无子，卫人所为赋《硕人》也。(《左传》隐公三年)

二　狄人……灭卫……卫之遗民……立戴公以庐于曹。许穆夫人赋《载驰》。(《左传》闵公二年)

三　郑人恶高克，使帅师次于河上，久而弗召。师溃而归，高克奔陈。郑人为之赋《清人》。(同上)

四　秦伯任好卒，以子车氏之三子奄息、仲行、鍼虎为殉，皆秦之良也。国人哀之，为之赋《黄鸟》。(《左传》文公六年)

(一)《诗序》云：“庄公惑于嬖妾，使骄上僭。庄姜贤而不答，终以无子，国人闵而忧之。”(二)《序》云：“许穆夫人闵卫之亡，伤许之小，力不能救，思归唁其兄，又义不得，故赋是诗也。”(三)《序》云：“(郑)公子素恶高克进之不以礼，文公退之不以道，危国亡师之本，故作是诗也。”(四)《序》云：“国人刺穆公以人从死而作是诗也。”《诗序》虽多穿凿，但这几篇与《左传》所记都相合，似乎不是向壁虚造。《诗经》中“人”字往往指在位的大夫君子，这里的“卫人”“郑人”“国人”都不是庶人;《诗序》以“郑人”为公子素，更可助成此说。“赋”是自歌或“使工歌之”;《硕人》篇要歌给庄公听，《载驰》篇要歌给戴公听，《清人》篇要歌给文公听，《黄鸟》篇也许要歌给康公听。这些也都属于讽一类。

“诗”这个字不见于甲骨文、金文，《易经》中也没有。《今文尚书》中只见了两次，就是《尧典》的“诗言志”，还有《金縢》云：“于后(周)公乃为诗以诒(成)王，名之曰《鸱鸮》。”《尧典》晚出，这个字大概是周代才有的——献诗陈志的事，照上文所引的例子，大概也是周代才有的。“志”字原来就是“诗”字，到这时两个字大概有分开的必要了，所以加上。“言”字偏旁，另成一字；这“言”字偏旁正是《说文》

所谓“志发于言”的意思。《诗经》里也只有三个“诗”字，就在上文引的《巷伯》《卷阿》《崧高》三篇的诗句中。《诗序》以《巷伯》篇为幽王时作，《卷阿》篇成王时作，《崧高》篇宣王时作。按《卷阿》篇说，“诗”字的出现是在周初，似乎和《金縢》篇可以印证。但《诗序》不尽可信，《金縢》篇近来也有些学者疑为东周时所作；这个字的造成也许并没有那么早，所以只说大概周代才有。至于《诗经》中十二次说到作诗，六次用“歌”字，三次用“诵”字，只三次用“诗”字，那或是因为“诗以声为用”的原故；《诗经》所录原来全是乐歌，乐歌重在歌、诵，所以多称“歌”“诵”。不过歌、诵有时也不合乐，那便是徒歌，与讴、谣同类。徒歌大都出于庶民，记载下来的不多。前引《国语》中所谓“庶人传语”，所谓“胪言”，该包含着这类东西。这里面有“谤”也有“誉”，有讽也有颂——郑舆人诵子产，最为著名。也有非讽非颂的“缘情”之作，见于记载的如《左传》成公十七年的声伯《梦歌》。但这类“缘情”之作所以保存下来，并非因为它们本身的价值，而是别有所为。如《左传》录声伯《梦歌》，便为的记梦的预兆。《诗经》里一半是“缘情”之作，乐工保存它们却只为了它们的声调，为了它们可以供歌唱。那时代是还没有“诗缘情”的自觉的。

第二节

赋诗言志

《左传》里说到诗与志的关系的共三处，襄公二十七年最详：

郑伯享赵孟于垂陇，子展、伯有、子西、子产、子大叔、二子石从。赵孟曰："七子从君，以宠武也，请皆赋，以卒君贶。武亦以观七子之志。"

子展赋《草虫》。赵孟曰："善哉！民之主也！抑武也不足以当之。"

伯有赋《鹑之贲贲》。赵孟曰："床笫之言不逾阈，况在野乎！非使人之所得闻也。"

子西赋《黍苗》之四章。赵孟曰："寡君在，武何能焉！"

子产赋《隰桑》。赵孟曰："武请受其卒章。"

子大叔赋《野有蔓草》。赵孟曰："吾子之惠也！"

印段（子石）赋《蟋蟀》。赵孟曰："善哉！保家之主也！吾有望矣。"

公孙段（子石）赋《桑扈》。赵孟曰："'匪交匪敖'，福将焉往！若保是言也，欲辞福禄，得乎！"

卒享，文子告叔向曰："伯有将为戮矣。诗以言志。志诬其上而公怨之，以为宾荣，其能久乎！幸而后亡！"叔向曰："然。已侈。所谓不及五稔者，夫子之谓矣。"

文子曰："其余皆数世之主也。子展其后亡者也，在上不忘降。印氏其次也，乐而不荒，乐以安民，不淫以使之，后亡，不亦可乎！"

这里赋诗的郑国诸臣，除伯有外，都志在称美赵孟，联络晋、郑两国的交谊。赵孟对于这些颂美，“有的是谦而不敢受，有的是回敬几句好话”。只伯有和郑伯有怨，所赋的诗里有云：“人之无良，我以为君！”是在借机会骂郑伯。所以范文子说他“志诬其上而公怨之”。又，在赋诗的人，诗所以“言志”，在听诗的人，诗所以“观志”“知志”。“观志”已见，“知志”见《左传》昭公十六年：

郑六卿饯宣子于郊。宣子曰：“二三君子请皆赋，起亦以知郑志。”

“观志”或“知志”的重要，上引例中已可见，但下一例更显著。《左传》襄公十六年云：

晋侯与诸侯宴于温，使诸大夫舞，曰：“歌诗必类。”齐高厚之诗不类。荀偃怒，且曰：“诸侯有异志矣！”使诸大夫盟高厚。高厚逃归。于是叔孙豹、晋荀偃、宋向戌、卫甯殖、郑公孙虿、小邾之大夫盟曰：“同讨不庭！”

孔颖达《正义》说：“歌古诗，各从其恩好之义类。”高厚所歌之诗独不取恩好之义类，所以说“诸侯有异志”。

这都是从外交方面看，诗以言诸侯之志，一国之志，与献诗陈己志不同。在这种外交酬酢里言一国之志，自然颂多而讽少，与献诗相反。外交的赋诗也有出乎酬酢的讽颂即表示态度之外的。雷海宗先生曾在《古代中国的外交》一文中指出：

赋诗有时也可发生重大的具体作用。例如文公十三年郑伯背晋降楚后，又欲归服于晋，适逢鲁文公由晋回鲁，郑伯在半路与鲁侯相会，请他代为向晋说情，两方的应答全以赋诗为媒介。郑大夫子家赋《小雅·鸿雁》篇，义取侯伯哀恤鳏寡，有远行之劳，暗示郑国孤弱，需要鲁国哀恤，代为远行，往晋国去关说。鲁季文子答赋《小雅·四月》篇，义取行役逾时，思归祭祀；这当然是表示拒绝，不愿为郑国的事再往晋一行。郑子家又赋《载驰》篇之第四章，义取小国有急，相求大国救助。鲁季文子又答赋《小雅·采薇》篇之第四章，取其“岂敢定居，一月三捷”之句，鲁国过意不去，只得答应为郑奔走，不敢安居。

郑人赋诗，求而兼颂；鲁人赋诗，谢而后许。虽也还是“言志”，可是在办交涉，不止于酬酢了。称为“具体的重大作用”，是不错的。但赋诗究竟是酬酢的多。

不过就是酬酢的赋诗，一面言一国之志，一面也还流露着赋诗人之志，他自己的为人。垂陇之会，范文子论伯有、子展、印氏等的先亡后亡，便是从这方面着眼，听言知行而加推断的。《汉书》三十《艺文志》说：“古者诸侯卿大夫交接邻国，以微言相感，常揖让之时，须称诗以谕其志。盖以别贤不肖而观盛衰焉。”这也是“观志”，《荀子》里称为“观人”。春秋以来很注重观人，而“观人以言”（《非相》篇）更多见于记载。“言”自然不限于赋诗，但“诗以言志”，“志以定言”，以赋诗“观人”也是顺理成章的。如此论诗，“言志”便引申了表德一义，不止于献诗陈志那样简单了。再说春秋时的赋诗虽然有时也有献诗之义，如上文所论，但外交的赋诗却都非自作，只是借诗言志。借诗言志并且也不限于外交，《国语·鲁语》下有一段记载：

公父文伯之母欲室文伯，飨其宗老，而为赋《绿衣》之三章。老请守龟卜室之族。师亥闻之曰：“善哉！男女之飨，不及宗臣；宗室之谋，不过宗人。谋而不犯，微而昭矣。诗所以合意，歌所以咏诗也。今诗以合室，歌以咏之，度于法矣！”

《绿衣》之三章云：“我思古人，实获我心”；韦昭解这回赋诗之志是“古之贤人正室家之道，我心所善也”。可见这种赋诗也用在私室的典礼上。韦昭解次“合”字为“成”；以现成的诗合自己的意，而以成礼，是这种赋诗的确释。清劳孝舆《春秋诗话》卷一云：

风诗之变，多春秋间人所作……然作者不名，述者不作，何欤？盖当时只有诗，无诗人。古人所作，今人可援为己诗，彼人之诗，此人可赓为自作，期于“言志”而止。人无定诗，诗无定指，以故可名不名，不作而作也。

论当时作诗和赋诗的情形，都很确切。

这种赋诗的情形关系很大。献诗的诗都有定指，全篇意义明白。赋诗却往往断章取义，随心所欲，即景生情，没有定准。譬如《野有蔓草》，原是男女私情之作，子大叔却堂皇的赋了出来；他只取其中“邂逅相遇，适我愿兮”两句，表示欢迎赵孟的意思。上文“野有蔓草，零露漙兮。有美一人，清扬婉兮。”以及下章，恐怕都是不相干的。断章取义只是借用诗句作自己的话。所取的只是句子的文义，就是字面的意思，而不管全诗用意，就是上下文的意思——有时却也取喻义，如《左传》昭公元年，郑伯享赵孟，鲁穆叔赋《鹊巢》，便是以“鹊巢鸠居”喻“晋君有国，赵孟治之”（杜预注）。但所取喻义以易晓为主；偶然深曲些，便须由赋诗人加以说明。那时代只要诗熟，听人家赋，总知道所要言的志；若取喻义，就不能如此共晓了。听了赋诗而不知赋诗人的志的，大概是诗不熟，唱着听不清楚。所以卫献公教师曹歌《巧言》篇的末章给孙蒯听，讽刺孙文子“无拳无勇，职为乱阶”。师曹存心捣乱，还怕唱着孙蒯不懂，便朗诵了一回——“以声节之曰‘诵’”“诵”是有节奏的——孙蒯告诉孙文子，果然出了乱子。还有，不明了事势也不能知道赋诗人的志。齐庆封聘鲁，与叔孙穆子吃饭，不敬。叔孙赋《相鼠》，讽刺他“人而无仪，不死何为！”他竟不知道。后来因乱奔鲁，叔孙穆子又请他吃饭，他吃品还是不佳，叔孙不客气，索性教乐工朗诵《茅鸱》给他听；这是逸诗，也是刺不敬的。但是庆封还是不知道。他实在太糊涂了！赋诗大都是自己歌唱。有时也教乐工歌唱；《左传》有以赋诗为“肄业”（习歌）的话，有“工歌”“使大师歌”的话，又刚才举的两例中也由乐工诵诗。赋诗和献诗都合乐；到春秋时止，诗乐还没有分家。

第三节

教诗明志

论“诗言志”的不会忘记《诗大序》,《大序》云:

诗者，志之所之也。在心为志，发言为诗。情动于中而形于言；言之不足，故嗟叹之；嗟叹之不足，故永歌之；永歌之不足，不知手之舞之，足之蹈之也。情发于声，声成文谓之音……故正得失，动天地，感鬼神，莫近于诗。先王以是经夫妇，成孝敬，厚人伦，美教化，移风俗。

前半段明明从《尧典》的话脱胎。《大序》托名子夏，而与《毛传》一鼻孔出气，当作于秦、汉之间。文中说“在心为志，发言为诗”，却又说“情动于中而形于言”，又说“吟咏情性，以风其上”。《正义》云:“情谓哀乐之情”，“志”与“情”原可以是同义词；感于哀乐，“以风其上”，就是“言志”。“在心”两句从“诗言志”“志以发言”“志以定言”等语变出，还是“诗言志”之意；但特别看重“言”，将“诗”与“志”分开对立，口气便不同了。此其一。既说“情动于中而形于言”，又说“情发于声”，可见诗与乐分了家。此其二。“正得失”是献诗陈志之义，“动天地，感鬼神”，似乎就是《尧典》的“神人以和”。但说先王以诗“美教化，移风俗”，却与献诗陈志不同；那是由下而上，这是由上而下。也与赋诗言志不同，赋诗是“为宾荣”，见己德——赋诗人都是在上位的人。此其三。献诗和赋诗都着重在听歌的人，这里却多从作诗方面看。此其四。总而言

之，这时代诗只重义而不重声，才有如上的情形。还有，陆贾《新语·慎微》篇也说道：

故隐之则为道，布之则为文（行文？）诗；在心为志，出口为辞。

“出口为辞”更见出重义来。而以诗为“道”之显，即以“布道”为“言志”，虽然也是重义的倾向，却能阐明“诗言志”一语的本旨。

诗与乐分家是有一段历史的。孔子时雅乐就已败坏，诗与乐便在那时分了家。所以他说：“恶郑声之乱雅乐也。”（《论语·阳货》）又说：“兴于《诗》，立于礼，成于乐。”（《泰伯》）诗与礼乐在他虽还联系着，但已呈露鼎足三分的形势了。当时献诗和赋诗都已不行。除宴享祭祀还用诗为仪式歌，像《仪礼》所记外，一般只将诗用在言语上；孔门更将它用在修身和致知——教化——上。言语引诗，春秋时就有，见于《左传》的甚多。用在修身上，也始于春秋时。《国语·楚语》上记庄王使士亹傅太子箴，士亹问于申叔时，叔时道：

……教之诗而为之导广显德，以耀明其志。

韦昭解云：“导，开也。显德谓若成汤、文、武、周公之属，诸诗所美者也。”“耀明其志”指受教人之志，就是读诗人之志；“诗以言志”，读诗自然可以“明志”。又上引范文子论赋诗，从诗语见伯有等为人，就已包含诗可表德的意思，到了孔子，话却说得更广泛了。他说：

小子何莫学夫诗！诗可以兴，可以观，可以群，可以怨，迩之事父，远之事君，多识于鸟兽草木之名。（《阳货》）

“多识于鸟兽草木之名”，是将诗用在致知上；“诗”字原有“记忆”“记录”之义，所以可用在致知上。但这与“言志”无关，可以不论。兴观群怨，事父事君，说得作用如此广大，如此详明，正见诗义之重。但孔子论诗，还是断章取义的，与子贡论“如切如磋，如琢如磨”（《学而》），与子夏论“巧笑倩兮，美目盼兮，素以为绚兮”（《八佾》）可见；不过所取是喻义罢了。又，孔子惟其重诗义，所以才说：

诗三百，一言以蔽之，曰“思无邪”。（《为政》）

后来《礼记·经解》篇的“温柔敦厚，诗教也”，《诗经·含神雾》的“诗者持也”，《汉书》卷二十二《礼乐志》的“省其诗而志正”，卷三十《艺文志》的“诗以正言，义之用也”，似乎都是从孔子的话演变出来的。《诗大序》所说“经夫妇，成孝敬，厚人伦，美教化，移风俗”，也是从兴观群怨、事父事君等语演变出来的。儒家重德化，儒教盛行以后，这种教化作用极为世人所推尊，“温柔敦厚”便成了诗文评的主要标准。孟子时古乐亡而新声作，诗更重义了。他说：

故说诗者不以文害辞，不以辞害志。以意逆志，是为得之。(《万章》上)

又说：

颂（诵）其诗，读其书，不知其人，可乎？是以论其世也。是尚（上）友也。(《万章》下)

“以意逆志”是以己意己志推作诗之志；而所谓“志”都是献诗陈志的“志”，是全篇的意义，不是断章的意义。“不以文害辞，不以辞害志”是反对断章的话。孟子虽然还不免用断章的方法去说诗，但所重却在全篇的说解，却在就诗说诗，看他论《北山》《小弁》《凯风》诸篇可见（《告子》下）。他用的便是“以意逆志”的方法。至于“知人论世”，并不是说诗的方法，而是修身的方法，“颂诗”“读书”与“知人论世”原来三件事平列，都是成人的道理，也就是“尚友”的道理。后世误将“知人论世”与“颂诗读书”牵合，将“以意逆志”看作“以诗合意”，于是乎穿凿附会，以诗证史。《诗序》就是如此写成的。但春秋赋诗只就当前环境而“以诗合意”。《诗序》却将“以诗合意”的结果就当作“知人论世”，以为作诗的“人”“世”果然如此，作诗的“志”果然如此；将理想当作事实，将主观当作客观，自然教人难信。

先秦及汉代多有论“六经”大义的。《庄子·天下》篇云：

其在于《诗》《书》《礼》《乐》者，邹、鲁之士搢绅先生多能明之。《诗》以道志，《书》以道事，《礼》以道行，《乐》以道和，《易》以道阴阳，《春秋》以道名分。

这也许是论“六经”大义之最早者。“道志”就是“言志”——《释文》说，道音导，虽本于《周礼·大司乐》，却未免迂曲。又《荀子·儒效》篇云：

圣人也者，道之管也，天下之道管是矣，百王之道一是矣。故《诗》《书》《礼》《乐》之（道）归是矣。《诗》言是，其志也。《书》言是，其事也。《礼》言是，其行也。《春秋》言是，其微也。

这与《天下》篇差不多；但说《诗》只言圣人之志，便成了《诗序》的渊源了。又董仲舒《春秋繁露·玉杯》篇云：“诗道志，故长于质。礼制节，故长于文。……”近人苏舆《义证》曰：“诗言志，志不可伪，故曰质”，质就是自然。又《汉书·司马迁传》引董仲舒云“诗以达意”，“达意”与“言志”同。又《法言·寡见》篇云：“说志者莫辨乎诗”，“说志”也与“言志”同。这些也都重在诗义上。

诗既重义，献诗原以陈志，有全篇本义可说。赋诗断章，在当时情境中固然有义可说，离开当时情境而就诗论诗，有些本是献诗，也还有义，有些不是献诗，虽然另有其义，却不可说或不值得说，像《野有蔓草》一类男女私情之作便是的。这些既非讽与颂，也无教化作用，便不是“言志”的诗；在赋诗流行的时候，因合乐而存在。诗乐分家，赋诗不行之后，这些诗便失去存在的理由，但事实上还存在着。为了给这些诗找一个存在的理由，于是乎有“陈诗观风”说。《礼记·王制》篇云：

岁二月，（天子）东巡守，至于岱宗……觐诸侯……命大师陈诗以观民风。

郑玄注：“陈诗，谓采其诗而视之。”孔颖达《正义》云：“乃命其方诸侯大师，是掌乐之官，各陈其国风之诗，以观其政令之善恶。”孔说似乎较合原义些。

自然，若要进一步考查那些诗的来历，“采诗”说便用得着了。《汉书·艺文志》云：

《书》曰："诗言志，歌永言。"故哀乐之心感，而歌咏之声发。诵其言谓之诗，咏其声谓之歌。故古有采诗之官，王者所以观风俗，知得失，自考正也。

采诗有官，这个官就是"行人"。《汉书》二十四上《食货志》云：

冬，民既入……男女有不得其所者，因相与歌咏，各言其伤……孟春之月，群居者将散，行人振木铎徇于路以采诗，献之大师；比其音律，以闻于天子。

这样，采诗的制度便很完备了。只看"比其音律"一语，便知是专为乐诗立说；像《左传》里"城者讴""舆人诵"那些徒歌，是不在采录、陈献之列的。这是什么原故呢？原来汉代有采歌谣的制度，《艺文志》云：

自孝武立乐府而采歌谣，于是有代、赵之讴，秦、楚之风，皆感于哀乐，缘事而发，亦可以观风俗，知薄厚云。

徐中舒先生指出采诗说便是受了这件事的暗示而创立的；那么，就无怪乎顾不到《左传》里那些讴、诵等等了。《王制》篇出于汉儒之手，是理想，非信史，"陈诗"说也靠不住。"陈诗""采诗"虽为乐诗立说，但指出"观风"，便已是重义的表现。而要"观风俗，知得失"，就什么也得保存着，男女私情之作等等当然也在内了。这类诗于是乎有了存在的理由。

《诗大序》说"国史明乎得失之迹，伤人伦之废，哀刑政之苛，吟咏情性以风其上"。《汉书》所谓"哀乐之心感而歌咏之声发"，"感于哀乐，缘事而发"，以及"各言其伤"，其实也是"吟咏情性"，不过"吟咏"的人不一定是"国史"，也不必全是"伤人伦之废，哀刑政之苛"罢了。"吟咏情性"原已着重作诗人，西汉时《韩诗》里有"饥者歌食，劳者歌事"的话，更显明的着重作诗人，并显明地指出诗的"缘情"作用。但《韩诗·伐木》篇说云：

《伐木》废，朋友之道缺。劳者歌其事，诗人伐木，自苦其事。

说到"朋友之道"，可见所重还在讽，还在"以风其上"。班氏的话，与“歌食”“歌事”义略同，但归到“以观风俗”，所重也还在“以风其上”。两家论到诗的“缘情”作用，都只是说明而不是评价。《伐木》篇若不关涉到朋友之道的完缺，“歌事”便无价值可言，诗歌若不采而陈之，“哀乐之心”“歌咏之声”又有何用？可见这类“缘情”的诗的真正价值并不在“缘情”，而在表现民俗，“以风其上”。不过献诗时代虽是作诗陈一己的志，却非关一己的事。赋诗时代更只以借诗言一国之志为主；偶然有人作诗——那时一律称为“赋”诗——也都是讽颂政教，与献诗同旨。总之诗乐不分家的时代只着重听歌的人；只有诗，无诗人，也无“诗缘情”的意念。诗乐分家以后，教诗明志，诗以读为主，以义为用；论诗的才渐渐意识到作诗人的存在。他们虽还不承认“诗缘情”的本身价值，却已发见了诗的这种作用，并且以为“王者”可由这种“缘情”的诗“观风俗，知得失，自考正”。那么“缘情”作诗竟与“陈志”献诗殊途同归了。但《诗大序》既说了“在心为志，发言为诗”，又说“情动于中而形于言”，又说“吟咏情性”；后二语虽可以算是“言志”的同义语，意味究竟不同。《大序》的作者似乎看出“言志”一语总关政教，不适用于原是“缘情”的诗，所以转换一个说法来解释。到了《韩诗》及《汉书》时代，看得这情形更明白，便只说“歌食”“歌事”，只说“哀乐之心”“各言其伤”，索性不提“言志”了。可见“言志”跟“缘情”到底两样，是不能混为一谈的。